STEFFEN SCHROEDER

DER EWIGE TANZ

ROMAN

Rowohlt · Berlin

Originalausgabe
Veröffentlicht im Rowohlt · Berlin Verlag,
Kreuzbergstraße 30, 10965 Berlin, April 2025
Copyright © 2025 by Rowohlt · Berlin Verlag GmbH, Berlin
Die Nutzung unserer Werke für Text- und
Data-Mining im Sinne von § 44b UrhG
behalten wir uns explizit vor.
Satz aus der SonsbeekEco
bei Dörlemann Satz, Lemförde
Druck und Bindung CPI books GmbH, Leck
ISBN 978-3-7371-0204-9

Kontaktadresse nach EU-Produktsicherheitsverordnung:
produktsicherheit@rowohlt.de

Ich würde nur an einen Gott glauben,
der zu tanzen verstünde.

Friedrich Nietzsche

Wenn man in den Zwischenwelten unterwegs ist, kommt man leicht abhanden. Man verschwindet irgendwann in einem Spalt, im diffusen Bereich zwischen Licht und Schatten, zwischen Traum und Wirklichkeit. Zwischen Mann und Frau.

Manchmal sei das Leben wie ein Seiltanz über dem Abgrund, hatte Großmutter Lu ihr einmal erklärt, als sie noch ein Kind war. Kleine Schritte müsse man da machen und den Blick – die Großmutter hatte Anita streng angesehen –, den Blick dabei fest in die Ferne richten. Das Ziel, die rettende andere Seite, gelte es anzuvisieren.

Anita hatte gefragt, was das heiße, «anfisieren»?

Einen Punkt fest und klar ins Auge fassen, hatte die Großmutter erklärt, und dann geht man ruhig darauf zu. Man blickt nicht nach links, nicht nach rechts. Und erst recht nicht, *nie*, hatte die Großmutter betont, *nie* richtet man den Blick nach unten. Dann kommt man sicher auf der anderen Seite an. Und eigentlich, eigentlich läuft man im Leben ja auch sonst von einem Ort zum anderen, ohne sich dabei über den Boden, der einen trägt, Gedanken zu machen.

GROSSMUTTER LU
UND IHR TONI

Die Welt der Mädchen schien Anita wenig erstrebenswert. Seilspringen, Zöpfe flechten und sonntags mit Puppen spielen, daran lag ihr nichts. Erst recht nicht, nachdem sie einmal ihre Puppe hatte fallen lassen und der porzellanene Kopf zerbrochen war, zersprungen wie eine hohle Nuss. Wie sollte man mit solchem Zeug spielen? Weit mehr liebte sie es, auf Bäume zu klettern, mit der Steinschleuder Spatzen zu schießen und mit den Jungs zu raufen oder am Elbufer Haschen zu spielen. Großmutter Lu ließ sie gewähren, ließ Anita sein, wie sie war. Großmutter Lu nannte sie gar «mein Toni», warum, das hatte sie nie verraten. Für die Großmutter durfte Anita so etwas wie der Mann im Hause sein.

Der Großvater war schon lange tot. Er war aus dem Leben der Großmutter verschwunden, und zwar ganz und gar. Der Großvater tauchte nicht in Lus Erzählungen auf, sein Porträt fehlte auf den Familienfotos, die, in silberne Jugendstilrahmen gefasst, die Kredenz im Wohnzimmer zierten und auf dem Nachtkasten neben dem riesigen Großmutterbett standen. Auch kein Grab von ihm gab es, das man hätte besuchen können.

«Auf die Männer ist kein Verlass. Mach dich nie von einem Mann abhängig!», pflegte Lu zu sagen. Und dann drückte sie Anita an sich und meinte, dass sie froh sei, ihren Toni zu haben. Mehr brauche sie nicht.

Ansonsten war da noch Tante Elsi. Auch sie wohnte bei der Großmutter, auch sie hatte keinen Mann, wenngleich sie vermutlich gern einen gehabt hätte. Die Männer allerdings hatten sich nie für Tante Elsi interessiert, zumindest nicht auf Dauer. Was Anita schon verstehen konnte: Die Tante litt an dem, was Großmutter Lu die «ewige Schwermut» nannte. Meist sprach sie kein Wort. Außer wenn sie getrunken hatte.

Und so konnte Anita bequem der Mann im Hause sein. Morgens las sie der Großmutter aus der Zeitung vor. Sie holte die Kohlen aus dem Keller und öffnete für Lu Konservendosen und Einmachgläser, damit sie ihre rheumatischen Handgelenke schonen konnte. Am Abend spielte sie mit Tante Elsi und der Großmutter bis tief in die Nacht Tarock.

Eine Frau wollte Anita nur sein, wenn sie die Mutter besuchten. Wenn sie mit Großmutter Lu den weiten Weg von Dresden nach Berlin mit der Eisenbahn fuhr, und wenn sie dort abends im berühmten Kabarett Chat Noir direkt Unter den Linden die Mutter singen und tanzen sah.

Das erste Mal hatte sie die Mutter auf der Bühne erlebt, als sie dreizehn Jahre alt war. An jenem Tag hatte Großmutter Lu zu Anita gesagt: «Man ist immer das, was man aus sich macht.» Und dann hatte sie ihrer Enkeltochter gezeigt, wie man aus dem schlaksigen, noch fast knabenhaften Tonikörper mit dem Lausbubengesicht eine junge Dame zauberte. Nachdem die Großmutter sie in ein altes, aber famoses Kleid von Tante Elsi gesteckt hatte, nachdem sie ihre kindlichen Wangen zart mit dunklem Puder eingelegt, die Lippen nachgezogen, Lidstrich aufgetragen und die Wimpern getuscht hatte, erklärte sie zufrieden: «So, Fräulein Berber, nun wird niemand mehr nach Ihrem Alter fragen!»

Mit der Pferdebahn waren sie von ihrer Pension zum Theater gefahren. Die Großmutter hatte sie untergehakt und dem

Portier des Chat Noir mit stolzgeschwellter Brust freundlich zugenickt, ehe sie an der Kasse vorbei in den Saal rauschten. Man kannte sich, sie waren angekündigt, und die Großmutter hatte die reservierten Plätze notiert. Der Raum war gesteckt voll. Die Damen trugen elegante Kleider und aufwendige Hochsteckfrisuren, die Herren Smoking, manche auch Uniform, das Haar sorgsam gescheitelt. Ein aufgeregtes Wispern, ein erwartungsvolles Raunen lag in der Luft. Theaterdirektor Rudolph Nelson hatte mit seiner Truppe zuletzt große Erfolge gefeiert, auch im Ausland. Und seitdem der Kaiser in einer Privatvorstellung ganze fünf Mal die Wiederholung des von Nelson komponierten Schlagers «Das Ladenmädel» gefordert hatte, wie man sämtlichen Zeitungen hatte entnehmen können, waren die Vorstellungen schon Wochen im Voraus ausverkauft.

Aufgeregt war Anita gewesen, wie immer, wenn sie die Mutter besuchten. Nur diesmal noch um einiges mehr. Schließlich erlosch das Licht im Saal, die Bühnenscheinwerfer flammten knisternd auf, und der kleine, dicke Herr Nelson, den sie schon von früheren Berlinbesuchen her kannte, betrat die Bühne. Er verbeugte sich vor dem Publikum, ehe er an dem großen Konzertflügel Platz nahm, der links vor dem Bühnenportal stand. Herr Nelson fuhr sich einmal mit der Rechten über die Glatze, als ob es da noch Haare gäbe, die man nach hinten werfen könne, und schon rasten seine kurzen, dicken Finger mit erstaunlicher Geschwindigkeit über die Klaviatur. Noten benötigte er keine, wie Anita erstaunt feststellte.

Der Conférencier Fritz Grünbaum trat auf, ein ungewöhnlich kleiner Mann mit schütterem Haar und einer Nickelbrille auf der Nase. Er trug einen vornehmen Frack, in der Hand hielt er eine schwarze Scheibe, die er nur kurz berührte, und schon verwandelte sie sich in einen Zylinder, während Grünbaum erklärte, dass das sein «Stößer» sei. Er erklärte auch seinen Beruf: «Ein Conférencier ist einer, der dem Publikum möglichst heiter zu erklären versucht, dass es heutzutage nichts zu lachen gibt.»

Er sagte noch viele andere Dinge, die Anita nicht verstand. Aber offenbar war er sehr komisch, denn das Publikum um sie herum schlug sich binnen kurzer Zeit vor Lachen auf die Schenkel, und das fand auch Anita lustig. Schließlich kündigte der Conférencier den berühmten Sänger Jean Moreau an, von dem auch die Großmutter eine Schallplatte besaß. Jean Moreau hatte tiefschwarzes Haar und leuchtend blaue Augen, aber eigentlich war er gar kein Franzose; eigentlich hieß er Giovanni und kam aus Kroatien. Das wusste sie von ihrer Mutter. Eine Zeit lang hatte Anita gedacht, dieser gut aussehende Mann mit dem charmanten Lächeln und der sanften Stimme könne vielleicht einmal ihr Vater sein. Auch weil die Mutter so häufig von ihm erzählt hatte. Aber dann hatte Großmutter Lu gemeint, bei Giovanni sei man nur eine von vielen. Der sei nichts für die Mutter.

Die vielen, die sah Anita jetzt: Sie traten hinter Giovanni auf, ein ganzes Dutzend Damen, «die Girls», wie Herr Nelson sie nannte, alle groß und schlank und mit reizenden Gesichtern. Im Gleichschritt bewegten sie ihre langen Beine im Takt der Musik. Jede Bewegung synchron, wie ein Schwarm Stichlinge im Dresdner Silbersee. Dann mit einem Mal teilte sich der Schwarm, und in seiner Mitte erschien die Mutter. Bezaubernd schön sah sie aus in ihrem weißen, spitzenbesetzten Seidenkleid. Das entging natürlich auch Jean Moreau nicht, der sogleich singend um sie warb. Die Mutter antwortete mit einem Lied, an dessen Ende sie den falschen Franzosen keck abblitzen ließ. Das Publikum lachte, und Anita klatschte stolz in die Hände.

Im weiteren Verlauf des Abends, als die Mutter und Jean Moreau mitsamt den Girls von der Bühne verschwunden waren, erschien eine rot gekleidete Tänzerin im Rampenlicht: Die berühmte Marietta di Rigardo stammte von den Philippinen, ihre scharf geschnittenen Züge und ihre gebräunte Haut verliehen ihr etwas Exotisches. Herr Nelson griff in die Tasten, das Licht der Scheinwerfer spiegelte sich auf seiner Glatze. Marietta di Rigardo tanzte leichtfüßig dahin, sie bewegte sich so anmutig, dass sie mitunter fast zu schweben schien. In einem Moment tänzelte sie geschmeidig wie eine zahme Katze, im nächsten zeigte sie etwas Raubtierhaftes, geradezu bedrohlich wirkte sie. Ihr Körper schien eins mit der Musik, jede ihrer Bewegungen zauberte Bilder vor Anitas inneres Auge, die noch faszinierender waren als der Film, den sie letztens mit der Großmutter im Lichtspielhaus hatte gucken dürfen. Als das Klavierspiel des Herrn Nelson im Crescendo anschwoll, wurden die Bewegungen der Rigardo härter, kantiger, bisweilen machte es den Eindruck, als stünde ihr ganzer Körper unter Strom.

Anita dachte an ihre geliebten Unterrichtsstunden in der neu gegründeten Bildungsanstalt für Musik und Rhythmus in Hellerau, vor den Toren Dresdens. Seit einigen Monaten war sie Teil der rhythmischen Gymnastikgruppe bei Émile Jaques-Dalcroze, den sie insgeheim verehrte. «Maître Jaques», wie sie ihn nannten, hatte etwas Einfühlsames und zutiefst Melancholisches an sich. Sein dunkles, gewelltes Haar durchzogen ein paar graue Fäden, sein Spitzbart hingegen und auch der Schnurrbart mit den nach oben gezwirbelten Enden waren durch den übermäßigen Gebrauch von Nussextrakt viel zu schwarz.

«Das Phänomen des Rhythmus ist Ausdruck innerster Not und geheimster Sehnsucht», pflegte Maître Jaques mit hauchender Stimme zu sagen und sah die Mädchen mit verklärtem Blick hinter seinem Zwicker an.

Worauf eines der jüngeren Mädchen einmal gefragt hatte: Was das sei, Sehnsucht?

«Sehnsucht ist das in deinem Herzen, was fliegen will», hatte Maître Jaques geantwortet. Dabei hatten die schwarzen Zwirbel seines Schnurrbarts leicht gezittert, wie Anita beobachten konnte.

«Der Rhythmus allein gibt geformtes Leben», sprach er. Und auch wenn das schwer zu fassen war, tief im Inneren hatte sie gewusst, dass Maître Jaques recht hatte.

Aber was sie hier an diesem Abend auf der Bühne erlebte, das war etwas ganz anderes als Rhythmische Gymnastik, etwas anderes als «das Gehopse», wie Großmutter Lu es nannte. Davon würde sie Maître Jaques erzählen müssen. Von der Welt, die sich ihr an diesem Abend erschloss.

Der Körper bot Ausdrucksmöglichkeiten, die unendlich waren. Schließlich gab es doch so viele Dinge, die man nicht in Worte fassen konnte, bei deren Wirkmacht die Stimme versagte. Aber tanzen, dachte sie, tanzen konnte man alles.

Nach der Vorstellung fuhren sie alle zusammen mit dem Vierspänner des Herrn Nelson ins Café des Westens. Wer als Künstler etwas auf sich hielt, wohnte wie der Theaterdirektor und auch die Mutter im «Neuen Westen» Berlins – am Rande der Stadt, wo der Kurfürstendamm sich nach einigen Hundert Metern zwischen Brachflächen, märkischen Kiefern und Feldern verlor. Im Café des Westens, das Anita von vorherigen Besuchen kannte, verkehrten all die Freunde und Kollegen der Mutter. Auch jetzt herrschte trotz der späten Stunde reger Betrieb. Der «rote Richard», wie der rot gelockte, bucklige Zeitungskellner genannt wurde, eilte noch immer zwischen den Tischen und dem Zeitungsständer hin und her und versorgte seine Stammgäste mit Informationen. Der rote Richard kannte jeden. Vor allem aber kannte er den Inhalt aller Journale und Zeitungen, egal ob Morgen-, Mittags- oder Abendausgabe; sein Wissen schien unbegrenzt. Wann hatte er die nur alle gelesen? Dieser Mann, dachte Anita, musste klüger sein als der alte Universitätsprofessor, der Großmutter Lu sonntags besuchte und reden konnte wie ein Buch. Der rote Richard wusste genau, für welchen Künstler welche Kritik von Belang war, wo welcher Schriftsteller die von ihm verfassten Artikel oder eine bestimmte Rezension fand. Je nach Art und Zahlungsfähigkeit seiner Kundschaft verkaufte er die Druck-Erzeugnisse oder verlieh sie gegen ein Trinkgeld. Damit die verliehenen Journale auch wieder den Weg zurück in seine Sammlung fanden, hatte er die Titelseiten mit einem Stempel versehen: «*Gestohlen im Café des Westens!*»

Kaum hatte der rote Richard Herrn Nelson entdeckt, eilte er herbei und legte ihm die jüngste Kritik zu dem neuen Kabarett vor, das von Herrn Nelsons ehemaligem Geschäftspartner gegründet worden war, der nun sein schärfster Konkurrent war, Roland von Berlin hieß es. Während Herr Nelson sich in die Zeitung vertiefte, wanderte Anitas Blick durch den Raum. Nachts wirkte der Gastraum etwas vornehmer als tagsüber. Dass die hohe Stuckdecke rußgeschwärzt war und Fehlstellen hatte, fiel nun weniger auf, genau wie die ausgeblichenen Farben der an den Wänden hängenden Gobelins. Die Luft war zu jeder Zeit rauchgeschwängert. Die Mutter unterhielt sich angeregt mit zwei Tänzerinnen, die Großmutter plauderte mit dem Conférencier, der immer witzig zu sein schien, zumindest musste die Großmutter ständig lachen. Am Tisch hinter Anita saßen ein paar greise Männer und debattierten heftig. Mit ihren langen, zotteligen Bärten sahen sie aus wie eine Gruppe streitender Nikoläuse. Auf der Ottomane in der Ecke, gleich neben dem Glasgehäuse der Eingangstür, dort, wo tagsüber manchmal eine ältere Dame saß, die mit Vorliebe Opernarien vor sich hinsang, hockten zwei Männer im schummrigen Licht. Sie sahen fast aus wie Frauen – hatten rot geschminkte Lippen, um die herum sich aber ihr dunkler Bartschatten abzeichnete.

Auch wenn dieser Ort an sich nichts Besonderes war, verströmte er eine eigenartige, geheimnisvolle Gemütlichkeit. Was zum einen am zuvorkommenden Personal lag: Jetzt trat der Kellner Anton an ihren Tisch und nahm die Getränkewünsche entgegen. Bleich sah er aus, wie immer; was nicht verwunderlich war, denn der Kellner Anton schien nie zu schlafen. Ob Tag, ob Nacht – stets hetzte er fliegenden Schrittes über die knarzenden, abgetretenen Holzdielen und bediente seine Kundschaft mit zuvorkommender Höflichkeit. Auch jetzt vergaß er nicht, Anita lustig zuzuzwinkern. Noch mehr als am Personal aber lag der Zauber dieses Etablissements an seiner ungewöhnlichen Kundschaft. Im Café des Westens konnte man sein, wie man wollte, hier herrschte Freiheit. Was bedeutete, dass es für Anita immer etwas zu staunen und zu entdecken gab. Hier sah man Gestalten, wie sie einem sonst auf der Straße selten begegneten. Selbst die Dresdner Künstlerfreunde von Großmutter Lu, die meist exaltierter sprachen, deren Bewegungen extrovertierter waren und die stets lauter lachten als andere Menschen, wirkten im Vergleich zum hiesigen Publikum geradezu bieder. Nicht umsonst hatten die Leute diesen Ort auch «Café Größenwahn» getauft. Unter den Stammgästen herrschte eine ungewöhnliche Solidarität – die wohlhabenderen, erfolgreichen Künstler unterstützten die minderbemittelten. Mehrmals tauchte im Verlauf des Abends die eine oder andere Gestalt bei ihnen am Tisch auf und bat Herrn Nelson, ob er ihm nicht etwas borgen könne. Auf diese Weise gab der Theaterdirektor im Verlauf des Abends eine erstaunliche Summe aus der Hand. «Man muss die Kunst fördern, solange man kann», erklärte er schulterzuckend.

Zwischen all den Künstlern gab es auch Tische mit ganz gewöhnlichen Leuten. Theaterbesucher, die nach der Vorstellung hierherkamen, um Berühmtheiten zu beobachten und ihre Neugierde zu stillen. Man erkannte sie auf den ersten Blick, so auffällig, wie sie sich um Unauffälligkeit bemühten. Die Damen in ihren biederen Abendkleidern lächelten wie scheue Rehe, die Herren an ihrer Seite, das Einglas in die Augenhöhle geklemmt, musterten den Raum mit strenger Miene und rümpften hie und da missbilligend die Nase. Mitunter vergaßen sie auch ihre Scham und gafften um sich, als stünden sie vor dem Affenhaus des Zoologischen Gartens.

Wenn Anita langweilig wurde oder sie verlegen war, wie jetzt, studierte sie die Zeichnungen und Inschriften auf der Tischplatte. Die weißen Marmorplatten der kleinen runden Tische waren mit Grafitzeichnungen und Karikaturen bekritzelt und mit Gedichten beschrieben. Gastwirt Pauly hatte es den Kellnern verboten, irgendetwas davon zu entfernen, hatte die Mutter einmal erzählt. Schließlich verkehrten hier die namhaftesten Dichter, Schriftsteller, Maler und sonstige Künstler. Hatte Herr Pauly auf einem der Tische etwas Herausragendes entdeckt, ließ er selbigen mit einer Glasplatte schützen, um das Werk so für die Nachwelt zu erhalten.

Herr Nelson legte nun die Zeitung beiseite und nickte zufrieden. Offenbar war die neue Revue seines Konkurrenten ein Reinfall. Hinter ihm schob sich bereits der Oberkellner, Herr Hahn, durch die Tischreihen und servierte von seinem riesigen Tablett die tiefen weißen Teller aus angeschlagenem Steingut, in denen das Gulasch dampfte. Es war das beste Gulasch, das Anita je gegessen hatte. Und so war sie froh, dass Herr Hahn sein Tablett wie immer ganz selbstverständlich herbeitrug, ohne dass irgendwer danach hätte rufen müssen.

Am Tisch gegenüber saß eine etwa vierzigjährige Frau mit offenem, dunklem Haar, das noch nicht einmal bis zu den Schultern reichte. Herr Nelson lud auch sie großzügig zum Essen ein, was sie dankend annahm. Sie stellte sich Anita als Prinz Jussuf von Theben vor. Anita musste unwillkürlich grinsen, aber ihr Gegenüber verzog keine Miene und begann stattdessen eine intensive Unterhaltung mit einem deutlich jüngeren Mann, der eine russisch anmutende Kappe trug. Anita verstand nichts davon, offenbar ging es in dem Gespräch um gelbe Kühe und blaue Reiter.

Herr Nelson hatte inzwischen begonnen, sein Gulasch zu essen. In erstaunlicher Geschwindigkeit führten seine kurzen, dicken Finger den Löffel zum Mund, und man konnte sich gar nicht mehr vorstellen, dass es dieselben Hände waren, die vorhin noch derart filigran und gefühlvoll auf dem Klavier gespielt hatten. Anita hingegen brachte, obwohl sie den ganzen Abend nichts gegessen hatte, kaum einen Bissen herunter. Offenbar bemerkte Herr Nelson ihren Blick, denn er hielt inne, sah Anita nachdenklich an und begann zu erzählen: Er habe, begann er, als junger Mann auf Druck der Eltern erst einmal Kaufmann werden müssen, das solle sie sich mal vorstellen! Mehrere Jahre habe er sich in der Baumwollbranche umtun müssen. Angewidert verzog er den Mund. «Baumwolle besteht aus den Samenhaaren einer Gattung der Malvengewächse, und wer will denn damit schon zu tun haben?» Bei der Erinnerung lachte er auf und schüttelte den Kopf, so absurd schien ihm dieser Gedanke jetzt.

Anita wunderte sich. «Mutter erzählte mir, sie seien bereits mit sechs Jahren als Pianist aufgetreten und hätten vor vollen Konzertsälen gespielt?»

«Das entspricht durchaus der Wahrheit», erwiderte Herr Nelson. «Das Klavierspiel ging mir von Anfang an leicht von der Hand. Als ich fünf Jahre alt war, bemerkten meine Eltern, dass ich mühelos mit Chopin und Liszt zurechtkam – ich hatte beim Klavierunterricht der älteren Brüder zugesehen und einfach alles nachgespielt, es schien mir das Selbstverständlichste überhaupt. Aber meine Familie war aufs Äußerste beeindruckt. Experten wurden gerufen, man beschloss, dass ich ein Wunderkind sei.» Herr Nelson grinste. «Der Klavierlehrer bot an, mich kostenlos zu unterrichten. Und bereits ein Jahr später hatte ich mein erstes öffentliches Konzert. Das Dasein als Wunderkind war eine feine Sache, ich durfte ans Klavier, so viel ich wollte, und der ungeliebte Schulunterricht wurde zur Nebensache. Bis mein Vater in finanzielle Schwierigkeiten geriet. Eines Tages erschienen zwei schreckliche Grobiane in unserem Haus, warfen ein paar miefende Decken auf das geliebte Piano, trugen es mithilfe von Seilen die Treppe hinunter und verluden es gemeinsam mit einigen anderen Dingen auf einen Wagen. Ich habe es nie wiedergesehen.»

Er machte eine Pause und fuhr mit einem eigenartigen Lächeln fort: «Ich wurde der schlechteste Baumwollhandel-Kaufmannslehrling, den man sich vorstellen kann. Mein Chef hat mich nur so lange behalten, weil er mein Klavierspiel auf den Betriebsfeiern liebte. Aber irgendwann hat auch das nicht mehr gereicht. Deshalb sage ich dir: Wenn man einmal seine Bestimmung entdeckt hat, sollte man sich nicht mehr vom Weg abbringen lassen, auch wenn dieser Weg mitunter steinig ist.»

Ein Offizier mit grau meliertem Haar, einer jener bürgerlichen Zaungäste, trat jetzt an ihren Tisch und räusperte sich.

«Ein höchst vergnüglicher Abend, man dankt!», sagte er zu Herrn Nelson und gratulierte, dass es erneut gelungen sei, die begabtesten Künstler im Chat Noir zu versammeln. Er verneigte sich steif, und mit Blick auf Anita fuhr er fort, dass vor allem die tänzerischen Darbietungen herausragend gewesen seien. Anita errötete ob der offensichtlichen Verwechslung, aber Herr Nelson nickte zustimmend und meinte, dass er das Glück habe, von den größten Nachwuchstalenten unterstützt zu werden. Der Offizier schlug die Hacken zusammen und wandte sich zum Gehen, dann entdeckte er das geschminkte Männerpaar auf dem Plüschsofa in der Ecke: «Aber schräge Vögel gibt es in dieser Künstlerbude.» Der Offizier schüttelte sich und sah Herrn Nelson mit aufgerissenen Augen an.

Herr Nelson zog fragend die Brauen hoch. «Ach, wissen Sie», entgegnete er gelassen, «warum sollen nicht auch solche Vögel piepen?»

Als der Offizier verschwunden war, schob Herr Nelson seinen leeren Teller beiseite. Anita konnte vor Aufregung noch immer nichts essen. Schließlich nahm sie all ihren Mut zusammen und gestand ihm, dass es ihr sehnlichster Wunsch sei, Tänzerin zu werden.

Sie hatte befürchtet, Herr Nelson werde sie auslachen, aber zu ihrem großen Erstaunen entgegnete er: «Das freut mich. Das habe ich mir bereits gedacht. Aber ein junger Mensch muss seine Bestimmung selbst entdecken, deswegen habe ich nichts gesagt.»

Herr Nelson erhob sein Glas.

«Kunst bringt Gunst», sagte er und prostete ihr zu, «auch wenn noch alles ungewiss in den Sternen ruht.»

EINE SYRISCHE GÖTTIN
EROBERT BERLIN

Obwohl es Probeschwester Elsa verboten ist, alleine Krankenbesuche zu tätigen, und obwohl die Oberin hier in Bethanien streng darauf achtet, dass sämtliche Regeln insbesondere bei gefallenen Mädchen, zu denen sie Anita unzweifelhaft zählt, genauestens befolgt werden, taucht Elsa hin und wieder ohne Begleitung einer älteren Schwester hier auf. Die hübsche Probediakonisse, fast noch ein Kind, an deren Haube vorn noch der breite Streifen fehlt, sieht regelmäßig und voller Mitgefühl nach ihr. Wie ein Engel steht sie, ungerufen, plötzlich an Anitas Bett. Manchmal stellt Elsa schüchtern Fragen zum Tanz und zur Musik und lauscht ihren Erzählungen. Offenkundig weiß Elsa genau, wer Anita ist, was man hier nicht von allen sagen kann. Und das, obwohl es schon ein paar Jahre her ist, dass sie in einem Film hier in Berlin zu sehen war. *Ein Walzer von Strauß* hatte er geheißen, in Wien gedreht, ihrer zweiten Schicksalsstadt, als könnte es nicht anders sein. Damals, 1925. Vor drei Jahren. Sind drei Jahre eine lange Zeit, oder eine kurze? Sie hatte darin natürlich nicht Walzer getanzt. Sondern Astarte, die Mondgöttin. Als könnte auch das nicht anders sein.

Heute, als der Schmerz in Anitas Leib tobte, in ihrer Lunge loderte und wütete wie nie zuvor, hat Elsa an ihrem Bett gesessen und ihre Hand gehalten. Als Anita fiebernd stöhnte und meinte, dass sie Angst habe, dass der Schmerz unerträglich werde, hatte diese junge Frau mit einer beeindruckenden Ruhe und Zuversicht geantwortet: «Versuchen Sie, sich dem Schmerz hinzugeben. Sie brauchen keine Angst zu haben. Es gibt keinen unerträglichen Schmerz.»

Anita wollte widersprechen, aber sie war zu kraftlos.

«Glauben Sie mir», hat Elsa selbstbestimmt gesagt, «ich habe sämtliche Formen des Schmerzes gesehen. Der Schmerz kann furchtbar sein, ja entsetzlich, aber unerträglich ist er nie. Wenn er es wirklich wird, spüren Sie ihn nicht mehr. Das zumindest kann ich Ihnen versprechen.»

Morgens um fünf erhält sie ihre kalte Abreibung. Die Berührung tut gut, auch wenn es nur ein rauer Lappen ist, mit dem Schwester Elsa ihr Brust und Rücken schrubbt. Das ist der Vorteil, wenn die Tuberkulose bereits so fortgeschritten ist: Während die anderen Patienten sich selbst abreiben müssen, werden die Schwächsten von Schwester Elsa umsorgt.

Anita schließt die Augen. Für einen Moment darf man sich fühlen wie ein Kind, ein krankes, das von der Mutter gepflegt wird. Wenn Schwester Elsa fertig ist, erhebt sie sich und wäscht den Lappen im Waschbecken aus, ehe sie ihn zurück an den Haken hinter Anitas Bett hängt. Sie greift nach dem Taghemd und zieht es Anita über den Kopf. Dann setzt sie sich wie jeden Morgen kurz zu ihr und streicht ihr mit ihrer kleinen, unglaublich zarten Hand über den Rücken. Das müsste sie nicht tun. Das macht sonst keine. Aber diese kleine Berührung gibt erstaunlich viel Kraft. Mehr als jede Abreibung. Und vielleicht weiß Elsa das, obwohl sie so jung ist und nur Probeschwester und noch unglaublich viel lernen muss, wie Schwester Margret immer betont, die sie meist begleitet. Schwester Margret, reichlich betagt, müsste eigentlich längst zum Kreis der Feierabend-Schwestern gehören.

Dann schüttelt Elsa das Kopfkissen auf und bettet sie sanft, wobei Anita sich ein wenig dichter an ihr festhält, als nötig wäre. Aber so kann sie Elsas Wärme spüren und ihren zarten Duft riechen, nach Seife, frischem Heu und Unschuld.

Die Tür knarzt.

«Grüß Gott!», keucht Schwester Margret und betritt den Raum, die Post vom gestrigen Tage unter dem Arm. Die Briefe müssen ja alle erst geöffnet und überprüft werden. Nicht jeder Inhalt sei den Kranken dienlich, meint die Oberin. Bei dreihundertfünfzig Patienten dauert das natürlich seine Zeit.

Es sind immer dieselben, die Post bekommen, und unter denjenigen erhalten wiederum einige wenige den Großteil der Briefe. Anita gehört nicht dazu. Heute allerdings macht Schwester Margret auch an ihrem Bett halt. Sie hält eine leicht geknickte Karte in der Hand und rümpft die Nase: «Ein Gruß von Ihrer Frau Mutter», sagt sie und legt die Karte auf dem weiß lackierten Beistelltischchen ab.

Ihre Worte bringen Leben in Anita. Mühevoll setzt sie sich wieder auf und greift mit zittrigen Fingern nach der Karte, während Schwester Margret jetzt zu den beiden Fenstern schlurft, deren Flügel hinter den Vorhängen offen stehen. Sie reißt die schweren grauen Leinenvorhänge mit einem kräftigen Ruck beiseite, der Himmel dahinter schwarz und wolkenverhangen, nicht ein Stern ist zu sehen. «Mehr Frischluft», brummt sie in Elsas Richtung und geht aus dem Zimmer.

Das Leben in München sei anstrengend, schreibt die Mutter, was gäbe sie drum, selbst so eine Liegekur haben zu dürfen. Ob das nicht etwas Angenehmes sei, sich den lieben langen Tag mal richtig zu erholen? Zugegeben, der Erfolg in der Bonbonniere in München sei phänomenal, das Publikum liebe sie, es gäbe minutenlange Ovationen und reichlich Blumenbouquets. Das entschädige ein wenig für diese ansonsten spießige, kleingeistige Stadt. Gestern habe sie ein vornehmer Herr gefragt, ob es wahr sei? Ob sie tatsächlich die Mutter der Berber sei? Er sei völlig überrascht gewesen und habe gemeint, sie sähe so jung aus, er hätte sie glatt für die Schwester gehalten! Nun, das habe sie erfreut.

Sie fragt, ob Anitas Haut jetzt noch bleicher sei? Ob sie auch so schön aussehe wie die Schwindsüchtigen auf den Abbildungen, weiße Haut mit kirschroten Lippen? Jedenfalls, die Schwindsucht hätten ja schon viele überstanden. Anita solle sich mal schön erholen, und in drei Wochen käme sie aus München zurück, dann könne Anita mit zu ihr in die Wohnung in der Zähringerstraße ziehen, wie früher.

Mit Grüßen aus Bayern, Lucie.

Sie dreht die Karte um. Auf der Vorderseite ist ein Foto der Mutter, als Münchner Kindl verkleidet, einen Bierkrug im Arm. «Lustiges München», steht darunter, «auf geht's in der Bonbonniere!»

Sie lässt die Hand sinken und versucht, den großen Kloß, der sich in ihrem Hals gebildet hat, hinunterzuschlucken. Das klappt nicht ganz, sie bekommt einen Hustenanfall. Ganz unerwartet streicht ihr eine Hand über den Kopf, sie blickt nach oben und sieht in Elsas schüchtern lächelndes Gesicht.

«In einer Stunde gibt es Frühstück. Ich komme heute Abend wieder», verspricht Elsa, dann geht sie hinaus. Im Hof beginnen die Kühe im Stall zu muhen, die wollen auch versorgt sein.

⋆

Es ist lange her, dass sie in der Zähringerstraße wohnte. Sechzehn Jahre alt war sie, als sie mit der Großmutter und Tante Elsi nach Berlin zog, in die geräumige Sechszimmerwohnung unweit des Kurfürstendamms. Auch die Mutter wohnte damals bei ihnen, und so waren sie alle vereint und Anita glücklich gewesen. Anfangs zumindest. Als sie noch gedacht hatte, auch der Mutter sehnlichster Wunsch sei es, endlich mit ihrer Tochter zusammen zu sein.

Aber die Mutter hatte ganz andere Bestrebungen. Die Mutter war Diseuse, und der Schwarze Kater – das Chat Noir hatte man nun, da Krieg war und der Franzose der Feind, kurzerhand eingedeutscht –, dieser Schwarze Kater also, das war ihr Leben.

Das konnte Anita durchaus verstehen. Auch sie liebte die Musik und den Tanz. Sie verstand nur nicht, warum das eine das andere ausschloss. Warum man nicht neben dem Kabarett auch noch seine Tochter lieben konnte.

Anfangs versuchte sie ihrer Mutter zu beweisen, dass dies sehr wohl möglich sei. Und dass sie beide aus ein und demselben Holz geschnitzt seien. Wann immer die Großmutter ihre Hilfe im Haushalt entbehren konnte, verfolgte sie die Bühnenproben im Schwarzen Kater. Ihre Schule hatte Anita in Dresden mit vierzehn Jahren abgeschlossen, auch das leidige Töchterbildungsinstitut in Weimar, das sie anschließend noch ein Jahr hatte besuchen müssen, lag nun hinter ihr. Abends besuchte sie die Vorstellungen der Mutter, der Portier winkte sie durch, und sie durfte das Bühnengeschehen gemeinsam mit dem Regieassistenten verfolgen.

Danach ging man neuerdings ins Romanische Café an der Kaiser-Wilhelm-Gedächtniskirche. In der Regel verbot die Mutter Anita allerdings mitzugehen, es sei denn, Herr Nelson war da und bestand darauf. An einem solchen Abend hatte Herr Nelson Anita freundlich gemustert und zu ihrer Mutter gemeint, ob es nicht an der Zeit sei, aus dem jungen Ding eine Chanteuse zu machen, das Zeug dazu hätte sie ja wohl?

«Das wird man sehen», hatte die Mutter mit kühlem Lächeln erwidert und eilig das Thema gewechselt. Von dem Tag an hatte die Mutter sie mit noch mehr Kälte gestraft.

Als Anita der Großmutter ihr Leid klagte, suchte Lu, sie zu trösten: Die Mutter tue sich mit Gefühlen schwer, das sei schon immer so gewesen. Das solle sie nicht so ernst nehmen.

Aber wie konnte man die Herzlosigkeit der Mutter nicht ernst nehmen? Und wie konnte man den Schmerz darüber ignorieren?

Tante Elsi meinte, es sei kein Wunder, dass kein Mann es mit ihrer Mutter aushalte. Anita hasste es, wenn sie so über ihre Mutter sprach. Ausgerechnet Elsi, für die sich nie einer interessiert hatte. Aber an jenem Abend hatte der Wein ihre Zunge gelöst, und die Tante fing an zu plaudern, verkündete, dass die Mutter schon immer sehr aufbrausend gewesen sei und dass ihre Gedanken stets nur um ihr eigenes Wohl gekreist seien, schon als sie beide noch Kinder waren. Tante Elsi goss sich Wein nach.

«Deine Mutter konnte noch nie teilen», erklärte sie mit glasigem Blick, «am wenigsten die Liebe. Dabei ist die Liebe doch bekanntlich das einzige Gut, das zunimmt, wenn man es teilt. Heißt es zumindest.» Die Tante griff nach dem geschliffenen Kristallglas und trank in großen Zügen. «Kein Wunder, dass dein Vater sie verlassen hat. Ständig hat sie ihm Szenen gemacht. Sie war eifersüchtig auf seine Kolleginnen, auf seine Schülerinnen. Und sogar auf seine Violine. Dein Vater hat herrlich gespielt, das muss man sagen.» Sie hielt einen Moment inne, mit offenem Mund, den Blick schräg an die Decke gerichtet, ganz so als lausche sie, als höre sie ihn noch irgendwo spielen.

«Ein großer Musiker wie dein Vater, der liebt an erster Stelle sein Instrument, das muss man wissen. Ich vermute, mit den Eifersüchteleien auf die Frauen hätte er vielleicht umgehen können, aber bei der Violine war Schluss.»

Die Tante strich mit einem feuchten Finger über den Glasrand, sodass ein heller, durchdringender Ton entstand.

«Und natürlich hätte sie nicht auf ihn schießen dürfen.»

«Sie hat auf ihn geschossen?»

Die Tante nahm den Finger vom Glas, der Ton verklang.

«Sie hat ja nicht getroffen, Liebes», winkte sie ab. «Deine Mutter kann doch gar nicht schießen.»

Sie hob das Glas an und stürzte den letzten Schluck hinunter.

«Singen, das kann sie. Das ist aber auch alles.»

Wenn Tante Elsi getrunken hatte, wurde sie entweder lustig oder gehässig. Meistens erst lustig, dann gehässig. Und zuletzt traurig. Anita griff nach der Flasche und schenkte ihr nach.

«Aber warum hat sie denn überhaupt geschossen?»

«Die Eifersucht, Liebes. Sie war ja auf alles und jede eifersüchtig. Überall hat sie den Betrug gerochen. Aber wenn man selbst nicht zur Liebe fähig ist, ist diese Sorge vielleicht berechtigt. Deinen Vater hat das natürlich äußerst betroffen gemacht. Das hat schreckliche Erinnerungen in ihm hochgebracht, Erinnerungen, die er nie hatte verwinden können.»

«Was für Erinnerungen?»

«Weißt du das denn nicht, Liebes? Als dein Vater noch ein Knabe war, dreizehn Jahre alt, da ist seine Mutter abgehauen, durchgebrannt. Mit ein paar Musikern aus dem Kreis um Franz Liszt. Deswegen spielt dein Vater so ungern Liszt. Er spielt eigentlich überhaupt kein Liszt.»

Tante Elsi griff nach dem Glas und hielt sich daran fest, so schien es.

«Auf jeden Fall hat sie ihren Mann in Weimar sitzengelassen. Das hat dein Großvater aber nicht ausgehalten.»

Sie trank einen Schluck.

«Er hat sich erschossen, vor den Augen deines Vaters. Wie gesagt, da war dein Vater dreizehn Jahre alt.

Deshalb wuchs er bei seinem Onkel auf. Jedenfalls», sie nahm erneut einen Schluck, «mit der Pistole, da hat er keinen Spaß verstanden. Das hätte sie wissen müssen, deine Mutter. Aber sie hat eben nur an sich gedacht.»

Während Tante Elsi sich den restlichen Abend ganz dem Wein hingab und kein Wort mehr sagte, hatte Anita sich ihrem Vater erstmals verbunden gefühlt.

★

Der Mond, fast noch kreisrund, scheint hell durch die weit geöffneten Fenster der Tuberkulose-Baracke im Hof des Berliner Bethanien-Krankenhauses. Sie erwacht. Vom Licht der Mondin geweckt zu werden, ist das Schönste, was es gibt.

Sie hört den gleichförmig rasselnden Atem ihrer Mitpatientinnen, unterbrochen hie und da durch kleine Aussetzer, denen ein Husten folgt. Seit ein paar Tagen gehört sie nun zu den Dauerbewohnerinnen der «Hustenburg», wie die Baracke intern genannt wird. Der Großteil der Schwindsüchtigen wird tagsüber in die Frischluft-Liegehalle gebracht, die an der Ostseite angrenzt. Nur bei hoffnungslosen Fällen sparen sich die Diakonissen den Aufwand. Seitdem Anita nun offenbar zu Letzteren zählt, lässt sich auch der alte Arzt nicht mehr blicken. Nur Doktor Köstler, ein junger Assistenzarzt, kommt dann und wann vorbei und begutachtet sie sachlich mit medizinischer Neugier, leichte Verwunderung in der Stirn. Als staune er jedes Mal neu, dass sie überhaupt noch lebe.

Eines Nachts, das weiß sie, werden Schwester Dorothee und Schwester Agnes kommen, zwei Diakonissen von kräftiger Gestalt, und tags darauf wird es heißen, sie sei abgereist. Der ganz normale Lauf der Dinge. Solange noch Elsa kommt, ist alles gut. Die alte Schwester Margret dagegen wirkt abgestumpft, ganz im Gegensatz zu Elsa. Vielleicht, weil Schwester Margret bereits «alles gesehen hat», wie sie gerne betont, «wirklich alles!»

Auch Henris Besuche sind selten geworden. Noch vor Kurzem hatte er gejammert, das Tanzen sei ihm ohne Anita gar nicht möglich, ja, er könne ohne sie nicht leben. Als er die letzten beiden Male bei ihr war, trug er einen Mundschutz. Er habe sich verkühlt, hat er verlegen gemeint, und wolle sie nicht noch zusätzlich gefährden. Aber Henri hat noch nie lügen können, noch nicht einmal versteckt hinter dem Stofftuch. Vermutlich hat Henri Angst, sich zu infizieren.

Sie muss an die Worte Arthur Schnitzlers denken, der in Wien einmal zu ihr gesagt hatte: Wenn der Tod sich nähert, stirbt auch die Liebe. In jedem Fall spürt sie, dass jetzt, wo sie von Tag zu Tag schwächer wird und die Krankheit unaufhaltsam fortschreitet, sich auch ihr Ehemann zunehmend entzieht. Ja, es scheint, als sei innerhalb der letzten Besuche ein Wandel in Henri vonstattengegangen: Die Sehnsucht nach dem Leben scheint in ihn, der früher einmal so selbstlos mit ihr hatte sterben wollen, mit einem Mal zurückzukehren. Was Anita ihm nicht verübeln kann.

Ihr Blick fällt auf das Schild mit dem Hausspruch Bethaniens, das neben der Zimmertür hängt und im Schein des Mondlichts hell erstrahlt: *Lasset uns Ihn lieben, denn Er hat uns zuerst geliebet!*

Das klingt ein wenig alttestamentarisch nach Zahn um Zahn, wenn auch auf die Liebe gemünzt. In jedem Fall entspricht es nicht ihrer Auffassung von Liebe. Da kommt ihr die große Astarte in den Sinn, die mächtigste aller Göttinnen, die ihr zum Ruhm verholfen hat. Mit Astarte hat alles angefangen. Die Astarte müsste sie tanzen, das würde sie gesunden lassen.

Ihr Atem rasselt, ein stechender Schmerz wütet in ihrer Brust. Von dort strahlt er aus, tief in die Glieder und Eingeweide. Und ihr Rücken – bereits seit Tagen ist ihr, als habe sie das Kreuz eines alten Weibes.

Seit einer Ewigkeit schläft und dämmert sie nun in dieser eigenartigen Sitzhaltung dahin. Sie meint förmlich zu spüren, wie ihre Muskeln schwinden. Wie ihre Beweglichkeit jeden Tag abnimmt, wie ihre sämtlichen Glieder steif werden, in diesem endlosen Kauern.

Eine Hitzewelle fährt durch sie hindurch. Mit dünnen, kraftlosen Fingern zieht sie mühevoll die Decke beiseite. Ihre langen Beine, nach denen sich die Männer einst verzehrt haben – ein Bild des Jammers. Ihr ganzer Körper ausgemergelt, abgemagert, im Schein des kalten Mondlichts. Das liegt nur am Mondlicht, sucht sie sich zu beruhigen, das lässt einen dünner erscheinen, als man ist.

Wenn sie es nur bis zum nächsten Vollmond schaffen würde. Wenn sie sich bis dahin noch Ruhe und Erholung gönnen würde, dann würde sie wieder auferstehen. Wie Phönix aus der Asche.

«Du hast es schon so weit geschafft», flüstert sie in die Stille hinein. «Den ganzen weiten Weg von Damaskus bis nach Berlin. So kurz vor dem Ziel macht man nicht schlapp.»

Und sie schon gar nicht. Bis zum nächsten Vollmond ruhen, dann die Astarte tanzen, und die Kraft würde in ihren Körper zurückkehren. Sie versucht, die Göttin beim Namen zu rufen, aber was da aus ihrem Mund ertönt, ist nur ein heiseres Krächzen und mündet in einen derart heftigen Hustenanfall, dass sie das Gefühl hat, in einzelne Stücke zerspringen zu müssen. Sie greift nach dem Blauen Heinrich, der neben ihrem Kissen bereitliegt, öffnet den Sprungdeckel und spuckt hinein. Dann verschließt sie den blauen Glasflakon und legt ihn auf den Nachttisch, neben ihre geliebte Sammlung an Marienfiguren, die Henri dort für sie aufgestellt hat:

Maria mit erhobenen, gefalteten Händen.

Maria mit gesenkten, offenen Händen.

Maria mit dem Jesuskind auf dem Arm.

Maria mit gesenktem Blick, beide Hände auf der Brust ruhend, und zwischen ihren Händen ein rotes Herz, aus dem ein goldenes Kreuz emporwächst.

Der blaue Umhang, der auf Kopf und Schultern dieser letzten Marienfigur ruht, soll vermutlich das Himmelszelt verkörpern. Reichlich angeschlagen ist er, kein Wunder, diese kleine Kunstharzfigur ist Anitas ältestes und liebstes Stück und begleitet sie seit ihrer Kindheit.

Von Astarte hingegen gibt es keine Statuetten, keine Bilder. Vor Aberhundert Jahren haben die Christen versucht, die Göttin auszulöschen. Denn eine derartige weibliche Urkraft, eine Göttin, die nicht nur Jungfrau und Mutter ist, was ja bereits widersprüchlich genug klingt, sondern obendrein auch noch Hure – bei diesem Gedanken muss sie lächeln –, da hatte eine Jungfrau Maria nicht mithalten können.

Ein Anflug von schlechtem Gewissen überkommt sie, liebt sie doch auch die Jungfrau Maria. Mit zittrigen Fingern greift sie nach der Figur im blauen Umhang und hält sie fest in ihrer Hand. Was auf den ersten Blick gar nicht auffällt: Barfuß steht diese Maria auf einem Halbmond. Das hat sie sich wohl von der Astarte abgekupfert, die die Kraft der Mondin in sich trägt. Vielleicht sind die beiden näher verwandt, als die Leute ahnen.

«Astarte», flüstert Anita, «lass mich dich tanzen. Lass mich du werden, ein letztes Mal.»

Die Saaltür öffnet sich mit einem lauten Knarzen, und Schwester Margret tritt ein, deutlich hörbar an ihrem schlurfenden Schritt.

«Licht», befiehlt sie knapp, woraufhin ihre Begleiterin, die junge Probeschwester, an ihr vorbeieilt, zum Waschtisch tritt und dort ein volles Emailletablett abstellt, ehe sie die Wandleuchte einschaltet.

«Und schließen Sie um Gottes willen die Vorhänge! Dieser Mond macht einen ja ganz verrückt!»

Die alte Lisbeth, die ein Bett weiter liegt, stöhnt kurz auf, als Elsa die Vorhänge ratschend zuzieht. Dann dreht sie sich zur Seite und schnarcht weiter.

Schwester Margret tritt an Anitas Bett. Mit einer knappen Handbewegung wirft sie die Decke über ihre Beine.

Anita blickt sie irritiert an.

«Die Nachtruhe hat erst vor einer Stunde begonnen», sagt Schwester Margret. «Sie haben so laut geschrien, das kann so nicht weitergehen.» Prüfend legt sie ihre kalte Hand auf Anitas Stirn. «Der Schmerz also», brummt sie und atmet stöhnend aus, als sei es sie selbst, die in höchster Pein stünde.

«Wir werden Ihnen etwas Linderung verschaffen», fährt sie fort und gibt Elsa einen Wink, woraufhin diese sogleich nach einer Schachtel Pillen auf dem Tablett greift.

«Nein», wird sie von Schwester Margret korrigiert, «bringen Sie mir die Spritze.»

Elsa guckt überrascht, während diese nüchterne Anweisung in Anita wahre Glücksgefühle auslöst. Hat Schwester Margret heute einen guten Tag, fragt sie sich, plötzlich hellwach, oder hat man sie bereits komplett aufgegeben? Doch die Vorfreude auf die lindernde Spritze nimmt ihr jegliche Sorge.

Schon geht Schwester Margret mit einem Ächzen vor ihr in die Knie und greift mit ihrer rauen, kalten Hand nach Anitas rechtem Arm. Fachmännisch tastet sie nach ihrer Schlagader.

«Ihre Venen sind ruiniert», brummt sie und schüttelt mal wieder tadelnd den Kopf, angesichts der vielen Einstichmale. Dann folgt das stumme Ritual, das Anita bereits kennen und schätzen gelernt hat. Elsa tritt auf einen Wink heran, legt das schmale, brüchige Lederband um Anitas Oberarm und zieht es fest. Ein kurzer Augenblick der Anspannung. Nur das Röcheln der schlafenden Bettnachbarinnen ist zu hören.

Die Vene schwillt bläulich an. Ein Kopfnicken Schwester Margrets, Elsa lässt das Band los, und die alte Schwester stößt mit der Fingerfertigkeit eines Hütchenspielers die Nadel in Anitas Vene. Jetzt zieht Schwester Margret kurz am Kolben, die klare Flüssigkeit im gläsernen Spritzenkörper wölkt sich rot, dann drückt sie den Kolben langsam abwärts. Ein dankbares Lächeln huscht über Anitas Gesicht, die Schwester beobachtet sie mit kühlem Blick, irgendetwas murmelt sie vor sich hin, woraufhin die hübsche Elsa ihr einen Wattebausch reicht, den sie sogleich mit ihren kalten Fingern auf die Einstichstelle drückt.

Irgendwo aus weiter Ferne vernimmt Anita das Schicksalsmotiv der fünften Symphonie in e-Moll von Tschaikowski. Unscharf erkennt sie noch, wie eine dunkle Gestalt sich an ihrem Bett erhebt und sich mit zwei knappen, dumpfen Schlägen den Staub vom Kleid klopft.

Dann wird Anita vom warmen Licht des Bühnenscheinwerfers erfasst. Bedächtig schreitet sie die Stufen hinab. Sie trägt einen prachtvollen, silbern funkelnden Umhang, ihren Kopf ziert eine über und über mit Pailletten und Perlen bestickte Kappe, aus der, gleich einer Krone, riesige, kostbare Federn emporragen. Mit einem Pas chassé hält sie inne, den Blick unverwandt in die Ferne gerichtet. Sie breitet ihre Arme aus und streift mit gebieterischer Geste ihren Umhang ab: Halb nackt steht sie da, ihr Gesicht, ihr ganzer Körper bleich wie der Mond. Einzig ihre Lippen leuchten rot, genau wie der funkelnde Stein, den sie im Bauchnabel trägt.

Die Musik schwillt an, und Astarte schwebt über die Bühne.

★

An jenem Abend, als Anita die Geschichte über ihren Vater und das schreckliche Ende ihres Großvaters erfahren hatte, beschloss sie, dass Herr Nelson recht hatte. Dass es an der Zeit war, dass auch sie ihren eigenen Weg ging. Und sie beschloss, sich von nun an zu holen, was sie wollte. Was ihr zustand.

Am darauffolgenden Morgen bat sie die Großmutter, ihr das Fahrrad zu leihen. Sie wolle zur Markthalle radeln und sich für Margarine anstellen. Und auf dem Rückweg eine Freundin besuchen. Statt zur Markthalle fuhr sie den weiten Weg raus nach Grunewald und klingelte an der Tür einer vornehmen Villa.

Rita Sacchetto hatte dunkle Locken und blaue Augen. Sie war etwa so alt wie Anitas Mutter und hatte als Tänzerin große Erfolge gefeiert. Durch ganz Amerika war sie getourt, in Russland war sie vor dem Zaren aufgetreten. Zuletzt hatte sie in einigen Filmen mitgespielt, und seit dem vergangenen Jahr führte sie in ihrer Villa eine schnell renommierte Ballettschule.

«Meine Mutter schickt mich», erklärte Anita, «ich hätte gerne Tanzunterricht.»

Sie erzählte, dass sie in Dresden eine Zeit lang Ballett gelernt und die rhythmischen Kurse von Émile Jaques-Dalcroze besucht hatte. Rita Sacchetto ging mit ihr sämtliche Positio-

34

nen an der Stange durch, besonderes Augenmerk legte sie auf die schwierige Vierte Position. Sie ließ Anita *ronds de jambe* zeigen und *grands battements*. Die Sacchetto nahm die Dinge noch genauer als andere Ballettlehrer, das sah man schon an dem hölzernen Zeigestab, den sie ständig zum Einsatz brachte. Sie kontrollierte damit, wie gut ausgerichtet Anita stand, sie maß den Abstand zwischen ihren Füßen und korrigierte jede kleinste Abweichung mit einem Klaps. Schließlich lobte sie ihre Beweglichkeit, aber erst nachdem Anita mit einigen Pirouetten überzeugen konnte, erklärte sich Rita Sacchetto bereit, sie in den erlesenen Kreis ihrer Schülerinnen aufzunehmen: zweimal die Woche Unterricht, bei einem bevorstehenden Tanzabend auch dreimal, unbedingt pünktliches Erscheinen, dazwischen gelte es, die erarbeiteten Übungen täglich zu praktizieren. Das Finanzielle werde sie dann mit der Mutter klären.

«Dafür ist bei uns meine Großmutter zuständig», sagte Anita rasch. Mit der Großmutter würde sie schon reden können, die war für Kunst immer zu haben. Auf dem Rückweg war sie so voller Vorfreude, dass sie fast die Margarine vergessen hätte.

Als sie endlich bei der Markthalle angekommen war, zog sich die Schlange der Wartenden ärgerlicherweise um das halbe Gebäude herum – noch länger, als sie erwartet hatte. Obwohl heute Samstag war, spielten erstaunlich viele Schulkinder auf der Straße oder standen ebenfalls an, um Margarine oder gar etwas Fleisch zu ergattern. Sie fragte einen pickligen, vielleicht dreizehnjährigen Jungen, der vor ihr auf einem mitgebrachten Feldstuhl wartete, was denn heute los sei?

«Lieste keine Zeitung?», entgegnete er etwas unverschämt und zog den Rotz hoch, der ihm aus der Nase lief. Der Kaiser hätte schulfrei angeordnet. Wegen des großen Erfolges der dritten deutschen Kriegsanleihe.

Das war schon eine eigenartige neue Mode, dachte sie: Erst bekamen die Kinder schulfrei, um von Tür zu Tür zu tingeln und beim Volk Geld für den Krieg einzutreiben. Und wenn sie fleißig genug gewesen waren, gab es zur Belohnung wieder einen Tag schulfrei. Dabei schien ihr der Krieg so unwirklich. Zwar redeten die Erwachsenen von nichts anderem, täglich erschienen Extraausgaben mit Siegesmeldungen und auch mit Niederlagen, es gab Brotkarten und dieses endlose Polonäsestehen, um Margarine, Fleisch, Mehl oder Zucker kaufen zu können. Manchmal wusste man gar nicht, ob das Geschäft, vor dem man bereits seit Stunden wartete, an dem Tag überhaupt noch öffnen würde. Aber ein Gefühl für den Krieg, das fehlte ihr trotzdem.

Letztens hatte sie mit der Mutter am Lehrter Bahnhof auf einen verspäteten Zug gewartet und währenddessen einen Verwundetentransport beobachtet: Da war ihr erstmals das Ausmaß dieses Krieges bewusst geworden. Ein ganzer Zug voll von Versehrten war gerade eingetroffen. Einer nach dem anderen wurden sie auf Tragbahren aus den Waggons gehoben, wurden in Krankenstühlen durch die Bahnhofshalle gerollt und in unzähligen Krankenautomobilen und Krankenpferdewagen weitergefahren. Auch Postkutschen und zwei Lastkraftwagen standen bereit, um die Flut von Verletzten und Verkrüppelten zu bewältigen.

Auch jetzt, während sie in der Schlange stand und wartete, redeten alle vom Krieg: An der Westfront seien die Angriffe der Briten und der Franzosen derzeit besonders massiv, meinte einer. Der Vormarsch in Polen sei zum Stillstand gekommen, wusste eine Frau zu berichten.

Da rede sie wohl eher von Westrussland, entgegnete ein

anderer. In Polen würde die Sache ja noch laufen. In Russland hingegen sei die Situation gänzlich festgefahren, da habe man inzwischen einen Stellungskrieg. Ein kahlköpfiger Greis, der auf einem Schemel ausharrte, tat sich wichtig und meinte zu wissen, Reichskanzler von Bethmann-Hollweg erwäge einen Sonderfrieden mit Großbritannien. Allgemeines Entsetzen. «Das fehlte gerade noch!», rief die Frau, und in diesem Punkt waren sich ausnahmsweise alle einig.

Auf den Krieg schimpfen, das taten sie alle. Den Krieg beenden, das wollte niemand. «Wofür ist mein Franz denn dann gefallen?», zeterte die Frau.

Es wurde bereits dunkel, als Anita endlich ein ganzes Pfund Margarine in den Händen hielt. Ein alter Mann, der sie schon die ganze Zeit seltsam angesehen hatte, fragte, ob sie ihm nicht helfen könne, seine Einkäufe nach Hause zu tragen. Er zahle auch ein Taschengeld. Bei ihm könne sie sich was verdienen, grinste er. Von solchen Typen hatte sie schon zur Genüge gehört.

«Das schaffen Sie bestimmt alleine!», entgegnete sie ihm und sah zu, dass sie auf ihr Fahrrad kam. Manche dachten, weil Krieg war, sei neuerdings alles nur mehr eine Frage des Geldes.

Es waren ungewöhnliche Mädchen bei Rita Sacchetto, unter denen sie sich von Beginn an wohlfühlte. Wenn sie es recht bedenkt, ist aus ihnen allen etwas geworden: Gertrud Samosch, die schon damals verrückt war, nennt sich heute Valeska Gert und ist als expressionistische Tänzerin und Filmschauspielerin erfolgreich. Lore Sello hat vor ein paar Jahren eine eigene Tanzschule eröffnet, und Hansi Burg ist als Theaterschauspielerin berühmt geworden. Vor ein paar Jahren traf sie sie unverhofft wieder: Als Anita einen Film mit Hans Albers drehte, stellte er ihr Hansi als seine Geliebte vor. «Hans und Hansi», hatte sie gesagt, «das ist so albern, dass es mir schon wieder gefällt.»

Dann war da noch die kleine, hübsche Leni, die damals immer zu ihr aufblickte, und die den Ballettunterricht ebenfalls heimlich besucht hatte, weil ihr strenger Vater nichts davon wissen durfte. Seit einem Unfall vor ein paar Jahren tanzt Leni Riefenstahl zwar nicht mehr, dreht aber sehr erfolgreich Bergfilme. Die für Anitas Geschmack etwas bieder und langweilig sind, sich beim Publikum jedoch großer Beliebtheit erfreuen.

Damals hatte Leni vor der Sacchetto jedenfalls immer Angst gehabt, denn sie konnte sehr streng sein. Tanzen war Schweißarbeit, im wahrsten Sinne des Wortes, das traf in ihrer Schule noch weitaus mehr zu als in Dresden, wie Anita bald feststellen musste. Stundenlang übten sie an der Stange, während ein alter Pianist Tschaikowski und Cesare Pugnis La Esmeralda spielte. Derweil stand die Sacchetto wie eine Dompteuse inmitten ihrer Zirkuspferdchen, ihrem strengen Auge entging nichts. Ihr Stock konnte einem empfindlich auf die Beine oder das Gesäß sausen, wenn man eine Position nicht exakt traf oder man womöglich den Po zu weit hinausstreckte.

Nach dem *face à la barre* wiederholten sie den Großteil der Übungen liegend; *tendus* im Liegen waren noch anstrengender. Aber so arbeite man gegen die Schwerkraft, erklärte die Dompteuse ungerührt, das sei gut für den Muskelaufbau. Schließlich kam der Moment, auf den alle gewartet hatten: dann legte die Sacchetto den Stock beiseite und damit auch ihr Dompteusengetue ab, und der ersehnte Ausdruckstanz kam an die Reihe. Sie gab ein Motto aus, das konnte «Dschungel» lauten, «Orientalische Nacht» oder «Gespenstertanz», und während der alte Pianist sofort begann, eine entsprechende

Melodie zu improvisieren, durften sie tanzen und sich gebärden, wie es ihnen gefiel. Ja, tatsächlich stachelte die Sacchetto sie dazu an, noch ausgelassener und ungehemmter zu sein, häufig konnte es ihr gar nicht wild genug zugehen.

Als im nächsten Jahr Anitas erste Premiere näher rückte, wurde sie zunehmend nervös. Nicht wegen der eigentlichen Vorstellung, sondern weil ihr etwas fehlte: Eine erfolgreiche Tänzerin musste einen Geliebten haben. Und zwar keinen unerfahrenen Jüngling, sondern einen richtigen Mann. Einen, der Bescheid wusste, über die Welt und über die Liebe. Der einen anhimmelte, mit Blumen überhäufte und nach der Vorstellung mit dem Wagen abholte, um einen in feine Restaurants auszuführen. Ohne einen Geliebten wurde man als Tänzerin doch gar nicht ernst genommen.

Sie hatte lange nachgedacht und war zu dem Schluss gekommen, dass Karl Walter der Richtige sei. Er war ein Bekannter der Mutter, ledig, schon ziemlich alt, Anfang vierzig – verfügte also über ausreichend Erfahrung. Außerdem war er Schriftsteller und konnte sich somit in andere Menschen hineinversetzen. Er musste also über eine gewisse Sensibilität verfügen, schloss sie, da würde es vielleicht nicht so wehtun. Auch wenn Karl Walters schriftstellerische Ergüsse eher mittelmäßig waren: Er schrieb schwülstige Liebesromane, die im Mittelalter spielten – zwei oder drei davon hatte sie zu lesen angefangen –, dazu allerlei mystische Geschichten und, sein größter Erfolg, ein Theaterstück, das man angeblich bereits auf allen Schweizer Bühnen gespielt hatte und noch immer spielte. Überhaupt, die Schweiz: Da war Karl Walter eigentlich zu Hause, was man auch an seinem Akzent hörte. Er verbrachte lediglich die Wintermonate in Berlin, den Sommer über zog es ihn in seine Heimat. Was für Anita den Vorteil hatte, dass, sollte es eine schlechte Erfahrung werden, man sich nicht ständig über den Weg zu laufen drohte. Sie wäre ihn schnell wieder los, den Karl Walter.

Das alles ging ihr durch den Kopf, als sie die Klingel an der Pforte einer modernen Jugendstilvilla drückte. Karl Walter lebte offenbar gut von seinen Tantiemen.

Das Hausmädchen empfing sie mürrisch und mit musterndem Blick, als ahne sie bereits etwas von ihrem Vorhaben.

«Ein junges Fräulein, Herr Walter», rief sie laut ins Haus, ohne groß nach ihrem Begehr zu fragen, hieß sie eintreten und verschwand in die Küche.

Sie stand etwas verloren im Wohnzimmer. Ein riesiger, dunkel getäfelter Raum, an der Wand gegenüber hingen zwei große Ölgemälde, eine Moorlandschaft und ein nebelverhangener Wald – Karl Walter war auf Mystik abonniert. Auf der Kommode stand eine silbern gerahmte Fotografie. Seine Geliebte?, fragte sie sich. Eine schon etwas in die Jahre gekommene Frau war darauf zu sehen, im eng anliegenden dunklen Kleid mit Stehkragen, die Haare hochgesteckt unter einem weit ausladenden Hut, wie ihn die Mutter gerne trug. Sie lächelte freundlich, im Hintergrund erkannte man die Limmat und das Züricher Großmünster. Konnte es sein, dass Karl Walter reifere Frauen bevorzugte, oder hatte er womöglich eine recht junge Mutter? Im offenen Kamin hinter Anita prasselte ein Feuer, und ihr wurde mit einem Mal ziemlich warm.

«Guten Tag!», rief der Dichter erstaunt aus. «Das ist ja eine Überraschung! Setz dich doch!» Er half ihr aus dem Mantel. Anita nahm auf einem roten Plüschsofa Platz, das heißt, sie versank förmlich darin. Das lässt einen kleiner wirken, als man ist, dachte sie verärgert, richtete ihren Oberkörper sofort auf und rutschte behutsam vor bis an die Kante, um ihre eigentliche Größe zu demonstrieren. Karl Walter betrachtete sie eingehend. Es war bestimmt zwei Jahre her, dass sie sich das letzte Mal gesehen hatten, damals wohnte Anita noch in Dresden.

«Groß bist du geworden! Eine richtige Dame!» Er lächelte verklemmt.

Schrecklich, dieses einfältige Gequatsche. Von einem Dichter hatte sie sich mehr erwartet.

Er sah deutlich älter aus, als sie ihn in Erinnerung gehabt hatte. Aber sollte sie jetzt deshalb erwidern, dass er grau geworden sei? Seine Wangen eingefallen waren und dass die Dichterfalten auf seiner Stirn sich tiefer ins Fleisch gegraben hätten? Nein, gewiss nicht. Besser schwieg sie.

Auch Karl Walter schien zu bemerken, dass seine Konversation ausgesprochen dämlich war, zumindest errötete er leicht. Eine unangenehme Pause entstand.

«Möchtest du ein Stück Schweizer Schokolade?», fragte er. Früher hatte er ihr häufig gute Schokolade mitgebracht. Es war eine Ewigkeit her, dass sie welche gegessen hatte. Jetzt, zu Kriegszeiten, war ein Stück Schokolade geradezu eine Sensation, und sie hätte schon Lust darauf gehabt. Aber Karl Walter musste endlich kapieren, dass sie kein Kind mehr war, dessen größte Gier sich nach einem Stück Schokolade richtete. Sondern eine junge Dame. Die bereit war, eine richtige Frau zu werden. Also schüttelte sie den Kopf und zog gespielt beiläufig den Saum ihres neuen Nachmittagskleids aus seegrünem Crêpe de Chine, das sie speziell für den heutigen Anlass angezogen hatte, ein Stückchen höher und sah ihn intensiv an.

«Hat – Ihre Mutter Sie hergeschickt?», fragte er.

Jetzt fing er auch noch an, sie zu siezen. Sie schüttelte erneut den Kopf, öffnete ihre Lippen ganz leicht und setzte eine verführerische Miene auf – von unten heraufblickend, so wie sie es die Mutter in entsprechenden Szenen oft auf der Bühne hatte machen sehen und wie sie selbst es ausgiebig vor dem Spiegel geübt hatte.

Karl Walters Augen begannen unruhig zu flackern. Gott, war der Mann schwer von Begriff. Seine Romanfiguren hatten da deutlich mehr auf Lager. Und romantischer waren sie auch. Ob das am Mittelalter lag? Sie erwog kurz, ob sie ihr Vorhaben abbrechen sollte, überlegte, ob es nicht doch eine Alternative gäbe. Der Conférencier Fritz Grünbaum fiel ihr ein, der war etwas jünger und vor allem sehr lustig. Aber Grünbaum war ungewöhnlich klein, fast schon ein Zwerg, und hatte eine Halbglatze – Männer ohne Haare fand sie schrecklich unerotisch. Vielleicht hätte sie darüber hinwegsehen können, dachte sie, weil es eben Grünbaum war. Der Conférencier war obendrein ernsthaft liiert. Und, noch schwerwiegender: Er war zu nah. Er arbeitete täglich mit der Mutter, den würde man so schnell nicht in die Schweiz schicken können.

«Was möchtest du?», fragte Karl Walter leise.

«Ich möchte die Liebe lernen. Von dir.»

«Die Liebe? Von mir?» Er sah sie so verständnislos, so dumm an, dass sie beinahe aufgestanden und gegangen wäre.

«Du schreibst doch so viel über die Liebe», hauchte sie. «Ich dachte, du kennst dich aus.»

Sein Mund stand offen. Was ihn noch einfältiger wirken ließ.

«Ja», erwiderte er schließlich und schob hastig noch zwei weitere «ja» hinterher, «ja, natürlich!» Er musterte sie erneut.

«Bist du denn – wie alt bist du eigentlich?»

Sie sah ihn strafend an, ohne eine Antwort zu geben. Karl Walter biss sich nervös auf die Lippen.

«Willst du mir dein Schlafzimmer zeigen?», fragte sie unvermittelt. Bei Männern müsse man stets direkt sein, das beeindrucke sie, hatte ihr die Großmutter einst erklärt: «Ein Mann weiß häufig nicht, was er will. Das ist kein Problem. Aber eine Frau, die nicht weiß, was sie will, die ist verloren.»

Karl Walter guckte immer noch erstaunt und nickte schließlich.

«Darf ich dir erst noch einen Cognac anbieten? Oder einen Likör? Ich zumindest könnte jetzt einen Schluck vertragen.»

Der Cognac brannte in ihrer Kehle.

«Da wird einem warm», sagte sie. Karl Walter lachte befreit, als hätte sie einen guten Witz gemacht. Dabei war es eine nüchterne Feststellung gewesen.

Auch das Schlafzimmer war ganz in dunklem Holz gehalten: die schwarzbraune Kassettendecke, geradezu wuchtig erdrückend, der monströse Kleiderschrank in der Ecke. Die Nachtkästchen links und rechts des großen Bettes, und die Schminkkommode, in deren Spiegel sie einen prüfenden Blick warf, ehe sie sich ihm zuwandte.

«Willst du mich jetzt küssen?»

Er packte sie am Hinterkopf, fester, als sie es ihm zugetraut hätte, und steckte ihr seine Zunge in den Mund, die noch nach Weinbrand schmeckte, zugleich nestelte er stürmisch an ihrer Kleidung herum. Eigenartig, wo er doch vorher so überaus langsam gewesen war. Nun konnte es nicht schnell genug gehen. Sie schob resolut seine Hand beiseite. Aus Angst, er könne ihr feines Seidenkleid mit seinen ungeschickten Händen zerreißen, da kümmerte sie sich lieber selbst. Kaum hatte sie sich entkleidet, stieß Karl Walter sie auch schon aufs Bett und fiel stürmisch über sie her.

«Wie schön du bist», schnaufte er und küsste ihre Brüste.

«Kommende Woche tanze ich übrigens im Apollo-Theater», sagte sie, «wirst du kommen?» Überrascht hielt er inne und guckte wieder doof.

«Selbstverständlich», brachte er schließlich hervor.

«Dann musst du mir Blumen mitbringen, ein großes Bouquet.» Er nickte, dabei wanderte seine rechte Hand bereits nach unten und griff nach ihrem Hintern.

«Nicht vergessen!», ermahnte sie ihn, «am Samstag um acht.»

Karl Walter jedoch interessierte sich nur noch für ihren Körper. Als er in sie eindrang, tat es einen Moment weh. Aber es war auszuhalten. Er fing an, sich zu bewegen, und sie überlegte noch, wie sich das eigentlich anfühlte – da stöhnte der Dichter schon auf und sackte erschöpft zur Seite. Und das war offenbar das Ende.

Sie konnte es kaum glauben. Das war es also, wovon alle Welt sprach, worum so viel Aufhebens gemacht wurde?

«Hat es dir gefallen?», fragte Karl Walter und steckte sich eine Zigarette in den Mund. Seine Hand zitterte, als er das Streichholz entzündete. Seine Frage klang ein wenig wie früher, wenn er sich erkundigt hatte, ob ihr die feine Schweizer Schokolade geschmeckt habe. Was sollte man da schon sagen? Sie spitzte die Lippen und nickte.

Am betreffenden Samstag, Vollmond war es gewesen, saß Karl Walter in der ersten Reihe des ausverkauften Apollo-Theaters, einen üppigen Strauß roter Rosen im Arm. So ein romantischer Dichter wusste eben doch, was sich gehörte.

Die typische Geruchsmischung aus Schweiß, Parfum und Puder lag in der Luft, genau wie sie sie von den Auftritten der Mutter her kannte. Anfangs war sie so aufgeregt gewesen, dass sie fürchtete, ihre Glieder könnten versagen. Aber sobald die Musik erklang, sobald sie die Bühne betrat, war all die Aufregung wie weggeblasen.

Der Abend wurde mit dem Tanzbild einer indischen Märchenszene eröffnet, bei dem Anita einen sehr weiten Kaftan trug. Als das Scheinwerferlicht erlosch, zog sie sich rasch das Kaftankleid über den Kopf und trat sogleich in dem darunter verborgenen Harlekinkostüm auf, während ihre Kolleginnen sich auf der Hinterbühne für ihren nächsten Auftritt umzogen.

Später gaukelte Anita als Schmetterling über die Bühne, und ganz am Ende des Abends tanzten sie eine mythologische Szene nach den «Metamorphosen»: Lore Sello spielte den Liebesgott Amor, der sich zum Ärger seiner Mutter Venus in die wunderschöne Psyche verliebt, die von Frau Sacchetto getanzt wurde. Unterdessen durfte Anita als Windgott Zephyr über die Bühne fegen. Von diesem ungestümen Herrn der Winde konnte das Publikum gar nicht genug bekommen und belohnte sie mit einem Soloapplaus.

Die Mutter gratulierte zum Erfolg, wenngleich sie auch für den ein oder anderen Tanz Verbesserungsvorschläge hatte, die die Großmutter großzügig beiseitewischte, indem sie mit Tränen in den Augen erklärte, wie überaus stolz sie auf Anita sei.

Es folgten verschiedene Gastspiele in Frankfurt, Hannover, Leipzig und München. Inzwischen war ihr Vater nicht mehr Konzertmeister des Leipziger Gewandhausorchesters. Er war mittlerweile so berühmt, dass er als Violinist durch die ganze Welt tourte. Er lebte in München, wo er an der Musikhochschule unterrichtete. Kurz hatte sie erwogen, ihn zu ihrer Vorstellung einzuladen, zuletzt hatte sie ihn vor zwölf Jahren gesehen. Aber eine unbestimmte Furcht hielt sie davon ab, und sie verwarf den Gedanken wieder. In den Kritiken wurde Anita als Entdeckung gefeiert. Spätestens, wenn sie ihren geliebten Chopin-Walzer tanzte, lag ihr das Publikum zu Füßen und feierte sie mit frenetischem Applaus und lauten «Anita!»-Rufen.

Aber ganz entgegen ihrem Erfolg musste sie bald feststellen, dass die neuen Tänze und Rollen, die Rita Sacchetto ihr zugestand, immer kleiner wurden. Überhaupt schien der Sacchetto der Erfolg ihrer Meisterschülerin ein Dorn im Auge zu sein. Wann immer sich Anita für eine Figur interessierte, bekam sie zu hören, das ginge nicht, dafür sei sie völlig ungeeignet – mal hieß es, sie sei nicht weiblich genug, ein anderes Mal, es fehle ihr an Grazie. Und als sie schließlich insistierte, wurde die Sacchetto bösartig: Anita habe überhaupt Gummigelenke, das sähe höchst unästhetisch aus, zischte sie, vielleicht wäre sie besser beraten, sich als Schlangenmensch in einem Zirkus zu bewerben.

Doch manchmal meint es das Schicksal gut mit einem. Im Nachhinein betrachtet, konnte sie Rita Sacchetto für ihr Verhalten geradezu dankbar sein. Ansonsten hätte sie sich kaum so schnell von deren Truppe losgesagt, um ihre eigenen Choreografien zu kreieren. Die ehemalige Tänzerin Helene Grimm-Reiter, die eine bekannte Tanzschule am Kurfürstendamm führte, stellte Anita vormittags ihr Studio zum Proben zur Verfügung. Großmutter Lu unterstützte sie mit der Anschaffung von Stoffen, aus denen sie ihre eigenen Kostüme schneiderte. Ein halbes Jahr später gab Anita im Theatersaal der Hochschule für Musik ihren ersten Solotanzabend.

Als Diana, die römische Göttin der Jagd und des Mondes, tanzte sie in einer selbst entworfenen Toga zu Musik von Chopin, Pfeil und Bogen in der Hand. Sie tanzte Penthesilea, die Königin der Amazonen, des sagenumwobenen Volks von wagemutigen Kämpferinnen, die keine Männer um sich duldeten. Im nächsten Moment gab sie sich scheu und verlegen, um dann voller Sehnsucht zum Valse coquette von Leoncavallo über die Bühne zu wirbeln. Es folgte ein koreanischer Tanz in einem aufwendigen, selbst entworfenen Fantasiekostüm – ein Akt, der einer ihrer Klassiker werden sollte. Und schließlich verwandelte sie sich zu den Klängen des Violinkonzertes von Jean Sibelius in einen Dämon.

Anfangs lachte das Publikum noch, wenn das Trommeln der Pauken, die Klänge der Bässe den dritten Satz mit einem rhythmischen Stampfen eröffneten und sie wie ein aufgeblasener Gorilla am Portalturm erschien. Und auch, wenn sie dann zum Spiel der Solovioline affengleich die ganze Breite der Vorbühne entlangsprang. Sobald das Orchester mit dem zweiten Thema in d-Moll einsetzte, hielt sie schlagartig inne. Dann verdrehte sie ihre Augen nach oben, sank zu Boden und begann ihre Metamorphose: Konvulsivische Zuckungen durchliefen ihren Körper, das Publikum hielt den Atem an, während ihre Gliedmaßen, wie von Stromschlägen gepeinigt, erzitterten. Dabei dachte sie an ihren Bekannten Kurt Schwitters, an seine epileptischen Anfälle, deren Zeugin sie bereits zweimal geworden war. Sie dachte an Schwitters' eigenartige Gedichte, die er in der expressionistischen Zeitschrift *Der Sturm* veröffentlichte, und an seine Liebe zu Meerschweinchen; sie riss die Augen auf und verzog ihren Mund zu einem debilen Grinsen. Die Violine spielte unterdessen rasant die kompliziertesten Tonfolgen, vom Orchester getrieben. Sie begann, sich zum Klang zu winden wie eine Schlange. Dann stellte sie sich vor, es sei der Vater, der dort im Orchestergraben sitze und ihr zum Tanz aufspiele. Der Vater, dessen Violine das Tier in ihr erwecke.

Schließlich wandte sie ihr Gesicht plötzlich zischend dem Publikum zu, dann blickte sie in baff aufgerissene Mäuler, während die Violine ihr Spiel zunehmend steigerte, die schwierigen Flageoletttöne derart hoch, dass das Instrument fast zu pfeifen schien, wie eine Piccoloflöte.

Am Ende spürte sie die große Freiheit in sich, die sie sonst so oft vermisste. Denn, das war das Herrliche am Tanz – man durfte sein, was und wer man wollte. Verpackt in Bewegung und Musik war so vieles möglich, konnte man selbst der Zensur viel einfacher trotzen, als das sonst jemals der Fall war.

Bald tanzte sie als Stargast bei Rudolph Nelson, einige Monate nach ihrem achtzehnten Geburtstag trat sie erstmals im berühmten Varieté Wintergarten auf. Dort entdeckte sie der aufstrebende Regisseur Richard Oswald und besetzte sie in seinem Liebesfilm *Das Dreimäderlhaus* in einer der Hauptrollen als Tänzerin. Gleich im Anschluss drehte er zwei weitere Filme mit ihr, daneben probte Anita unermüdlich neue Tänze und hatte schließlich Premiere mit einem Soloabend im Blüthner-Saal.

Doch je größer ihr Erfolg wurde, umso schwieriger wurde die Situation zu Hause. Die Mutter hatte sich mit Direktor Nelson überworfen. Und obwohl die Berliner seit dem Ende des Krieges in den Varietés und Tanzlokalen ausgelassen feierten wie nie zuvor, hatte die Mutter Probleme, ein ordentliches Engagement zu finden. Dass ihre Tochter nun den Blüthner-Saal mit seinen zwölfhundert Sitzplätzen zu füllen vermochte, erfüllte sie mit Missgunst. Sie bemängelte Anitas Art zu tanzen und hatte auch sonst an allem etwas auszusetzen. Sie belächelte, dass sich neuerdings große Journale wie *Die Dame* oder die *Elegante Welt* darum rissen, Modeaufnahmen mit Anita zu zeigen, mit den neuesten Kleidern der Saison am Leib, den jüngsten Hutkreationen auf ihrem Haupt. Und dass Anita nun sogar Filme drehte, war der Mutter auch nicht recht.

«Überhaupt, heutzutage tanzt alles und jeder», meinte sie, «das Tanzen an sich ist ja völlig überschätzt. Aber das wird auch wieder aus der Mode kommen, dessen bin ich mir sicher. Willst du nicht besser mal an deiner Stimme arbeiten? Die ist zwar etwas zu rauchig, aber selbst das schätzen ja manche. Und eine Sängerin, das ist doch zumindest etwas Anständiges.»

«Ich wollte nie singen», entgegnete Anita. «Tanzen will ich und spielen – die Stimme brauche ich weder hier noch dort.»

«Mit echtem Schauspiel hat der Film wenig zu tun.» Die Mutter lachte verächtlich. «Die Leistung eines Filmkünstlers ist ja viel flacher als die eines richtigen Schauspielers. Schließlich ist das Wort des Dichters im Film doch vollkommen verschwunden.»

Ihre Augen blitzten Anita kalt an. «Der Film, das ist so etwas Neumodisches», ergänzte sie, «man wird schon sehen, wohin das noch führt. Nicht umsonst wird der Film auch das ‹Theater der Analphabeten› genannt.» Sie setzte ihr süffisantes Lächeln auf, das Anita so hasste.

«Das kann man doch gar nicht vergleichen», antwortete sie, «die Herausforderungen im Film sind ganz andere. Ein Theaterschauspieler hat auf der Bühne volle Bewegungsfreiheit. Vor der Kamera ist man dagegen streng festgelegt. Der Blickwinkel des Objektivs begrenzt den Spielraum, und im Atelier wird das durch weiße Bänder markiert. Wer sich auch nur einen Moment aus diesem abgesteckten Feld herausbewegt, dem fehlt später im Bild ein Arm oder Bein, wenn nicht gar der Kopf. Außerdem kann ein guter Theaterschauspieler jeden Fehler überspielen. Im Film ist das nicht möglich, die Kamera kann man nicht belügen, das Auge des Objektivs duldet keine Unwahrheiten. Jeder kleinste Fehler wird unauslöschlich auf dem Zelluloidband festgehalten.»

Die Mutter sah sie zweifelnd an.

«Zugegeben, das Wort der Dichter ist im Film verschwunden», fuhr Anita fort, «umso wichtiger ist es jedoch, die Figur, die man spielt, durch Bewegung, innere Haltung und mittels Gebärde zum Leben zu erwecken. Man benötigt großes Einfühlungsvermögen, um die Gebärde künstlerisch zu gestalten, um sämtliche Emotionen ohne Worte zum Ausdruck zu bringen. Ja, tatsächlich erfordert es höchste Konzentration, um die verkörperte Figur vor dem Objektiv des Kurbelkastens zum Leuchten zu bringen!»

Das Lächeln der Mutter erstarb.

«Hörst du dich selber reden?», fragte sie kalt. «Du klingst schon ganz künstlich. Das rührt vermutlich von der vielen Beschäftigung mit der filmischen Kunstwelt her.»

Anita setzte an, etwas zu erwidern, sie wollte sich selbst und die Mechanismen der Filmwelt weiter erklären, aber da begriff sie: Die Mutter wollte sie gar nicht verstehen. Also gab sie auf und schwieg.

Auch ihre mittlerweile zahlreichen Verehrer waren der Mutter ein Dorn im Auge. Wenn Anita nach einer Vorstellung mit dem Taxi zurück in die Zähringerstraße fuhr und beladen mit Blumensträußen und anderen Aufmerksamkeiten wie Parfumfläschchen, Pralinen und gar schriftlichen Liebesbekundungen heimkehrte, machte die Mutter anzügliche Bemerkungen. Erschwerend hinzu kam, dass die Mutter wieder mal einem Mann hinterherweinte, der sie kürzlich verlassen hatte. In solchen Phasen war sie, was ihre Tochter anbelangte, besonders gnadenlos.

Und wie so oft schwor sich Anita in diesen Momenten, später nicht dieselben Fehler zu machen. Sie würde nicht die verlassene Frau sein, die alten Liebschaften nachtrauerte. Sie würde selbst entscheiden, mit wem sie zusammen sein und wie lange die Beziehung gehen würde. Noch bevor jemand ihrer überdrüssig sei, würde sie selbst die Reißleine ziehen und die Sache beenden. Und nicht umgekehrt.

*

In Kürze beginne endlich ein neues Leben, sagte Hanne. Sie saß neben Anita im Filmatelier und zupfte träumerisch an ihren prachtvollen, perfekt eingedrehten Locken. Und das, obwohl Hanne doch gar nicht zum Arbeiten hier war, sondern nur, um ihrem Liebsten beim Spielen zuzusehen. Ein freies, ein unabhängiges Leben werde das sein, schwärmte sie, in einer eigenen Wohnung. Reinhold habe sie nämlich gefragt – sie sah Anita an und riss vielsagend ihre rechte Augenbraue hoch – und sie, sie habe ‹ja› gesagt!

Kein Wunder, dass ihr Kollege Reinhold Schünzel in letzter Zeit ungewöhnlich guter Laune war, dachte Anita. Das war also der Grund.

Vor drei Monaten sei das bereits gewesen, fuhr Hanne fort, als sie wegen des großen Erfolges der ersten beiden Hanne-Kurzfilme gleich noch drei weitere humoristische Zweiakter gedreht hatte: *Hanne und ihre drei Freier*, *Hanne muss was erleben* und zuletzt *Hanne entlobt sich*. Reinhold, der zunächst genau wie sie Schauspieler war, hatte bei diesen letzten Filmen erstmals Regie geführt.

«Bei *Hanne entlobt sich* hat er mich gefragt», erzählte sie, während ihr künftiger Gatte sich gerade vor ihrer beider Augen abmühte: Reinhold stand in dem Teil des Ateliers, der den Salon des Etablissements der Madame Riedel darstellen sollte. Stark geschminkt, das Haar mit Birkenwasser nach hinten gekämmt, stand er im grellen Licht der Scheinwerfer und guckte grimmig. Richard Oswald erklärte unterdessen dem

Stimmungsgeiger, den man vor dem Portal postiert hatte, er möge doch bitte etwas Dramatischeres spielen. Etwas, was dem Herrn Schünzel bei der Boshaftigkeit helfen könne. Schließlich habe er einen Zuhälter zu verkörpern, einen besonders unangenehmen und gewissenlosen obendrein. «Sie wissen doch wohl, was ein Zuhälter ist?» Der Violinist errötete und setzte statt einer Antwort sofort die Geige ans Kinn und begann auf der G-Saite zu schrammeln.

«Gefühlvoll darf es trotzdem sein», mahnte Richard Oswald, «auch die Bösen haben Gefühle.» Dann gab er dem Operateur Max Faßbender letzte Anweisungen für die bevorstehende Großaufnahme. Hanne zupfte an ihren Locken und plauderte munter weiter:

«Du glaubst gar nicht, wie froh ich bin, von zu Hause fortzukommen. Ich war zwar fast nur noch zum Übernachten da – im vergangenen Jahr habe ich immerhin zehn Filme gedreht! –, aber wenn ich zu Hause war, war es kaum auszuhalten. Also, mit dreiundzwanzig Jahren hältst du die Bevormundung irgendwann nicht mehr aus. Ganz ehrlich, hätte Reinhold mich nicht gefragt», lachte sie, «ich glaube, ich hätte auch jeden anderen Kerl genommen.»

Richard Oswald klatschte jetzt in die Hände und freute sich wie ein Kind über die offensichtlich gelungene Aufnahme.

«Die Hauptsache beim Filmschauspieler ist das Gesicht!», rief er. «Nur Schauspieler mit Film-Gesichtern kann man überhaupt brauchen.» Sofort verlangte er nach einer weiteren Großaufnahme: «Das Gesicht muss man besonders oft und groß zeigen.» Damit schnipste er in Richtung des Stimmungsgeigers, der sogleich sein Spiel wieder aufnahm.

«Aber so», sagte Hanne wie zu sich selbst, den Blick Richtung Reinhold gerichtet, der schon wieder den Zuhälter mimte, «das ist schon optimal. Reinhold hat nämlich, was mich anbelangt, jede Menge gute Ideen. Weißt du, er schreibt bereits an einem neuen Drehbuch. Und niemand kennt dich so gut wie dein Liebster. Der kann dir die Rolle quasi auf den Leib schreiben! Außerdem, Reinhold kann ja auch ruhig mal was für mich tun. Schließlich habe ich ihm das Tor zur Regiewelt geöffnet.»

Sie beugte sich zu Anita und flüsterte: «Aber ich verrate dir, das tut er auch. Er schreibt einen ganz wundervollen Kriminalfilm, nur für mich. Es ist eben ein Geben und Nehmen, weißt du. Denn hätte ich ihn nicht als Regisseur vorgeschlagen, wäre das kaum so schnell gegangen.»

Und damit klatschte sie begeistert ihrem Liebsten zu, der soeben sein Bild abgedreht hatte.

Hanne Brinkmann war als Schauspielerin sehr erfolgreich, und ihre Worte erinnerten Anita an Großmutter Lu: Man solle einen Mann danach aussuchen, ob er denn auch etwas geben könne, hatte die Großmutter einmal gesagt, sonst sei es schlecht um einen bestellt. Wobei es nicht immer gleich ums Geld gehen müsse, es könne sich durchaus auch um andere Dinge handeln. Aber nehmen, nehmen tue ein Mann sowieso genug, dessen könne man sicher sein. Viele Frauen zahlten in jeder Hinsicht nur drauf. «Zu denen will man nicht gehören!», hatte die Großmutter gewarnt.

«*Wie* heißt der Film?»

Das Geschrei der Mutter war geradezu hysterisch.

«*Die Prostitution*», antwortete Anita und zuckte mit den Schultern. «Allerdings wird er vermutlich in *Das gelbe Haus* umbenannt.»

Aber das nahm die Mutter schon gar nicht mehr wahr. Sie war außer sich vor Wut.

«Du spielst jetzt eine Hure?»

«Ich spiele eine Tochter», entgegnete sie ruhig, «eine Tochter, die vom rechten Weg abkommt. Letztendlich ein gefallenes Mädchen. Sind halt die Verhältnisse.»

«Also doch eine Hure!», rief die Mutter. «Gefallenes Mädchen, dass ich nicht lache, das ist doch dasselbe.» Ihre dunklen Augen funkelten.

«Was sagst denn du überhaupt dazu?» Sie wandte sich mit einem Mal an die Großmutter, die wie so oft vor dem Kachelofen saß und strickte. «Du kannst ja auch mal was sagen!»

Die Großmutter ließ sich Zeit mit der Antwort. Nur das Klicken ihrer Stricknadeln durchbrach die Stille, ehe sie schließlich bedächtig die Stimme erhob.

«Mein Gott, es ist einer dieser Oswald'schen Kulturfilme. Kein Grund, sich aufzuregen. Diesmal geht es eben um zwei Schwestern, deren Vater ein arbeitsscheuer Trinker ist und der seine Töchter in die Prostitution treibt.»

Die Mutter guckte überrascht.

«Du wusstest davon?»

«Natürlich», entgegnete die Großmutter. «Wenn du dich öfter mal mit deiner Tochter unterhalten würdest, wüsstest du es auch.»

«Da haben sich ja zwei gefunden», sagte die Mutter und warf Anita einen strafenden Blick zu. «Aber das habe ich mir schon immer gedacht», rief sie und schritt, die Tür hinter sich zuknallend, aus dem Zimmer.

Die Großmutter sah viele Dinge anders. Sie verfolgte Anitas Karriere mit Stolz. Sie ging auch sonst regelmäßig ins Lichtspielhaus und kannte Oswalds Filme. Sie kannte seine *Es werde Licht!*-Filmreihe, in denen er die Zuschauer über alle möglichen Tabuthemen aufzuklären versuchte, über Geschlechtskrankheiten oder Abtreibungen durch Kurpfuscher. Oder, wie nun im neuen Film, über Prostitution. Dass Richard Oswald

Anita bereits die nächste Rolle angeboten hatte, wusste die Großmutter auch. Sie behielt es wohlweislich für sich.

In Kürze würden die Dreharbeiten zu Oswalds neuestem Film beginnen. Diesmal sollte es um ein weiteres Tabuthema gehen: die gleichgeschlechtliche Liebe. *Anders als die Andern*, hieß das neue Projekt.

DIE LIEBE
DER NACHTFALTER

D ie Andershaarige hat Besuch», hört sie Schwester Margret sagen, «ein Herr steht draußen.»

Andershaarig ist sie schon eine Ewigkeit nicht mehr genannt worden. Vor zehn Jahren, als sie sich zum ersten Mal einen Bubikopf schneiden ließ, wurden Frauen mit kurzem Haar von Konservativen und Reaktionären so geschimpft. In Bethanien scheint die Zeit stehen geblieben zu sein.

«Ihr Ehemann?», fragt Schwester Dorothee jetzt zurück.

«Nein, nein», entgegnet ihre Kollegin und verzieht das Gesicht, als hätte sie in eine Zitrone gebissen, «es ist dieser mosaische Sexualwissenschaftler, Doktor Hirschfeld.»

Schwester Dorothees Gesicht läuft daraufhin rot an, dann geht sie schnell hinaus.

«Mein Mädchen. Was machst du nur für Sachen?», ruft Magnus Hirschfeld aus, kaum dass er den Raum betreten hat. Er nimmt die beschlagene Nickelbrille ab, küsst Anita sanft aufs Haupt und streicht sein vom Wind zerzaustes, noch immer volles, graues Haar aus der Stirn. Wie immer trägt er keinen Hut. Das linke Ende seines üppigen Schnauzbarts zeigt nach unten, während das rechte in die Höhe steht. Liebevoll lächelt er sie an und putzt beiläufig seine Brille an der Weste seines dunkelgrauen Anzugs ab, den er unter seinem Winterrock trägt. Sein bordeauxfarbener Querbinder sitzt schief, ungleich und nachlässig gebunden. Karl muss es versäumt haben, einen Blick darauf zu werfen, bevor er das Haus verlassen hat.

«Oh, der Herr Doktor», sagt jetzt die alte Lisbeth, die ein Bett weiter liegt. Sie guckt ehrfürchtig und beginnt unter Mühen, sich aufzurichten. Magnus Hirschfeld ist ein bekannter Mann, vermutlich kennt sie sein Gesicht aus der Zeitung.

Und er polarisiert wie kein anderer von Anitas Freunden, das fällt ihr auch jetzt wieder auf: Während er für die einen der mutige Vorkämpfer für die Rechte Unterdrückter ist, sei es für die Legalisierung der Homosexualität oder für das Recht auf Abtreibung, gilt er anderen als das personifizierte Böse, ein Sittenverderber, der die gute deutsche Moral über den Haufen schmeißt.

«Das ist allerdings nicht *unser* Doktor», fährt dann auch Schwester Margret sogleich dazwischen und stellt sich abwehrend vor Lisbeths Bett, offenbar wird ihr das hier zu heikel. Schwester Dorothee steht unterdessen noch immer mit hochrotem Gesicht neben der Tür und wirkt wie vor Schreck erstarrt.

Magnus Hirschfeld lächelt nachsichtig.

«Haben Sie vielleicht einen Krankenrollstuhl, werte Schwester?», fragt er. «Dann könnte ich mit Frau Berber kurz an die frische Luft gehen, ehe ich hier Unruhe stifte. Ihrer Patientin würde es sicher guttun, die letzten Sonnenstrahlen zu genießen», meint er mit Blick zum Fenster.

So schnell hat man noch nie Bewegung in Schwester Margret kommen sehen. Wortlos eilt sie nach dem Krankenrollstuhl, und tatsächlich, keine fünf Minuten später sitzt Anita gemeinsam mit Magnus im Innenhof und sieht den bethanischen Hühnern zu, die dort hinter einem Gatter umherlaufen und in der nachmittäglichen Sonne ein Sandbad nehmen.

Magnus kramt eine Proviantdose aus seiner Aktentasche hervor.

«Ich habe uns etwas Mokkatorte mitgebracht. Das darf man zwar nicht, und mir selbst sind Süßigkeiten aufgrund meines Zuckerleidens sowieso nicht erlaubt, aber manchmal muss man etwas Verbotenes tun. Wer hat das mal gesagt?» – er macht eine kurze Pause, als würde er überlegen – «Na, das hast du mir erklärt!» Er lacht und öffnet die Dose, entnimmt ihr Besteck, lädt ein Tortenstück auf den metallenen Deckel und reicht ihn ihr samt Kuchengabel; er selbst macht sich an das verbliebene Stück.

Eigentlich ist ihr gar nicht nach Essen zumute. Aber um Magnus einen Gefallen zu tun, greift sie doch zu. In der Tat schmeckt es erstaunlich gut.

«Hast du etwas von Henri gehört?», fragt sie ihn.

Er schüttelt den Kopf.

«Ich hatte gehofft», meint Anita, «er würde sich bei dir melden. Ich hatte gehofft, er würde das Geld zurückzahlen, das du uns freundlicherweise geschickt hast. Sonst hätten wir nie den weiten Weg von Damaskus nach Hause geschafft.»

«Ach», antwortet Magnus kauend, «es gibt wichtigere Dinge als Geld.»

Sie essen schweigend.

Plötzlich ertönt lautes Gegacker vom Hühnerstall her: Eine der Hennen hat einen recht großen, fetten Regenwurm gefunden. Anstatt ihn still und genüsslich zu verzehren, gackert sie vor Aufregung derart laut, dass die anderen Hühner aufmerksam werden und ihr kurzerhand ihre Beute abjagen.

«Falls ich hier lebend rauskomme», sie hält kurz inne, «könnte ich dann vielleicht noch einmal bei dir wohnen?»

«Selbstverständlich, mein Mädchen!» Er sieht sie gutmütig an, ein paar braune Kuchenkrümel hängen in seinem

Schnauzbart. Zugleich meint sie, eine gewisse Melancholie in seinem Gesicht auszumachen. Vermutlich glaubt er nicht an ihre Genesung.

«Für dich steht immer ein Gästezimmer im Institut bereit! Und sollte gerade einmal keins frei sein, wohnst du in meiner Wohnung.»

«Wenn Karl nichts dagegen hat.»

«Karl hat nichts dagegen zu haben! Du bist meine einzige Frau. Und dabei bleibt es!»

Er lacht. Und auch sie muss jetzt lachen, was allerdings in einem schrecklichen Hustenanfall endet: Bei ihrem lauten Gebell schrecken selbst die Hühner auf und laufen Richtung Stall.

In der Tat ist sie die Einzige im Leben von Magnus Hirschfeld. Vor Jahren war sie ganz entrüstet gewesen, als sie erfuhr, dass er noch nie mit einer Frau geschlafen hatte.

«Moment mal», hatte sie ihm entgegengehalten, «du schimpfst dich *Sexualwissenschaftler* und hast keinerlei Erfahrung mit der Sexualität zwischen Mann und Frau? Ich habe ja nichts gegen die mannmännliche Liebe einzuwenden, aber du musst doch wissen, wie es ist, mit einer Frau zu schlafen. Schon allein aus wissenschaftlichen Gründen.»

Magnus Hirschfeld hatte betreten geguckt.

«Ein Wissenschaftler, der gar nicht kennt, was er erforscht – wo kommen wir denn da hin?»

Zugegeben, es hatte ihr durchaus Freude bereitet, ihn zu irritieren. Noch weiter, es war ihr überdies geradezu eine Herausforderung gewesen, sportlicher Natur: ihn, den großen Verfechter des Uranismus, zu verführen. Und so hatte sie ihm großzügig angeboten, sich selbst, quasi experimentell, zur Verfügung zu stellen – zu rein wissenschaftlichen Zwecken. Und tatsächlich, drei Tage später hatte sie ihn so weit gehabt.

Sie hatten eine Liebesnacht miteinander verbracht, die sie beide nie wieder vergessen sollten. Nicht, dass der Akt an sich so berauschend gewesen wäre. Er war von ganz anderer, ungeahnter Qualität: Nie davor und nie wieder danach hat sie beim Beischlaf mit einem Mann derart viel gelacht. Und Magnus war es ganz ähnlich ergangen. Wie zwei neugierige, alberne Kinder hatten sie gegenseitig ihre Körper erkundet. Wobei die Tatsache, dass sie einander in keiner Weise erotisch begehrten, ihnen eigentümlicherweise – von einer kurzen, anfänglichen Beklemmung abgesehen – eine enorme Freiheit gab. Vielleicht führte sogar der Umstand, dass sie beide keinerlei Erwartungen an dieses Erlebnis hatten, dazu, dass sich ihnen jenes Tor zum Garten der Lust ganz unerwartet öffnete. Zumindest war es für beide eine schöne, eine im besten Sinne befriedigende Erfahrung gewesen. Und gleichzeitig war klar, dass es bei diesem einzigen, höchst besonderen Mal bleiben würde. Seitdem hatte sich ihr freundschaftliches Verhältnis weiter vertieft, und Magnus' Lebensgefährte Karl Giese, der im Archiv des Instituts für Sexualwissenschaft arbeitete, hatte damit kein Problem. Wie Karl überhaupt für alles Verständnis zu haben schien, was Magnus betraf. Karl verehrte seinen dreißig Jahre älteren Freund geradezu abgöttisch und nannte ihn liebevoll «Papa». Das konnte man seltsam finden, ihr schien es jedoch vollkommen natürlich, denn tatsächlich hatte Magnus etwas höchst Fürsorgliches an sich. Ja, auch ihr machte er den Eindruck einer idealen Vaterfigur. Solch einen Papa hätte auch sie sich gewünscht. Für die beiden Männer hatte der Kosename zudem den Vorteil, dass er ihnen die Möglichkeit eröffnete, unauffällig vertraulich miteinander zu sein. Niemand nahm Anstoß, wenn der junge Karl seinen alten Papa innig umarmte.

Nähergekommen waren Karl und Magnus sich bei den Dreharbeiten zu *Anders als die Andern*. Karl, der genau wie

Magnus gar kein Schauspieler war, spielte damals einen Schüler. Auch sie selbst hatte in jener Zeit den ersten wichtigen
Mann ihres Lebens kennengelernt.

★

So ein Streifschuss, das sei keine große Sache, hatte Eberhard
erklärt, da könne man sich glücklich schätzen, dass es einen
nicht ernsthaft getroffen habe. Einmal hätte ihn allerdings
eine Kugel hier im linken Oberarm erwischt – Steckschuss –,
die hätte man entfernen müssen. Das Ganze hätte sich ent-
zündet und ihm mehrere Wochen Spital eingebracht. Überhaupt, was Spitale anginge, da kenne er sich inzwischen bes-
tens aus. Er lächelte, und ihr Blick fiel auf die charmanten
Grübchen in seinen Wangen.

Eberhard hatte dunkles, leicht welliges Haar, das im Schein
der vielen Kerzen seidig glänzte, dazu ein hübsches Gesicht
mit weichen, fast kindlichen Zügen und einer breiten Narbe
auf der rechten Wange, die zu seinem sonstigen Äußeren
einen eigenwilligen Kontrast bot. Im Nahkampf hatte er sich
außerdem zwei Stichwunden zugezogen, «Bajonett», schob er
erklärend ein. Und zuletzt hätte es ihn eben am Bein erwischt.
Aber das werde schon wieder.

Er lächelte erneut.

Sie musste an die Mutter denken, die immer sagte, sie solle
sich bloß keinen Kriegskrüppel an Land ziehen. Als könne
Eberhard Gedanken lesen, zog er jetzt zum Beweis das Hosenbein hoch und deutete auf den weißen Verband: Zwar habe
ihn das Schrapnell am Unterschenkel erwischt, aber er habe
Glück im Unglück gehabt, anders als sein Kamerad Ferdinand, fügte er düster hinzu, dessen Beine von den teuflischen
Metallkugeln förmlich zerfetzt worden seien.

Er schüttelte den Kopf. Der Ferdinand könne nur noch auf einem Behelfswägelchen mit Armantrieb durchs Leben rollen.

«Max, du hast das Schieben raus», hörte sie just in diesem Moment den beliebten Schlager vom Grammofon im Nebenraum ertönen. Sie musste unwillkürlich grinsen, obwohl es geschmacklos war. Aber Eberhard schien es gar nicht zu bemerken, er hing noch in der Erinnerung fest. Jedenfalls, kam er mit ernster Stimme wieder auf sich selbst zu sprechen, das sei dann seine fünfte Kriegsverwundung gewesen.

Sie sah ihn an und nickte. Eberhard hatte etwas Verletzliches an sich, das ihr gefiel. Auch war er groß und schlank gewachsen und sah in seiner feldgrauen Jägerregimentsuniform durchaus schneidig aus. Aber wenn er seine Soldatenhülle einmal fallen lassen würde, dachte Anita, dann kämen die vielen Narben zum Vorschein. Dann würde er aussehen wie ein Flickenteppich, mit seinen fünf Verwundungen, selbst wenn er das Schrapnell-Bein irgendwann nicht mehr nachziehen musste. Kurz erschrak sie bei dem Gedanken, aber im nächsten Moment fand sie es reizvoll, diesen verletzten Körper einmal zu sehen, zu spüren.

Seine Eskadron sei später als Divisionskavallerie zum Einsatz gekommen, fuhr Eberhard fort. In Französisch-Flandern sei es zum Stellungskampf gekommen. Da habe er sich eines Tages alleine vorgewagt, hinter die feindlichen Linien.

Mein Gott, dachte sie, er war ja ganz niedlich, der Eberhard, aber allmählich hatte sie genug von Kriegsgeschichten.

«Eine trockene Luft ist das hier, da brennt einem die Kehle. Hast du keinen Durst?», fragte sie ihn, und noch bevor er antworten konnte, zog sie ihn vom Diwan hoch. Eberhard humpelte hinter ihr her, über das frisch gebohnerte Eichenparkett in das gegenüberliegende Zimmer. Auch dieser Raum war nur von Kerzen erhellt, die in grünen, papageienförmigen

Kerzenhaltern aus Porzellan auf der lang gestreckten Tafel standen. Die feinsten Speisen hatte man auf großen Silbertabletts angerichtet: Austern gab es, Oderkrebse in Dillsauce, Parfait von Gänseleber in Aspik, Weinbergschnecken in Kräuterbutter und Möweneier in Cumberlandsauce. Zwischen den Speisen standen große gläserne Blumenvasen, prall gefüllt mit Tulpen, deren Blüten ungewöhnlich schwarz waren, wie in chinesische Tusche getaucht.

Die Gäste saßen auf grün gepolsterten Kanapees, die sich die Seitenwände entlangzogen, aßen von schwarzen Porzellantellern und unterhielten sich. Am Buffet standen zwei junge Minetten und kicherten. Anita tat sich schwer, im verrauchten Halbdunkel bekannte Gesichter auszumachen. Am Ende der Tafel erkannte sie jetzt, nur an seiner Stimme und der affektierten Gestik, stehend den Boheme-Arzt Heinrich Klapper. Er unterhielt sich mit einem ihr unbekannten, recht klein geratenen Mann, der einen viel zu großen Zylinder trug.

«Lass uns zum Storch gehen», sagte sie zu Eberhard und schon zog sie ihn wieder hinter sich her.

«Wieso Storch? Heißt er so?»

«Er heißt Dr. Klapper und ist Frauenarzt. Anderswo bringt der Storch die Kinder. In Berlin macht der Klapperstorch sie weg. Aber nenn ihn lieber nicht so. Obwohl, er hat Humor.»

Heinrich Klapper begrüßte Anita überschwänglich, wobei er die Augenbrauen hochzog und dabei gekonnt beiläufig sein Monokel in die rechte Hand fallen ließ.

«Das ist Eberhard von Nathusius», sagte Anita, «ein Kamerad hat ihn mitgebracht. Ich stelle ihm gerade einige Leute vor.» Der Doktor musterte Eberhard durchdringend. Obgleich verheiratet, interessierte er sich doch mehr für gut aussehende junge Männer, wie allgemein bekannt war. Er hielt seinen Teller mit Möweneiern in die Höhe, schwärmte übertrieben – «Die sind fantastisch» – und fragte Anita, ob sie kosten wolle.

«Danke, aber für hart gekochte Eier, die nach Fisch schmecken, kann ich mich nicht erwärmen.»

Der kleine Mann mit dem Zylinder stimmte ihr zu und lachte. Er sprach deutsch mit einem osteuropäischen Akzent und hatte eine seltsam helle, jugendliche Stimme. Dazu ein zerknittert wirkendes Gesicht, dessen Alter man nicht bestimmen konnte – er mochte dreißig oder auch fünfzig Jahre alt sein. In der Hand hielt er ein Schälchen mit weißen Rosenblütenblättern, die er einzeln in ein Glas tauchte, das mit einer Mischung aus Alkohol und Chloroform gefüllt war, und dann sogleich begierig ablutschte. Er sei Entomologe, erklärte er, «um präzise zu sein: Ich beschäftige mich mit Lepidoptera.»

Das klang wie eine Geschlechtskrankheit, dachte Anita, und während der Entomologe noch an dem Rosenblütenblatt kaute, fragte sie ihn, ob er also ebenfalls Frauenarzt sei. Er sah verstört auf, das nächste Blütenblatt fiel ihm aus der Hand und segelte auf den Parkettboden.

«Nein, Schmetterlinge!», erklärte er. «Ich erforsche Schmetterlinge.»

Ein Diener brachte auf einem silbernen Tablett neue Champagnerkelche, man griff erleichtert zu, und der Storch assistierte, indem er aus dem silbernen Sektkühler, der hinter ihm auf der Tafel stand, eine Flasche nahm und allen einschenkte. «Krimsekt», bemerkte er, an den Entomologen gewandt, «das müsste Sie doch an die Heimat erinnern!» Und er fügte erklärend hinzu: «Herr Pavlenko kommt aus der Ukraine.»

«Prost! Oder *Budmo*, wie wir auf Ukrainisch sagen», rief der Entomologe und bekam feuchte Augen. Die russischen Truppen hätten dieser Tage seine Heimatstadt Kiew erobert.

So bald werde er wohl nicht zurückkehren, fügte er leise hinzu und stürzte sein Glas hinunter.

«Das Filmwerk über die Prostitution ist fertiggestellt, habe ich gehört?», wandte der Storch sich an Anita und setzte sein Einglas wieder auf. «Ich durfte Richard Oswald bei seinen letzten Filmen hie und da beraten, bei den Filmen zum Thema Geschlechtskrankheiten war meine Expertise gefragt. Aber als Nächstes geht es um das dritte Geschlecht, wenn mich nicht alles täuscht? Um die Abschaffung des Paragrafen 175, und da ist MH ja zweifellos der Experte.»

Eberhard guckte verständnislos.

«Unser Gastgeber Magnus Hirschfeld hat vor gut zwanzig Jahren das Wissenschaftlich-humanitäre Komitee gegründet», erklärte Anita, «das sich zum Ziel gesetzt hat, die gleichgeschlechtliche Liebe zwischen Männern zu entkriminalisieren. Wir Frauen sind, was das anbelangt, ja ausnahmsweise einmal im Vorteil.»

Der Entomologe plünderte unterdessen eine der schwarzen Tulpen, die er vorsichtig aus der Vase zog und deren Blütenblätter er abzupfte.

Das sei eine *Queen of Night*, murmelte er beiläufig, eine seltene Darwin-Hybrid-Tulpe, er komme leider nicht umhin, sie zu kosten. Schon tunkte er das erste Blütenblatt in das Chloroform-Gemisch und schob es lustvoll in den Mund.

«Sind Tulpen nicht giftig?», fragte Eberhard.

«Alles eine Frage der Dosis», erwiderte Pavlenko und reichte das Schälchen weiter.

«Jedenfalls wird auch Magnus in *Anders als die Andern* mitspielen», fuhr Anita fort, nahm das Schälchen entgegen und meinte, eine *Queen of Night* lasse auch sie sich nicht entgehen.

«Ein passender Titel! Aber MH als Schauspieler», lachte der Storch auf, «das kann ich mir kaum vorstellen.»

«Nun, du kennst Magnus», stimmte Anita zu, während sie das schwarze Blütenblatt durch die Zähne zog; das Chloroform hinterließ einen anregenden, süßlichen Geschmack. «Anfangs hat er sich geziert. Aber als Richard Oswald meinte, Magnus Hirschfeld kann nur von Magnus Hirschfeld gespielt werden, ansonsten findet das Ganze nicht statt, da hat er schließlich doch zugestimmt. Genau genommen spielt er also gar nicht, sondern ist ganz er selbst.»

«Aber was wird denn im Film erzählt?», fragte Eberhard, der nach einigem Zögern nun auch von den angebotenen Blütenblättern probierte.

«Conrad spielt einen Violinvirtuosen, der sich in einen jungen Geiger verliebt, und er sich in ihn», antwortete Anita. «Seine Eltern sind schockiert, als sie von der Neigung ihres Sohnes erfahren. Dann wird der arme Violinist auch noch erpresst und nimmt sich vor Scham und Verzweiflung schließlich das Leben. Es ist eine Geschichte, wie sie sich laut MH schon zigmal in ähnlicher Form zugetragen hat. Erst kürzlich hat er den Abschiedsbrief eines jungen Mannes bekommen, der sich vor lauter Ausweglosigkeit vergiftete. Jedenfalls, am Ende des Films hält Magnus eine flammende Rede, in der er die Abschaffung des Paragrafen 175 fordert.»

«Gewagt, gewagt!» Der Storch zog bewundernd die Augenbrauen hoch und ließ das Monokel wieder in seine Hand fallen. Er leckte sich die Lippen, ehe er erneut nach einem Blütenblatt griff. «Das wird für einen Aufschrei sorgen», fuhr er fort, «dessen kann man sich sicher sein. Da wird es wieder heißen, das ganze Thema sei widernatürlich und der Film pervers. Und die Rechten werden es nicht versäumen, bei dieser Gelegenheit uns Juden aufs Neue durch den Dreck zu ziehen», mutmaßte er.

«*Widernatürlich* kann man im Übrigen nicht wirklich

sagen», ergriff der Entomologe plötzlich das Wort, «gleichgeschlechtliche Liebe ist in der Natur beileibe keine Seltenheit! Ja, auch unter den Schmetterlingen gibt es Urninge!» Er grinste breit und sah Eberhard an – der erschrak: Auf den ersten Blick sah das Lächeln des Entomologen komplett zahnlos aus, denn offenbar hatte sich ein schwarzes Blütenblatt um seine Vorderzähne gelegt. Seine Zunge fegte es jetzt beiseite, während er erklärte, er selbst habe bereits Paarungen bei männlichen Ochsenaugen beobachtet, ja einmal gar zwischen *Maniola jurtina*, dem Großen Ochsenauge, und *Hyponephele lycaon*, dem Kleinen Ochsenauge, «also genau genommen eine intergenerische Kopula zweier Männchen zweier unterschiedlicher Arten!» Er klatschte bei der Erinnerung vor Begeisterung in die Hände.

«Das dritte Geschlecht …», setzte Eberhard an, etwas zu sagen, doch der Entomologe, der schon gierig an einem weiteren Blütenblatt sog, unterbrach ihn: «Wussten Sie, dass mehr als zwei Geschlechter auch bei den Schmetterlingen vorkommen?» Schließlich gebe es gynandromorphe Falter, eine lepidopterologische Kostbarkeit – seine Augen funkelten – ob sie jemals davon gehört hätten?

Der Mann geriet jetzt derart in Fahrt, dass Anita sich nicht gewundert hätte, wenn er plötzlich selbst schmetterlingsgleich Flügel entfaltet hätte und davongeflattert wäre. Sie nickte und griff erneut nach einem Blütenblatt. Wenn man an diesem Abend abheben wollte wie der Entomologe, dachte sie, dann müsse man von seinem Nektar naschen.

★

Allmählich wird es frisch. Sie fröstelt, als sie im Hof der Tuberkulosebaracke erwacht. Magnus sitzt noch immer neben ihr und ist in seine Zeitung vertieft. Nur den Winterrock hat er zugeknöpft, den Samtkragen schützend hochgeschlagen.

«Ich muss eingenickt sein», entschuldigt sie sich. «Tagsüber bin ich oft so müde. Das liegt vermutlich daran, dass ich nachts viel wach bin.»

«Ich bitte dich», lächelt er, «in dieser Hinsicht bist du schon einmal ganz die Alte. Ich habe selber ein wenig gedöst.»

«Was gibt es Neues?», fragt sie mit Blick auf seine Zeitung.

«Das Übliche. Die rechtsnationalistischen Kräfte werden stärker.» Er beugt sich über den Artikel.

«Der Verleger Alfred Hugenberg hat dem Parlamentarismus den Kampf angesagt», er liest vor: «*Es ist mit der Partei wie mit dem Volke, das in demokratischen Formen und Floskeln erstickt. Es wird einmal der Tag kommen, wo dieses Volk sich aufrafft, um all diesen Plunder von sich zu schütteln. Ich fürchte, es* steht zunehmend schlecht um die Demokratie.» Er lächelt gequält und blättert ein paar Seiten weiter.

«Ansonsten: Das Luftschiff Graf Zeppelin ist nach seiner Atlantiküberquerung, die war ja ein Triumph, von New York zur Rückfahrt nach Friedrichshafen gestartet. Künftig wird man wohl recht bequem über den Atlantik reisen können. Wenn man über das nötige Kleingeld verfügt.» Er faltet die Zeitung zusammen. Inzwischen beginnt die Sonne, hinter dem Kirchturm Bethaniens zu verschwinden.

«Und zu Hause?», fragt Anita. «Wie ist es im Institut?»

«Vor ein paar Tagen haben wir Karls dreißigsten Geburtstag gefeiert.»

«Bitte bestell ihm meine Wünsche! Geht es ihm gut?»

«Im Grunde ja.»

«Wieso nur im Grunde?»

«Karl macht sich zu viele Gedanken. Er nimmt die Hetzkampagnen der Nationalsozialisten zu ernst. Vor ein paar

Tagen habe ich an einem Gymnasium einen Vortrag zum Thema Suizid unter Jugendlichen gehalten. Reinste humanistische Aufklärung. Und das nimmt die rechte Presse zum Anlass, ihre üblichen diffamierenden Artikel zu schreiben. Der Völkische Beobachter titelte: ‹Homosexuelle als Vortragsredner in Knabenschulen›.» Er schüttelt den Kopf. «Man darf sich von denen nicht verrückt machen lassen. Aber seit München macht Karl sich zunehmend Sorgen.»

Einige Jahre zuvor hatte man Magnus in München nach einem Vortrag in der Tonhalle über «Künstliche Verjüngung und künstliche Geschlechtsumwandlung» auf offener Straße mit Steinen beworfen und brutal zusammengeschlagen. Der Anschlag war vorbereitet und sogar angekündigt worden. Magnus hatte den Veranstalter und die Münchner Polizei im Vorfeld darüber informiert, daraufhin hatte man ihm Schutzmaßnahmen versprochen.

Und es sich dann offenbar anders überlegt. Nach dem Vortrag, während dem es bereits zu kleinen Tumulten kam, war kein einziger Polizist zu sehen. Als Magnus mit zwei Freunden den Saal verließ und zu Fuß in Richtung Brienner Straße zu fliehen versuchte, hatte sich eine pöbelnde Menge von Studenten versammelt. Er sei eine perverse Judensau, schrien sie, er habe die Homosexualität nach Deutschland gebracht! Noch in der Türkenstraße traf ihn der erste Stein am Kopf. Man prügelte auf ihn ein, bis er bewusstlos dalag. Mit zahlreichen Blutergüssen und einer schweren Gehirnerschütterung wurde er ins Krankenhaus eingeliefert. Obwohl er bei der Polizei Meldung machte, kam es nie zu Ermittlungen. Die Münchner Staatsanwaltschaft schrieb stattdessen eine Strafanzeige gegen Magnus Hirschfeld selbst, wegen «Verbreitung unzüchtiger Schriften».

Anita erinnert sich noch an die Worte von Ludwig Thoma, der Magnus damals in der Zeitung als «Apostel für Sodomie» bezeichnete und zu dem Anschlag schrieb: «Ein paar ordentliche Jagdhiebe haben dem alten Saubären gezeigt, dass er nur in seinem Berliner Stall grunzen darf. Zu uns kommt das Borstenvieh nicht mehr, weil es ahnt, dass ihm das nächste Mal die Schädeldecke eingeschlagen werden könnte.»

Insofern kann sie Karls Sorge gut verstehen. «Wenn ich wieder gesund bin, werde ich auf dich aufpassen», meint sie lächelnd. «Ich weiß, wie man ungehobelte Kerle in die Schranken weist. Das kannst du Karl sagen.»

Er nickt. «Das stimmt. Du hast schon so manchen Mann das Fürchten gelehrt», sagt er und grinst.

Inzwischen ist es spürbar kälter geworden. In ihr breitet sich allerdings die Hitze wieder aus. Magnus hingegen friert, er zupft am Kragen seines Winterrocks. Sobald sie in die Baracke zurückkehren, wird Magnus gehen müssen, das ist klar. Dann wird sie wieder alleine sein. Dabei sehnt sie sich nach Zweisamkeit, nach Berührung; sie sehnt sich danach, gehalten zu werden.

«Was macht die Kunst?», fragt sie. Im Grunde nur, um Magnus aufzuhalten. Um das Alleinsein hinauszuzögern.

«Ich habe im Großen Schauspielhaus *Eltern und Kinder* von Bernard Shaw gesehen. Besonders diese Kleine hat mir gefallen, die immer so sein wollte wie du. Wie heißt sie noch?» Er fasst sich grübelnd an die Stirn.

Das wollten viele, denkt sie. Wobei sie alle außer Acht ließen, was es bedeutet, ganz und gar eine wie sie zu sein.

«Marlena?», überlegt er laut.

«Welche Marlena?»

«Die mit den schönen Beinen.»

«Ach, Mischas Geigerin. Du meinst Marlene Dietrich.»

«Genau die meine ich.»

«Sie hat mit Mischa Spoliansky im Filmorchester des UFA-Pavillons gespielt, wollte aber eigentlich Schauspielerin werden.»

Er nickt. «Jetzt ist sie oben angekommen», erklärt er. «Mischa hat sie vor einigen Monaten in seiner Revue *Es liegt in der Luft* besetzt, das war ihr Durchbruch. Karl und ich waren in der Premiere. Mischa hat uns Karten zu meinem Sechzigsten geschenkt.»

«Sieh mal einer an, Marlene. Hätte auch niemand gedacht. Jahrelang hatte sie nur Statistenrollen.»

«Claire Waldoff hat ihr Gesangsunterricht gegeben. Das scheint sich gelohnt zu haben», meint er.

«Sicher nicht nur Gesangsunterricht», antwortet sie müde lächelnd. «Aber Marlene verzupft ja auch alles, was nicht bei drei auf dem Baum ist, ob Mann oder Frau.»

Sie sieht noch vor sich, wie sie im Toppkeller eng umschlungen miteinander getanzt haben. Wie sie sich wunderte, dass Marlene weder kokste noch Alkohol trank und noch nicht einmal Zigaretten rauchte.

«Die Liebe ist die einzige Droge, von der ich abhängig bin», hatte Marlene gehaucht und verführerisch die Augen niedergeschlagen.

Später waren sie sich immer mal wieder über den Weg gelaufen, auf Premierenfeiern, im Salon von Betty Stern, im Romanischen Café. Wo immer sich eine Möglichkeit bot, mit Prominenz, mit Filmleuten, ins Gespräch zu kommen, war Marlene nicht weit. Als das Boxen unter Frauen in Mode kam und Stars wie Leni Riefenstahl, Carola Neher und Vicki Baum im Prominenten-Boxstudio von Sabri Mahir am Kurfürstendamm trainierten, meldete auch Marlene sich dort zum Training an. Und wie immer meinte sie es ernst. Sie gab sich nicht

wie die anderen damit zufrieden, auf ein paar Sandsäcke ein-
zuschlagen, sondern wollte wie die Männer Sparring trainie-
ren. Sie schien aus Ehrgeiz zu bestehen, wenn auch auf eine
nicht unsympathische Weise. Verzweifelt hatte Marlene ihr
einmal anvertraut, dass sie im Film wohl keine Chance habe,
wegen ihrer Nase. Ein Kameramann hätte ihr gesagt, sie habe
eine Entennase, die schlichtweg nicht zu fotografieren sei.

«Dann ist der Kameramann eine Pfeife», hatte Anita erwidert, «deine Nase ist wunderbar. Und wenn du Angst hast,
sie ist zu groß, dann lass dich eben frontal fotografieren.»

Magnus hüstelt. Das holt sie aus ihren Gedanken zurück.

«Jedenfalls singt sie mit Margo im Duett Mischas neuen
Schlager *Wenn die beste Freundin mit der besten Freundin* – davon können die Leute gar nicht genug bekommen.»

«Mit Margo Lion? Da ist der Erfolg natürlich vorprogrammiert. Da werde ich fast eifersüchtig.»

«Aber sie macht es wirklich sehr charmant, mit Berliner
Schnauze.»

«Das glaube ich. Eine Frau mit Berliner Schnauze und internationalen Beinen wollen die Leute immer sehen.»

Magnus lacht. Aber dass ihm kalt wird, ist ihm deutlich anzusehen. Dass er aber auch selbst im Winter keine Strümpfe
trägt! Genau wie Marlene. Marlene war damals ganz überrascht gewesen, dass Anita kein Höschen trug. Und tat es ihr
von da an gleich. Häufig ließ sie auch die Strümpfe weg und
den Büstenhalter, was als Zeichen zwar deutlich zu lesen war,
manchmal allerdings unvorteilhaft aussah. Schließlich war
Marlene früh Mutter geworden, der Busen nicht mehr ganz
straff.

Ihr Blick fällt auf das Stück Torte in ihrem Schoß, das etwas
in sich zusammengesunken ist.

«Ich muss noch meine Mokkatorte aufessen», bemerkt sie.

«Das musst du wohl», lächelt er.

Sie greift zur Gabel und führt ein Stückchen Torte zum Mund.

«Fremde Kost ist verboten», hört sie plötzlich die strenge Stimme von Schwester Margret hinter sich. Magnus lächelt charmant und sieht die Schwester freundlich an. Freundlichkeit siegt, hat er Anita vor Jahren einmal erklärt, man könne die Menschen nur mit Freundlichkeit schlagen. Für gewöhnlich kann er einen Großteil der Vorbehalte, die die Leute ihm gegenüber haben, durch seine gutmütige, gewinnende Art unkompliziert aus dem Weg räumen.

Aber bei Schwester Margret beißt er auf Granit.

«Sie als Arzt», zischt die Diakonisse, «müssten doch wissen, wie wichtig Regeln und Ordnung sind, insbesondere in einem Krankenhaus.»

«Ja, das weiß ich», erwidert Magnus sanft, «aber manchmal regiert das Herz den Verstand.»

Schwester Margret starrt ihn an, als habe es ihr die Sprache verschlagen. Dann fasst sie sich erstaunlich schnell.

«Da Gott ein Gott der Ordnung ist», hält sie ihm entgegen, «hat er in seinem Wort geboten, alles ehrlich und ordentlich zugehen zu lassen. Laut Hausordnung ist unsere Besuchszeit nun zu Ende. Deshalb muss ich Sie bitten, zu gehen.»

Magnus erhebt sich. Ob er ihr behilflich sein dürfe, fragt er die Schwester und zeigt auf Anitas Krankenrollstuhl. «Nicht nötig», entgegnet sie knapp. Magnus umarmt Anita und nickt Schwester Margret freundlich zu. Die würdigt ihn keines Blickes mehr.

★

Sie strich mit ihrer Hand über das Brokatkissen. Der grüne Stoff fühlte sich seltsam hart und rau an. Das gewebte Muster aus unzähligen Punkten erinnerte sie plötzlich an die Facettenaugen eines Insekts. Sie saß auf dem Kanapee, ihre Schulter ein klein wenig an Eberhard gelehnt, gerade so viel, dass er es spüren konnte, gerade so wenig, dass es niemandem auffiel. Zu ihrer Linken saß der Entomologe und starrte vor sich hin, in der Hand hielt er ein paar abgegessene Tulpenstängel.

Im Grunde sieht der Stempel einer Tulpenblüte aus wie ein Penis, dachte Anita. Vom Flur her ertönte jetzt der sehnsuchtsvolle Klang einer Violine, sie spielte Variationen und Motive, vielleicht aus einer Symphonie. Tschaikowski, dachte sie, das hört man sofort.

Winzig klein, der Tulpenpenis, den der Entomologe da neben ihr in die Höhe hielt. Ja, geradezu niedlich, dachte sie. Sie ließ sich etwas tiefer gegen Eberhards Schulter sinken; welcher Tschaikowski ist das noch, grübelte sie, als der Entomologe aus seiner Starre erwachte. Und auch der Storch erwachte, der vor ihnen auf einem Brokatkissen am Boden saß. Hatte er überhaupt geschlafen? Zumindest sagte er «Tschaikowski», setzte das Monokel auf und schaute fragend Richtung Decke. «Welcher Tschaikowski ist das noch?» Der Entomologe erhob sich jetzt, sein Zylinder schien Anita noch größer als zuvor, wirklich viel zu groß, dieser Zylinder, für einen solch kleinen Mann.

Er stieg über die Beine des Storchs hinweg, ging zur Tafel und zog eine frische Tulpe aus der Vase. Er zupfte die schwarzsamtenen Blütenblätter ab und legte den Miniaturpenis frei.

Dann zog er ein Fläschchen Hoffmannstropfen aus der Tasche seiner Smokingjacke. Ob er noch etwas Äther hinzufügen dürfe, fragte er mit seiner hellen Stimme, oder ob sie da geruchsempfindlich seien. Und ohne eine Antwort abzuwarten, schüttete er einen kräftigen Schluck in das Glas.

Überdies gäbe es bei den Schmetterlingen auch Halbseiten-Hermaphroditen, dozierte er, bei denen männliche und weibliche Zellen sich genau zur Hälfte teilten, ein Erscheinungsbild sei das, höchst kurios: Einmal habe er einen Bläuling gefangen, der nur auf dem linken Flügel das typisch himmelblaue Erscheinungsbild der Männchen aufgewiesen habe, der rechte Flügel habe hingegen die unscheinbar braune Farbe und Zeichnung der Weibchen gehabt. Anita starrte auf den Entomologen, sie nahm den süßlichen Gestank des Äthers wahr, das Chloroform benebelte ihre Sinne. Plötzlich schien ihr, als ob die Falten im Gesicht des Entomologen sich zu bewegen begännen, wellenartig, als kröchen sie über sein altersloses Gesicht hinweg wie hungrige Raupen über ein saftiges, grünes Blatt.

Sie schüttelte sich, rieb sich die Schläfen und versuchte, sich zu konzentrieren. Für einen Moment war ihr, als hebe sie ab. Sie flog an die Decke und blickte hinunter: Sie sah all die Männer in ihren schwarzen Smokings, Eberhard und einige wenige andere in ihrer grauen Soldatenuniform. Dazwischen die Frauen in ihren bunten Kleidern, jede anders und eigen gekleidet.

Als sie wieder auf dem Kanapee gelandet war – der Entomologe reichte erneut Blütenblätter und Nektar in die Runde –, war ihr eines klar geworden: Diesen Hermaphroditen-Schmetterling, den würde sie tanzen müssen. Sein linker Flügel von strotzender, blau schillernd leuchtender Männlichkeit, der rechte Flügel von einer braunen, warmen, erdverbundenen Weiblichkeit. Was musste es bedeuten, diese Flügel zusammenzuschlagen und sich taumelnd in die Lüfte zu erheben?

«Wollen wir nicht wieder von Menschen reden?», fragte Eberhard.

«Natürlich», pflichtete ihm der Storch bei, «auch bei den Menschen gibt es Kuriositäten. Letztens, in meiner Praxis –»

«Ich dachte eigentlich eher an den Film», unterbrach ihn Eberhard. «Was für eine Rolle spielst du denn, in *Anders als die Andern*? Eine Lesbierin?», fragte Eberhard jetzt Anita und stopfte sich ein Tulpenblütenblatt in den Mund.

«Leider nein», antwortete sie und sah auf den verführerischen Rücken einer jungen Frau mit Bubikopf, die sich vor ihr in einem Tanzkleid aus schwarzem Seidentüll, vermutlich von Kersten und Tuteur, zum Klang der Violine bewegte.

«Ich spiele Conrads Schwester und versuche, den Eltern die Angst vor seiner gleichgeschlechtlichen Liebe zu nehmen.»

«Vor der Liebe sollte man niemals Angst haben!» Sie blickte auf und sah in das gutmütige Gesicht von Magnus Hirschfeld. «Eine fröhliche Runde, scheint mir, das freut mich!»

Der Storch richtete sich schlagartig auf und grinste verlegen, vermutlich weil der Hausherr überzeugter Abstinenzler war, wie jeder wusste. Auch der Entomologe setzte jetzt seinen Zylinder gerade und straffte die Brust.

«Mal wieder botanische Erläuterungen?», fragte MH. Der Entomologe guckte verständnislos, bis auch sein Blick auf den kahlen Tulpenstängel in seiner Hand fiel, und er schickte sich an, eifrig zu nicken.

«Ja, unser Herr Pavlenko hat immer spannende Erkenntnisse zu teilen», sagte MH und lächelte. «Ich hoffe, er bleibt uns noch eine Weile erhalten. Auch wenn ich natürlich wünschte, dass in Ihrer Heimat wieder Frieden einkehrt.» Damit beugte er sich hinunter und raunte Pavlenko zu: «Ich denke, jetzt wäre ein geeigneter Augenblick.»

Der erhob sich schlagartig und verließ im Stechschritt den

Raum, in kerzengerader, tadelloser Haltung, wie Anita erstaunt feststellte.

«Hat er euch auch von den Schmetterlingen erzählt?», fragte MH.

«Selbstverständlich!», antwortete der Storch sogleich.

«Ja, sehr ausführlich», stimmte Eberhard zu.

«Welcher Tschaikowski ist das noch?», suchte der Storch jetzt das Thema zu wechseln, indem er den linken Zeigefinger hob und lauschte.

«Aus der sechsten Symphonie», entgegnete MH. «Seine, wie ich finde, bedeutendste. In den letzten Takten hört man nur Schmerz, Verlust und Einsamkeit.»

Er hielt inne, und eine kleine Weile lauschten sie alle dem Klang der Violine.

«Wenige Tage nach der Uraufführung ist Peter Tschaikowski gestorben», erzählte MH. «Sein jüngerer Bruder Modest, der übrigens genau wie Peter homosexuell veranlagt war, hat mir gegenüber einmal den Verdacht geäußert, Peter Tschaikowski habe sich womöglich absichtlich der tödlichen Cholerainfektion ausgesetzt.»

«Als Suizid?», fragte Eberhard.

«Es gibt zumindest Hinweise auf suizidales Verhalten. Modest habe ich vor fünfzehn Jahren hier in Berlin getroffen, er ist unserem Wissenschaftlich-humanitären Komitee beigetreten. Leider ist er vor drei Jahren ebenfalls verstorben, sonst hätte er den Umzug in dieses wunderbare Haus sicher heute mit uns gefeiert.»

Unterdessen war der Entomologe wieder in den Raum getreten. In der Hand trug er eine eigenartige Art Käfig, ähnlich einer engmaschigen Fischreuse, in der man Bewegungen erahnen konnte. Er schritt den Raum ab und blies nacheinander die Kerzen aus.

Die anwesenden Gäste verstummten.

«Genießen Sie für einen Moment die Finsternis», sprach MH die Menge an, «sie ist notwendig, um unsere nächsten Gäste zu begrüßen.»

Tatsächlich war der Raum jetzt nahezu komplett dunkel. Anita blickte in Richtung der großen Fenster, draußen verlor sich der nächtliche Tiergarten in einem diffusen Schwarzgrau. Eine eigenartige Geruchsmischung breitete sich im Zimmer aus: Der Wachsdunst der ausgeblasenen Kerzen mischte sich mit Zigarettenrauch und etwas unangenehm Süßlichem – das mochte der Äther sein.

Nachdem das Stück verklungen war, ergriff MH erneut das Wort: «Mit Brahms' dritter Violinsonate, deren Allegro Sie gerade vernommen haben, möchte ich an den Geist dieses ehrwürdigen Hauses erinnern: An den Musikprofessor und Violinvirtuosen Joseph Joachim, für den diese Villa vor knapp fünfzig Jahren erbaut wurde. Er und Johannes Brahms waren eng befreundet, und diese Sonate haben sie gerne gemeinsam gespielt. Wie Sie wissen, werden wir in einigen Wochen das weltweit erste Institut für Sexualwissenschaft in diesen Räumen eröffnen. Es wird vor allem eine Aus- und Weiterbildungsstätte für Mediziner aus aller Welt sein, aber auch für Pädagogen und Juristen. Daneben werden unsere Institutsärzte Sprechstunden für Hilfe suchende Patienten anbieten. Und nicht zuletzt beschäftigen wir uns in der Forschung mit einer Vielzahl von spannenden Ansätzen. Einen solchen stellt Ihnen Herr Pavlenko nun beispielhaft vor.»

Auf dieses Signal hin schaltete der Entomologe das elektrische Licht der Kronleuchter ein, und während die Gäste sich noch blinzelnd an die Helligkeit gewöhnten, flatterten plötzlich zahlreiche Schmetterlinge durch den Raum. Keine gewöhnlichen Schmetterlinge, sondern riesige tropische

Nachtfalter. Eine Frau neben Anita kreischte auf, als sich ein braunes, bunt gebändertes Insekt, handtellergroß, auf ihrer nackten Schulter niederließ.

«Keine Sorge», lachte der Entomologe, «dieser amerikanische Nachtfalter ist zwar deutlich größer als die hiesigen Vertreter, aber genauso harmlos. Ein Pfauenspinner.»

Am meisten beeindruckten Anita die smaragdgrünen Falter, sogenannte Mondmotten, wie Herr Pavlenko erklärte, als eins der Tiere direkt vor ihr auf einer Stuhllehne landete. Der gedrungene Körper war dicht behaart, er wirkte wie mit feinem weißem Pelz überzogen. Als die Mondmotte ihre leuchtend grünen filigranen Flügel öffnete, fiel Anitas Blick auf die weißen Augenflecken. Die Hinterflügel endeten in langen, schwanzartigen Fortsätzen und ließen das Tier wie ein Wesen von einem anderen Stern wirken. Die Mondmotte erhob sich lautlos und flatterte Richtung Decke. Die Mehrzahl der Falter umkreiste jetzt die Kronleuchter, mitunter stießen sie gegen die künstlichen Kerzen. Manche ließen sich auch an der holzvertäfelten Decke nieder und krabbelten in Richtung der Lichtquelle.

«Sie orientieren sich nach dem Mond», erläuterte der Entomologe, «daher werden sie vom künstlichen Licht angezogen.»

«Haben die Tiere denn keinen Hunger?», fragte Anita, nachdem sie dem flatternden Treiben eine Weile zugesehen hatte. «Für die Tulpenblüten scheinen sie sich zumindest nicht zu interessieren.»

«Nein», entgegnete er, «tatsächlich interessieren sie sich im Erwachsenenstadium nur für die Fortpflanzung. Sie besitzen weder Maul noch Rüssel, um überhaupt Nahrung aufnehmen zu können. Ihre einzige Aufgabe besteht nun darin, sich zu paaren.»

«Aber wovon leben sie denn dann?»

«Nun, von der Liebe», lächelte Pavlenko. Sie haben für die Fortpflanzung nur wenige Tage Zeit, dann werden sie verhungert sein. Aktuell beschäftige ich mich mit ihrer Zucht zum Zwecke der Bastardisierung.»

Während Pavlenko weiterreferierte, hörte man aus dem großen Saal am Ende des Flurs das Trommeln eines Schlagzeugs. Offenbar machte sich das Orchester «The new Excellos» bereit, zum Tanz aufzuspielen.

«Ich finde, man sollte die Schmetterlinge in Ruhe vögeln lassen», flüsterte Anita Eberhard ins Ohr, «wo sie doch so wenig Zeit dazu haben.»

Als sie kurz darauf mit Eberhard tanzte, war sie erstaunt, wie geschmeidig und zugleich kraftvoll seine Bewegungen waren. Tatsächlich konnte er besser tanzen als laufen, schien es ihr. Überhaupt blühte er förmlich auf, wie sie so über das Parkett wirbelten; gemeinsam peitschten sie sich in einen wilden Taumel. Die anderen Gäste bildeten bald einen Kreis um sie und applaudierten, als sie schließlich endeten.

Sie tranken Absinth an der Bar.

Ob er ihr etwas verraten dürfe, fragte Eberhard.

Selbstverständlich, entgegnete sie und zündete sich eine Zigarette an, sie sei selbst die größte Verräterin.

Er habe das Soldatendasein gründlich satt, gestand Eberhard.

«Jetzt, wo der Krieg zu Ende ist und ich den Wünschen des Vaters Genüge getan habe, wobei» – er stürzte den Inhalt seines restlichen Glases in einem Zug hinunter und verbesserte sich –, «wobei, den Vorstellungen und Wünschen des Vaters werde ich nie genügen können. Aber jetzt werde ich meine Uniform endgültig an den Nagel hängen. Stattdessen» – er sah einer grünen Mondmotte hinterher, die sich in den Tanzsaal verirrt hatte –, «stattdessen werde ich mich nun dem Schreiben widmen. Auch wenn das Schreiben bisher eher den weiblichen Mitgliedern meiner Familie vorbehalten war: Bereits meine Urgroßmutter ist eine erfolgreiche Schriftstellerin gewesen, meine Großmutter und meine Tante ebenso.»

«Was möchtest du denn schreiben?», fragte sie und blies ihm etwas Zigarettenrauch ins Gesicht. Für Schriftsteller hatte sie ein Faible – *ein Mann, der dichten kann, hat zumindest etwas zu sagen*, davon war schon die Großmutter überzeugt.

«Am liebsten …», antwortete er zögernd, «nun, ich denke, ich werde wohl Filmmanuskripte schreiben.» Er lächelte sie an.

Da waren sie wieder, die kleinen Grübchen auf seinen Wangen.

«Filmmanuskripte?», hakte sie erstaunt nach.

Er nickte.

«Vorletztes Jahr habe ich gemeinsam mit Carl Mayer, dem Dramaturgen des Residenztheaters, eine Filmfantasie verfasst», erzählte Eberhard. «Gilda Langer sollte die Hauptrolle spielen. Allerdings musste ich dann erneut an die Front, und aus dem Projekt wurde nichts. Gilda spielt gerade übrigens in einem anderen Film, Fritz Lang hat das Drehbuch geschrieben. Und erstmals auch die Regie übernommen.»

Kaum redete Eberhard vom Schreiben, sprudelten die Worte nur so aus ihm heraus. Sie griff nach einer Flasche Absinth und füllte ihre Gläser erneut mit der grünen Flüssigkeit.

«Mein Freund Carl hat unterdessen eine neue, höchst ungewöhnliche Filmfantasie verfasst», fuhr Eberhard fort, «die Geschichte eines Mondsüchtigen, eines Schlafwandlers: *Das Cabinet des Dr. Caligari* soll das Stück heißen.»

«Ich weiß», entgegnete sie, «Conrad hat mir davon erzählt, er soll den Schlafwandler spielen. Nun, vielleicht schreibst du mir ja auch mal einen Film?»

«Wenn ich darf?»

«Schreiben darfst du, was du willst. Nur ob ich es spiele, das werde ich dann sehen.» Sie lachte, blies einen Kringel in die Luft und kippte ihren Absinth hinunter.

Sie tanzten erneut. Sie tranken erneut.

Als sie erschöpft in das Buffetzimmer zurückkehrten, war der Raum fast leer. Nur die Schmetterlinge segelten noch immer um den Kronleuchter herum. Der Entomologe lag bäuchlings auf dem Parkett, den Kopf zwischen zwei Brokatkissen, und schnarchte laut. Die Arme seitwärts von sich gestreckt, sah er aus wie ein aufgespießter Riesenfalter. Sein Zylinder lag inmitten einiger Blütenblätter auf dem Boden, daneben das Glas mit dem Chloroform-Cocktail.

Anita zog eine schwarze Tulpe aus der Vase, Eberhard griff nach dem Chloroform, und sie bedienten sich beide. Draußen hatte es zu dämmern begonnen. Der Himmel ein leuchtendes Blau, vor dem sich schwarz die Umrisse der Bäume abzeichneten. Das Fenster stand offen, eine kalte, frische Brise wehte zu ihnen herein und bauschte den Vorhang.

Eine trockene, durchaus angenehme Kälte, dachte sie. Die Luft von einer Reinheit, dass man meinen konnte, auf dem Land zu sein. Für einen Moment war ihr, als könne man bereits den bevorstehenden Frühling riechen. Oder kam das vom Geschmack der chloroformierten Blütenblätter?

«Warum hast du das Fenster geöffnet?», fragte Eberhard. «Da fliegen all die seltenen Falter davon!»

«So doof sind die Motten nicht. Draußen ist es kalt und einsam, und sie haben doch nichts als Liebe im Sinn.»

Vorsichtshalber schloss sie dennoch die Fensterflügel. Allmählich war es an der Zeit, nach Hause zu kommen. Sie überlegte, wo sie in der Nähe ein Taxi auftreiben könnten.

«Entschuldige mal, ich habe ein Automobil!», erklärte Eberhard wankend, «ich fahre dich persönlich! Das ist doch wohl eine Selbstverständlichkeit!»

«So betrunken, wie du bist, wirst du deinen Wagen, wenn du überhaupt einen hast, wohl kaum angekurbelt bekommen.»

«Ich muss nicht kurbeln! Ich fahre einen Lloyd, ein Elektromobil, um genau zu sein. Da muss man zum Anlassen nur den Knopf drücken. Das lästige Schalten entfällt ebenfalls, man braucht kein explosives Benzin, alles läuft ohne Gestank oder Abgaswolken. Selbst betrunken fährt man mit Leichtigkeit und lautlos durch die Welt. Demnächst wird sich das Elektromobil durchsetzen, alles andere wäre absurd.»

Ihre Kehle fühlte sich wie ausgetrocknet an. Sie nahm sich ein frisches Glas vom Tablett und schenkte sich einen Rest Krimsekt ein.

«Schon etwas abgestanden, das Prickelwasser», meinte sie, woraufhin Eberhard Absinth nachgoss, den er aus dem Tanzsaal mitgenommen hatte.

Das Grammofon im Nebenraum spielte seit einiger Zeit Marschmusik, Eberhard zog seine Uniformjacke aus. Im Hemd sah er noch jünger aus als zuvor, ein Hosenträger hatte sich gelöst und schleifte über den Parkettboden. Er sackte auf einem Stuhl zusammen und blickte verloren vor sich hin.

«Du siehst aus wie ein verlotterter Schuljunge», sagte sie und prostete ihm zu.

«Ich bin das schwarze Schaf der Familie», antwortete Eberhard, ohne den Blick zu heben.

Die Nadel des Grammofons war mitten im Abspielen von Oskar Braunes Heldengruß-Marsch hängengeblieben und leierte die ewig gleiche Tonfolge vor sich hin. Man müsste rübergehen, der Nadel einen Schubs geben, dachte sie. Aber Eberhard schien es gar nicht zu bemerken, er guckte starr vor sich hin; und sie selbst fühlte sich mit einem Mal so bleiern.

«Mein Vater hat sich einen anderen Sohn gewünscht als mich», flüsterte Eberhard, «das habe ich immer gewusst. Auch wenn ich das einzige Kind meiner Eltern bin.»

«Und deine Mutter?», fragte sie.

«Die sehe ich kaum. Meine Eltern haben sich scheiden lassen, als ich sechs Jahre alt war.» Eberhard zog ein Tulpenblatt durch die Lippen. «Inzwischen ist mein Alter bereits das dritte Mal verheiratet.»

Noch immer leierte der Heldengruß-Marsch. Sie versuchte, es zu ignorieren.

«Eigentlich hatte ich davon geträumt, im Felde zu bleiben. Aber selbst das hat nicht geklappt.

Daher meine fünf Verwundungsabzeichen, mit denen man meine vermeintliche Unerschrockenheit ausgezeichnet hat.» Er schluchzte kurz auf.

«Mein Vater, selbst Offizier beim Kürassier-Regiment *Königin*, ist trotzdem nicht stolz auf mich gewesen. Vielleicht hat er mich durchschaut. Vielleicht hat er gemerkt, dass es mein Draufgängertum, mein Suchen nach der Gefahr gewesen ist, das mich zu meinen vermeintlichen Heldentaten angetrieben hat. Ja, im Grunde mehr eine Sehnsucht nach dem Tode als die mir unterstellte Liebe zum Vaterland.»

Eberhards Schultern bebten, während er sprach.

Anita erhob sich, ging nach nebenan und stellte das Grammofon ab. Dann kehrte sie zurück, setzte sich zu ihm und streichelte über sein dunkles gewelltes Haar.

Und plötzlich dachte sie: Zwei schwarze Schafe, das sei doch ein ideales Paar. Fast so etwas wie eine kleine Herde.

★

In der Nacht träumte sie. Vom dritten Geschlecht, davon, dass sie halb Mann sei und halb Frau. Im Traum war sie noch immer schlank und zierlich gebaut, hatte Brüste, aber zwischen ihren Beinen baumelte ein kleines Stück Fleisch, das eine eigenartige Kraft entwickeln konnte.

Magnus Hirschfeld stand vor ihr und erläuterte die Geheimnisse der sexuellen Zwischenstufen. Er trug ein weißes Hemd mit offen stehendem Windsorkragen. Untenherum jedoch war er nackt, und selbst mit ihren kurzsichtigen Augen war es deutlich erkennbar: MH war jetzt eine Frau. Sie selbst hingegen ein Mann. Der sich nach ihm, nach ihr, verzehrte.

Und während Magnus noch munter über den Uranismus dozierte, lag sie bereits mit ihm zwischen den grünen Brokatkissen. Das Stück Fleisch zwischen ihren Schenkeln hatte sich aufgerichtet und entwickelte einen Trieb, nahezu viehisch.

Als sie in ihn eindrang, stöhnte sie lustvoll auf. Im nächsten Moment versank sie in den schwarzen, schlundartigen Blütenkelchen der *Queen of Night*. Warm und samtig weich fühlte sich das an, der Boden unter ihr schien sich in Luft aufzulösen, Schwerelosigkeit umgab sie. Sie spürte einen Lufthauch im Nacken, riesige grüne Mondmotten jagten über sie hinweg. In der Ferne hörte sie die jungenhafte Stimme des Entomologen und das Spiel der Violine; von einer betörenden Melancholie, dass es im Herzen schmerzte. Eberhard tanzte vor ihren Augen durch den Raum, sein Schrapnellbein verheilt, leichtfüßig drehte er sich zur Musik und lachte. Wobei sein Lachen zu sagen schien: Siehst du, ich habe es immer gewusst – mein Bein, das wird wieder.

Der Entomologe öffnete jetzt eine Flasche Krimsekt, der Korken knallte. Gierig wie ein dürstendes Tier sog er den übersprudelnden Schaumwein ab und fing dann mit einem Mal an zu weinen. «Die Heimat», schluchzte er, «ich bin wie ein tropischer Wanderfalter, der sich in kühle Gefilde verflogen hat.»

Unterdessen bewegte sie sich noch immer rhythmisch auf und ab, die Erregung in ihr wuchs an, ihre ganze Umgebung färbte sich mit einem Mal in ein pulsierendes, glänzendes Rot. Als sie auf den Orgasmus zusteuerte, erwachte sie.

UNTER DEM
ZWILLINGSGESTIRN

W ien hätte ihr fast das Genick gebrochen. Das war schon
bei ihrem ersten Film, den sie in Wien drehte, so gewesen, im Jahr 1920: *Der Graf von Cagliostro*. Reinhold Schünzel
führte damals Regie und glänzte obendrein in einer Doppel-
rolle: Er spielte den Grafen Phönix und zugleich den Titelhel-
den, den legendären Hochstapler Giuseppe Balsamo, der sich
Graf Cagliostro nannte und als größter Scharlatan aller Zeiten
in die Geschichte einging. Und bereits Schiller und Goethe zu
literarischen Werken inspiriert hatte.

Sie selbst spielte Cagliostros Ehefrau Lorenza, die von ihrem Gatten tyrannisiert wird. Es war ein sensationeller Prunkfilm, wie man in Österreich zuvor noch keinen gemacht und
gesehen hatte – geschweige denn, dass sie selbst dergleichen
erlebt hätte –, weder in technischer noch künstlerischer
Hinsicht. Vom Geld ganz zu schweigen: Über elf Millionen
Kronen habe der Film gekostet, hatte Reinhold ihr einmal
gestanden. In den Massenszenen wirkten insgesamt zehntau-
send Statisten mit, alle gekleidet in Kostüme des achtzehnten
Jahrhunderts. Gekurbelt wurde fast gar nicht im Studio, der
Großteil der Dreharbeiten fand im Schloss Schönbrunn statt.
Es war ein erhebendes Gefühl, wenn sie an der Seite ihres
Filmgatten in einer hundertfünfzig Jahre alten, echten kaiser-
lichen Kutsche, gezogen von einem Gespann aus acht Lipiz-
zanern, vor dem Schönbrunner Schloss vorfuhr. Unmengen

von als Soldaten verkleideten Statisten standen in Reih und Glied Spalier, dahinter drängte sich das Volk, bestehend aus tausenden weiteren Statisten. Sie spielten eine opulente Tafelszene im riesigen Speisesaal, sie drehten im Schlafzimmer des Schlosses, wo sie als Lorenza im vergoldeten kaiserlichen Bett erwachte. Sie drehten sogar im sogenannten «Millionenzimmer», dem äußerst kostbar und prunkvoll gestalteten Spiegelzimmer, in dem Maria Theresia einst Gäste zu Privataudienzen empfing. Wegen der reflektierenden Palisanderholzvertäfelung und noch mehr der sechs einander gegenüber angebrachten, sich reflektierenden Spiegel galt es als unmöglich, dort zu filmen. Aber so etwas schreckte den Operateur Hoffmann nicht ab, im Gegenteil: Carl Hoffmann fand immer einen Weg. «Was ich selbst zu sehen imstande bin, das wird auch meine Kamera sehen», pflegte er zu scherzen. Schließlich filmten sie im voll besetzten Schlosstheater: Fünfhundert Statisten saßen im Zuschauerraum – die Herren in Galafräcken, die Damen in großer Robe, weiß gepuderte Perücken mit waagerechten Locken auf dem Haupt –, während auf der Bühne das Wiener Hofopernballett tanzte, zu irgendeinem Werk von Jean-Georges Noverre oder sonst einem Altmeister des achtzehnten Jahrhunderts. Auch hier war es eine nie dagewesene Herausforderung, den Theatersaal filmgerecht zu beleuchten. Zahlreiche Scheinwerfer und große Reflektorlampen wurden in Gängen platziert und versteckt in den Logen angebracht. Einmal entzündete sich ein Logenvorhang, Panik brach aus. Geistesgegenwärtig brüllte Reinhold Schünzel: Man solle sich beruhigen, das gehöre zum Spiel!

Das war eine reine Notlüge, aber so nahm die Menschenmenge friedlich wieder Platz, anstatt sich gegenseitig über den Haufen zu rennen. Einige Bühnenarbeiter löschten unterdessen das Feuer.

Wie so oft spielte Conrad Veidt in diesem Film ihren Retter und Geliebten. Allerdings mit düsterem Ende, denn im Verlauf der Geschichte wird er von ihrem dämonischen Ehemann erdolcht. Wenig später wird es auch für Lorenza mit Cagliostro brenzlig. Panisch versucht sie, ihm zu entkommen. In ihrer Ausweglosigkeit stürzt sie sich schließlich aus dem Fenster, ein Höhepunkt des Films. Jeder Prunkfilm braucht eine Sensation. Und auf ihr lastete die ehrenvolle Aufgabe, in diesem Werk dafür zuständig zu sein.

Bei dieser Szene allerdings wäre es fast tatsächlich um sie geschehen gewesen. Vom Fenster eines vierten Stockwerks aus betrachtet, wirken die Menschen unten ziemlich klein. Carl Hoffmann stand mit seiner Kamera im ersten Stock des Gebäudes gegenüber. Zumindest hatte man ihr das gesagt, erkennen konnte sie ihn wegen ihrer Kurzsichtigkeit nicht.

Der helle Fleck ganz da unten, das sei das Sprungtuch, es sei alles genauestens berechnet, nach irgendeiner komplizierten Formel, da könne gar nichts schiefgehen. Das hatte man ihr versichert und sie für ihren Mut bereits im Vorfeld bewundert. Sie sei eine Teufelsbraut, hatte Reinhold gemeint.

Als es so weit war, fühlte sie sich allerdings gar nicht danach. Sie stand auf dem Fensterbrett, hielt sich mit den Armen am Rahmen des Oberlichts fest und starrte in die verschwommene Tiefe. Reinhold stand in seinem weißen Regiekittel da unten, zumindest nahm sie an, dass er das war, dieser winzige helle Fleck, der sich bewegte. Vermutlich ruderte er mit den Armen. Dann brüllte er etwas ins Megafon, das sich anhörte wie: «Spring! Spring!»

Jedenfalls schloss sie ihre Augen – und sprang.

Als sie die Augen wieder öffnete, blickte sie in leichenblasse Gesichter. Ihre Kollegin Hilde Wörner lag am Boden und musste mit Riechsalz behandelt werden, augenscheinlich war sie in Ohnmacht gefallen.

Reinhold schloss Anita in die Arme, und sie fühlte das Rasen seines Herzschlags. Als er sie wieder losließ, waren seine Augen feucht. Schließlich wandte er sich ab und schoss auf das Männlein mit der dicken Brille zu, das mit hängenden Schultern ein paar Meter weiter stand. Wie das habe passieren können, brüllte er. Wie knapp das gewesen sei! Und überhaupt, wenn die Männer mit dem Sprungtuch nicht schnell noch drei Meter gerannt wären, dann wäre es aus gewesen mit Anita! Dann wäre jetzt Drehschluss! Und zwar komplett! Schrie er mit hochrotem Gesicht. Das Männlein faselte irgendetwas von «Abnormität in der Flugkurve» und «Unvorhersehbarkeiten», da knallte ihm Reinhold eine.

Das geschah diesem Amateur ganz recht. Aber in jenem Moment hatte Anita andere Sorgen. Während um sie herum noch wild debattiert wurde, blickte sie nervös um sich. Erst als sie endlich Carl Hoffmann aus dem gegenüberliegenden Hauseingang heranlaufen sah, entspannte sie sich. Er lächelte zufrieden, und das war das Wichtigste. Denn noch einmal springen, das wollte sie nicht.

Die Zeitungen berichteten ausführlich über die Dreharbeiten. Vor allem aber über die lebensgefährliche Aufnahme, jenen Vorfall, der beinahe tragisch geendet hätte. Und das war stets das Beste: wenn die geplante filmische Sensation ganz ungeplant zur tatsächlichen Sensation um Leben und Tod wurde.

Wenige Tage später ging sie erstmals zu Madame d'Ora. Ein paarmal war sie schon für Magazine fotografiert worden, und schnell hatte sie begriffen: Was man als moderne Schauspielerin unbedingt braucht, sind Fotos. Wer die besten sensationellen Fotos hat, der wird gedruckt. Die Zeitungen und Journale sind heutzutage geradezu süchtig nach Fotos. Und wer gedruckt wird, der wird auch besetzt. Das war in Berlin so, das würde in Wien nicht anders sein.

Allerdings gab es in Wien, anders als in Berlin, wenn man nach Empfehlungen für Fotografen fragte, nur einen einzigen Namen, den man stets zu hören bekam: Madame d'Ora. Sie fotografierte alle Berühmten und Künstler, von Gustav Klimt, Max Liebermann und Tina Blau über Arthur Schnitzler bis hin zur Schauspielerin Gertrude Barrison oder der Opern-diva Maria Jeritza. Sie fertigte Aufnahmen des seinerzeitigen Kaisers Karl von Österreich mit seiner Familie genauso wie von der Hotelbesitzerin Anna Sacher mit ihren Französi-schen Bulldoggen, den sogenannten «Sacher-Bullys». Dazu schuf sie zahlreiche Modeaufnahmen, in denen Mannequins die neuesten Wiener-Werkstätte-Modelle am Leib trugen. Madame d'Ora sei zwar am teuersten, hieß es, aber auch am besten.

Bei solchen Dingen darf man nicht knausern, das hatte schon die Großmutter gesagt, und so war Anita die Beste gerade gut genug. Sie solle ihr Lorenza-Kostüm mitbringen, hatte Madame d'Ora ihr am Fernsprecher zuvor mitgeteilt. Am Nachmittag des 10. November stand Anita vor einem gro-ßen Jugendstilgebäude in der Wipplingerstraße im 1. Bezirk, unweit der Schottenkirche, und drückte den Klingelknopf ne-ben dem Messingschild «Photoatelier d'Ora». Über dem Arm trug sie ihr Kostüm, ein grünes Seidenkleid, in der Hand hielt sie die weiß gelockte Barockperücke. Mit dem Aufzug fuhr sie in den vierten Stock, wo ihr ein Stubenmädchen öffnete und sie in einen kleinen Empfangssalon führte. Ein Yorkshireter-rier begrüßte sie aufgeregt kläffend. Zum Glück hatte Anita ein Händchen für Hunde und freundete sich sofort mit dem

Tier an, ohne zu ahnen: Madame d'Ora liebte ihren Hund über alles. Und so war die Fotografin ganz entzückt, als sie kurz darauf hereinkam, Anita auf dem Biedermeiersofa sitzend vorfand sowie Teddy, ihren sonst Fremden gegenüber höchst skeptischen bis bissigen Schoßhund, zufrieden grunzend auf Anitas Knien.

Madame d'Ora war von zierlicher Statur, mochte etwa vierzig Jahre alt sein, hatte dunkle, ernste Augen, die eine gewisse Melancholie ausstrahlten. Ihr rotblondes, mittellanges Haar wurde von einem dunkelblauen Band gehalten; sie trug ein Crêpe-Satin-Kleid in ebensolcher Farbe, mit einer blusigen Taille mit überkreuzten Vorderteilen, dazu einen metallgestickten Gürtel mit Kristallperlengehängen. Madame d'Ora verstand sich zu kleiden.

Hunde seien die treusten Begleiter, die man haben könne, meinte sie zu Anita, und Teddy ein wahrer Menschenkenner! Dann führte sie sie nebenan ins Atelier, und während Teddy munter kläffend um sie herumsprang, kam sie sogleich auf das Wesentliche zu sprechen: Mit Tänzerinnen arbeite sie gerne, erzählte sie und erwähnte, dass sie bereits Anna Pawlowa fotografiert habe. Noch lieber arbeite sie jedoch mit Schauspielerinnen, denn die wüssten, worum es ginge, da sei das mit dem Inszenieren ganz selbstverständlich. Insofern wäre Anita eine ganz wunderbare Kombination.

Es war höchst vorteilhaft, dass der großzügige Atelierraum sich im Dachgeschoss befand, durch die großen Fenster fiel reichlich Licht. Der vordere Bereich war mit einer kleinen Sitzecke ausgestattet; hier mischte sich Biedermeier-Mobiliar aus Mahagoni auf geschmackvolle Weise mit Jugendstil. An der Wand hing ein expressionistisches Gemälde. Anita zog ein paar ihrer neuesten Fotos aus der Handtasche, wie sie es bei solchen Terminen gewohnt war. Fotos, die sie im bekannten

Berliner Studio von Alexander Binder hatte anfertigen lassen. Madame d'Ora warf einen flüchtigen Blick darauf, rümpfte die Nase und wischte mit ihrer grazilen Hand abwertend durch die Luft. Das interessiere sie nicht, erklärte sie. Wenn Anita liebliche Fotos wolle, sei sie hier fehl am Platz. Sie selbst versuche als Fotografin mit dem zu arbeiten, was ihr ins Auge springe. Und das sei in Anitas Fall etwas Spannenderes als das süßlich-liebliche Einerlei, eine hübsche Frau hübsch zeigen, das könne jeder, wo wäre da die Spannung, die Überraschung? Dabei griff Madame d'Ora interessiert nach Anitas Kostüm, musterte den Schnitt, befühlte den Stoff. Die Perücke könne sie auf die Seite legen, erklärte sie, das staubige Ding sei nicht zu gebrauchen. Das Kleid tauge schon eher. Was das denn für eine Rolle sei, dem Cagliostro seine Lorenza?

Anita erzählte, wie Cagliostro sie im Film tyrannisiere, sie quasi als seine Sklavin betrachte und auch entsprechend behandle. Wie sie seinen grausamen Launen hoffnungslos ausgeliefert sei.

«Gut, das werden die Leute im Film ja alles sehen», entgegnete Madame d'Ora. «Das müssen wir nicht auch noch bebildern. Mich interessiert eher die Stärke der Lorenza – und die der Anita Berber. Mich interessiert die Frau, die aus dem vierten Stockwerk springt.»

Teddy bellte kurz, als sich eine Tür am anderen Ende des Raumes öffnete und ein großer, schlanker Mann, Mitte dreißig, hereintrat. Das sei ihr Assistent Arthur Benda, stellte ihn Madame d'Ora vor, er sei für das Technische zuständig und kümmere sich in der Dunkelkammer um die Entwicklung der Bilder.

Ob er eine Leinwand aufbauen solle, fragte der Assistent, während Teddy um ihn herumsprang, oder ob sie mit einem Vorhang arbeiten wolle? Seine Chefin entschied sich für die

Leinwand und bemerkte, dass er den Hintergrund gegebenenfalls werde nachkolorieren müssen.

Anita zog sich in einer Garderobennische um und trat kurz darauf in ihrem grünen Lorenza-Kostüm hinter dem Vorhang hervor. Madame d'Ora musterte sie mit strengem Blick, deutete schließlich auf ihr Dekolleté und meinte, sie möge doch ihre private Goldkette mit dem Medaillon wieder anlegen, die sie soeben noch getragen habe. Auf diese Weise sei sie sowohl Anita wie auch Lorenza. Dann deutete sie auf Anitas Kopf: Auch das durchscheinende Tuch, das sie bei ihrer Ankunft getragen habe, möge sie sich wieder um den Kopf binden.

«Zu dem Rokoko-Kleid?», fragte Anita irritiert.

«Selbstverständlich», entgegnete Madame d'Ora, «gerade dazu!»

Arthur Benda stellte unterdessen eine Leinwand als Hintergrund auf, richtete die Scheinwerfer ein und entzündete sie. Binnen kürzester Zeit wurde es merklich warm im Raum. Teddy bellte, seine Herrin zeigte forsch in Richtung eines Scheinwerfers, und obgleich der Hund ansonsten nicht sonderlich gut erzogen schien, legte er sich artig an den Stativfuß und hechelte in der künstlichen Sonne.

«Die Wiener lieben ihre Künstler», erklärte Madame d'Ora. «Hat man es einmal geschafft, wird man nirgendwo so gefeiert, so bedingungslos anerkannt wie in Wien.» Teddy bellte kurz wie bestätigend auf, aber seine Herrin hob sogleich warnend den Zeigefinger. «Es sei denn, man verdirbt es sich mit dem Publikum. Dann lassen sie einen fallen, bis ins Bodenlose. Und dann hält keiner mehr ein Sprungtuch auf.»

Anita nahm auf dem bereitgestellten Stuhl vor der Leinwand Platz und stützte ihre Arme auf das kleine Tischchen, das Herr Benda davor aufgestellt hatte.

Sie möge sich in das Leid der Lorenza versetzen, wies die

Fotografin sie an, und gleichwohl möge sie dabei ihre Kraft und Entschlossenheit nicht aus dem Auge verlieren – ihren Mut, wenn es sein müsse, bis zum Äußersten zu gehen. Anita sah in das gleißend helle Licht der Lampe. Sie schloss die Augen, lilagrüne Lichtpunkte tanzten vor dem Rot ihres geschlossenen Augenlids. Sie faltete die Hände und horchte in sich hinein, bis sie eine feine Gefühlswallung aufkommen spürte. Dann drehte sie ihr Gesicht langsam nach rechts.

«Genau so bleiben!», rief Madame d'Ora und befahl ihrem Assistenten, den Ball der Kamera zu drücken. «Die Stimmung halten, aufrichten und noch etwas eindrehen», sagte sie, während ihr Assistent die Platte wechselte, «das Kinn ein klein wenig heben und die Augen öffnen.» Es klackte erneut. «Und Schauspielern muss ich eben», Madame d'Ora lächelte, «nicht erst groß erklären, dass die linke Gesichtshälfte die ausdrucksstärkere ist.»

Sie machten eine Profilaufnahme. Als Nächstes bestimmte d'Ora, Anita möge lasziv über die Schulter blicken. Da dürfe auch etwas Wehmut dabei sein. Die Scheinwerfer knisterten, Teddy hechelte, und Herr Benda folgte ruhig und beflissen den Anweisungen seiner Chefin.

Schließlich befahl sie Anita, selbstbewusst in die Kamera zu sehen. «Ja», flüsterte sie nickend, «und jetzt bleibst du so und schaust ganz leicht über das Objektiv hinweg. Weil du es gar nicht nötig hast, da reinzusehen.» Es klackte.

Als sie fertig waren, meinte Madame d'Ora: «Vor allem mag ich, dass die guten Schauspieler vorher nicht fragen, wie ich sie fotografieren werde. Die Frage ist mir verhasst. Schließlich weiß ich das selber nicht.» Sie lachte ungewöhnlich laut und lang, als sie sich beruhigt hatte, meinte sie: «Es kommt eben, das ist das ganze Geheimnis. Aber es kommt. Immer.»

Einige Wochen später wurde Anitas Foto groß in der *Modernen Welt*, dem elegantesten Wiener Journal, abgedruckt. Als sie die Revue aufschlug, sah Anita in dem Bild Lorenza, und sie sah sich selbst. Der Titel des Artikels ließ sie schmunzeln, er lautete: «Modeprophezeiungen für das Frühjahr».

*

Kurz entschlossen machte sie sich auf den Weg zum Herrenschneider Löwenstein. Bei Löwenstein ließ Fritz Grünbaum seine Anzüge fertigen, und Grünbaums Anzüge saßen stets perfekt. Er möge bitte Maß nehmen für einen Smoking, bat sie Herrn Löwenstein.

Der Schneider sah sie irritiert an. «Der Herr hat die exakt selben Maße wie Sie, Fräulein Berber?», fragte er schließlich.

«Nein», entgegnete sie kühl, «der Herr bin ich.»

Anschließend ging sie zum Optiker und bat ihn, ein Monokel für sie anzufertigen.

«Nicht ein Lorgnon?», fragte der Optikermeister lächelnd und hielt ihr eine Stielbrille vor die Nase. «Ich habe auch hübsche Ketten dazu.» Schon griff er in die Schublade seiner Ladentheke und präsentierte einige Muster.

«Ich wünsche ein Monokel», widersprach sie entschieden.

«Nun – ein Monokel», erklärte der Meister und grinste unbeholfen, «ein Monokel ist sehr viel schwerer zu tragen. Es wird ja rein durch die Gesichtsmuskulatur gehalten, deshalb wird es ausschließlich von Herren genommen.»

«Ich wünsche ein Monokel.»

«Vielleicht habe ich mich unklar ausgedrückt», der Optiker schob nervös seine Brille den Nasenrücken hoch, «eine einzige spontane Reaktion, eine weibliche Gefühlswallung beispielsweise, und das Monokel fällt hinunter.» Er sah sie an, als sei sie schwer von Begriff. «Und dann ist es kaputt», er lächelte verlegen.

«Ich habe keine Gefühlswallungen», erwiderte sie ungerührt, «ich wünsche ein Monokel.»

Er sah sie fast erschrocken an, schließlich nickte er.

«Natürlich», murmelte er, «ein Monokel.»

★

«Aha», antwortete die Mutter, als sie ihr erklärte, sie werde heiraten. Einfach nur: «Aha.»

Die Mutter saß vorm Spiegel ihres Schminktisches und trug lila Lidschatten auf, für ihren abendlichen Auftritt. Heute in der Kakadu-Bar, wo sie ein kurzfristiges Engagement gefunden hatte. Anita erzählte, dass Eberhard Soldat gewesen sei und sich nun der Schriftstellerei widmen wolle.

«Brotlos», unterbrach die Mutter, «es sei denn, er hat wirklich Talent. Aber, Talent – wo soll das bei einem Militaristen herkommen?»

«Er stammt aus einer Schriftstellerfamilie», gab sie zur Antwort. Und was das Finanzielle angehe, solle sie sich keine Sorgen machen, er komme aus betuchten Verhältnissen. Sein Vater sei Offizier und erfolgreicher Sportreiter; er handle mit Reitpferden.

«Dann pass mal schön auf, auf deinen Eberhard», meinte die Mutter, während sie ihre Lippen nachzog, «rote Haare sieht man sich schnell über.»

Kurze Zeit später heirateten sie vor dem Standesamt, schlicht und unspektakulär, und Anita war froh, den mütterlichen Haushalt hinter sich zu lassen. Sie zogen in eine großzügige Fünfzimmerwohnung in der Uhlandstraße, keine zehn Minuten Fußweg entfernt, da konnte man immer noch schnell zur Großmutter, wenn man wollte. Sie übernahmen eine alte Bedienstete aus Eberhards Familie, Fräulein Agathe, die er bereits aus Kindertagen kannte. Ihr breiter sächsischer Dialekt bewirkte, dass Anita sich sofort in der neuen Wohnung heimisch fühlte. Allerdings konnte sie das neue Zuhause nur wenig genießen. Ein Filmengagement reihte sich an das nächste, dazwischen gab sie erfolgreich Solotanzabende. Sie wurde als «neues Wunder der Tanzkunst» gefeiert.

Eberhard schrieb indessen an seinem Drehbuch. Jedenfalls behauptete er das. Den ganzen Tag über war er beschäftigt und arbeitete hinter der geschlossenen Tür seines Arbeitszimmers. Wann immer sie klopfte, fühlte er sich gestört und jammerte, nun habe er den Faden verloren. Dabei brachte er im Grunde sowieso nichts zustande. Zumindest waren die Kostproben, die er auf ihr inständiges Bitten und Drängen nach Wochen endlich herausrückte, von enttäuschender Qualität. Und von reichlich schmalem Umfang. Undurchschaubarer Avantgardismus, lustlose Szenen, vage Handlung. Vor allem jedoch schien Eberhard das Grundsätzliche des Films, eine Geschichte in Bildern zu erzählen, nicht verinnerlicht zu haben. Auch hatte er Dialogszenen verfasst, die gar nicht umsetzbar waren.

Schließlich galt es in einem guten Skript so zu erzählen, dass die Stummheit des Films nicht als Mangel hervortrat, sondern im besten Falle dazu mithalf, Stimmungen zu erschaffen, so als müsste die Geschichte unbedingt stumm und keinesfalls mit gesprochenen Worten erzählt werden. Vor allem die Heldin musste die Möglichkeit haben, alles Wesentliche rein mimisch auszudrücken. Von ihr ließ sich der Zuschauer emotional durch die Geschichte führen, in ihrem Gesichtsausdruck hatte sich daher das gesamte Geschehen zu spiegeln. Jeglichen Dialog, so lautete die Maxime, überlässt man nach Möglichkeit den Nebenrollen. Da konnte man dann zur Not auch mal Texttafeln einblenden.

Und das alles musste auch das Skript schon erzählen. Auf ihre gut gemeinte Kritik aber reagierte Eberhard empfindlich. Er schreibe sein Manuskript nun mal auf seine Weise, erklärte er. Ein findiger Regisseur werde es schon zu schätzen wissen und sicher auch verfilmen können. Und überhaupt, das sei das Gehabe einer Primadonna! Ihr sei der Erfolg wohl zu Kopf gestiegen, nun meine sie, alles besser zu wissen! Damit verschwand er wieder in seinem Arbeitszimmer und knallte die Tür hinter sich zu.

Nachts war Eberhard im Krieg. Ruhelos wälzte er sich im Bett hin und her, schrie plötzlich auf oder wimmerte im Schlaf vor sich hin. In letzter Zeit hatte er außerdem häufiger somnambule Episoden, dann schlafwandelte er durch die ganze Wohnung, einmal fand sie ihn gar im Treppenhaus. Manchmal erwischte sie sich bei dem Gedanken, die Mutter hätte vielleicht doch recht gehabt, so ein «Kriegskrüppel» sei eine schlechte Wahl gewesen. Dann schämte sie sich im selben Moment. An Eberhards körperliche Narben hatte sie sich längst gewöhnt, sie sogar als Eigenheit lieb gewonnen. Aber seine seelischen Wunden, die hatte sie nicht bedacht.

Sie empfahl ihrem Gatten, zum Arzt zu gehen, was er nach einiger Überredung auch tat. Man verschrieb ihm Veronal. Daraufhin wurde es mit dem Schlaf zwar deutlich besser, dafür war Eberhard jetzt auch tagsüber im Tran. Wenigstens die Vormittage verbrachte er immer öfter in einem Dämmerzustand. Das erzählte ihr zumindest Fräulein Agathe, sie selbst schlief da meist noch – im Gästezimmer, in dem sie sich eingerichtet hatte, denn neben ihrem Mann bekam sie kein Auge zu.

Anfänglich hatte Eberhard sie nach einer Vorstellung oder einem Tag im Filmatelier noch mit dem Automobil abgeholt, und sie waren gemeinsam ausgegangen. Aber nach und nach versank Eberhard zusehends in seiner Schwermut, in dunklen Zuständen, aus denen man ihn nur schwerlich herauslocken konnte.

★

Nach einem langen Drehtag fuhr sie zusammen mit Richard Oswald ins Casanova in die vornehme Lutherstraße. Das Etablissement nannte sich selbst «die schönste Tanzstätte des Kontinents». Was vielleicht noch nicht einmal übertrieben war. Ein wahrer Vergnügungspalast, edel und zugleich verrucht. Nirgends mischten sich die Größen der feinen Gesellschaft mit denen der Halbwelt so wie an diesem Ort. Hier buhlten die schönsten Damen um die Gunst der Herren – schließlich machte sich der Männermangel aus dem Krieg noch immer bemerkbar –, wobei manche Damen dies aus rein beruflichem Interesse taten, was nicht immer leicht zu erkennen war.

Das hallenartige Vestibül des Casanova war nüchtern und ganz in Weiß gehalten. Der Boden mit rotem Velours ausgelegt, auf dem kleine persische Läufer drapiert waren. In den Nischen unter den gotischen Spitzbögen zur Linken befanden sich die Garderoben. Pagen in blauen, goldbetressten Uniformen standen bereit, um den Damen beim Ablegen der Mäntel und beim Anziehen der Abendschuhe behilflich zu sein. Anita hatte keine Hilfe nötig, sie trug bereits ihren Smoking, dazu ihre eng geschnürten Tanzschuhe mit hohem Absatz. Lediglich ihren Hut gab sie an der Garderobe ab.

«Wünsche einen unterhaltsamen Abend, Frau Berber»,

grüßte sie der blonde Page mit dem Sommersprossengesicht und machte einen Diener. Ankommende Gäste starrten sie an, tuschelten hinter vorgehaltener Hand – das war sie inzwischen gewohnt und ebenso, nonchalant darüber hinwegzusehen. Es fühlte sich durchaus gut an, bekannt zu sein. Während sich die anderen Frauen nun bei ihrer männlichen Begleitung unterhakten, klemmte sie den vornehmen Gehstock unter ihre linke Achsel und stieg an Richard Oswalds Seite die breite Steintreppe nach oben, wo sich die Tanzsäle befanden.

Als sie den Blauen Spiegelsaal betraten, winkten ihnen der Storch und Ludwig Kainer zu, die an einem der Tischchen neben der Tanzfläche bereits auf sie warteten.

«Wir führen Filmgespräche», erklärte der Storch und bot Anita den Platz neben sich an, während Richard Oswald sich gegenüber, zu Ludwig Kainer, setzte. Ludwig war gut zehn Jahre älter als Anita, trug einen Schnauzbart und das etwas schütter werdende Haar wassergekämmt nach hinten, was seine Denkerstirn noch höher erscheinen ließ. Ein vielseitig begabter Künstler, Filmarchitekt und Kostümbildner obendrein. Er war gefragt als Maler und Zeichner, häufig entwarf er Plakate.

«Ludwig erzählte mir gerade von den jüngsten Dreharbeiten mit Henny Porten, zu *Ihr Sport*.»

«Henny Porten ist mir zu bieder», erwiderte Anita, zog ihre Tabatiere aus der Smokingjacke und steckte eine Zigarette zwischen ihre karminroten Lippen. «*Ihr Sport* hab ich bereits gesehen.» Sie rümpfte die Nase. «Tut mir leid, aber die männerfressende Emanze kauf ich Henny nicht ab.» Der Storch gab ihr Feuer und lachte, während Ludwig Kainer Einspruch erheben wollte. Er drehte ständig mit Henny Porten und liebte sie heimlich, wie alle wussten.

Aber Anita ließ ihn nicht zu Wort kommen. «Deine Bauten

waren natürlich wunderbar, Ludwig», rief sie und drehte sich in Richtung des weiß uniformierten Kellners, der soeben auf sie zugeeilt kam.

«Eine Flasche Champagner, Frau Berber», fragte er und, den Blick in Richtung der Herren gewandt, «mit vier Gläsern?»

«Ich bitte darum.»

Der Kellner nickte zuvorkommend und eilte sogleich Richtung Bar. Sie sah ihm hinterher.

«Was meint ihr», fragte der Storch, der Stille nicht ertragen konnte, und dem immer an Konversation gelegen war, «wird es wohl demnächst den sprechenden Film geben?»

«So blöd werden die Menschen hoffentlich nicht sein», entgegnete Anita, zog an ihrer Zigarette und hüllte sich in blauen Rauch.

Der Storch sah sie erstaunt an.

«Dann ginge der größte Vorteil des Films verloren», erklärte sie, «nämlich seine Internationalität. Dann könnte man einen Film nicht mehr überall auf der Welt verstehen, sondern wäre plötzlich an Sprachen gebunden. Stellt euch das einmal vor! Vermutlich würden nur noch in den Ländern Filme gedreht werden, deren Markt groß genug ist. Aber niemand in Amerika würde mehr deutsche Filme verstehen. Mein Gott, wäre das armselig.» Sie zog an ihrer Zigarette, der Storch guckte erschrocken. Richard Oswald nickte.

«Ich denke allerdings», fügte er nachdenklich hinzu, «die Gefahr ist vorerst gebannt. Sowohl Grammofon als auch Phonograph sind bisher technisch zu mangelhaft, um eine ausreichende Tonqualität für den Film zu liefern. Dazu kommt, dass die Wiedergabetechniken derart wesensverschieden sind: beim Grammofon gleichmäßig, beim Filmprojektor ruckartig, das soll erst einmal jemand zusammenkriegen!» Er lachte. «Und das Beste: Stellt euch einmal vor, der Film reißt.

Was ja nun bei jeder dritten Vorstellung passiert. Wenn man ihn wie gewohnt zusammenklebt, wird er ein paar Bilder kürzer. Das fällt gar nicht auf. Aber mit Ton! Man könnte ja nicht das fehlende Stück aus der Grammofonplatte gleichfalls herausschneiden, um die Synchronität wiederherzustellen. Wie sollte das gehen?» Er lachte wiehernd. «Nein, der Film wird vorerst nicht sprechen lernen.»

Der Kellner kam, positionierte einen Sektkühler neben ihrem Tisch, zog eine Flasche Deutz & Geldermann daraus hervor, ließ den Korken behutsam ploppen und füllte die Gläser, die der Hilfskellner bereitstellte.

«Auf den Film!», rief der Storch. Man prostete sich zu.

«Was haltet ihr denn vom farbigen Film? Hat das eine Zukunft?», fragte Ludwig.

«Die einzelnen Bilder von Hand zu kolorieren ist nach wie vor sehr aufwendig, die Resultate oft miserabel», erklärte Richard Oswald, «weil man die Farben so millimetergenau gar nicht auftragen kann. Außerdem laufen sie häufig aus, was im Ergebnis zu optischem Flimmern führt. Charles Pathé hat indessen eine Technik eingeführt, bei der für jede Grundfarbe – also Rot, Gelb und Blau – Schablonen für die einzelne Szene angefertigt werden, die dann –»

«Mein Gott, das ist doch schrecklich kompliziert», unterbrach ihn Anita, «wer braucht denn schon farbigen Film? Wenn, dann würde mich eher der plastische Film interessieren. Stellt euch mal vor, man könnte von der Leinwand her dem Betrachter entgegentanzen!»

Sie starrte begeistert in die Runde, der Storch und auch Ludwig Kainer guckten verständnislos.

«Ich meine», fuhr Anita fort, «so, wie die stereoskopischen Apparate auf dem Rummelplatz die räumliche Tiefe vorspiegeln! Wenn man räumliche Tiefe in der Leinwand suggerieren könnte, dann wären der Imagination keinerlei Grenzen gesetzt!»

«Am stereoskopischen Film arbeiten die Amerikaner bereits», warf Richard Oswald ein. «Allerdings ist die Stereoskopwirkung beim Film schwer zu erreichen. Kamera und Filmprojektor sind doch Zyklopen!» Er lachte, die anderen sahen ihn verständnislos an. «Na, ich meine, das sind eben einäugige Mechanismen, während der Mensch Tiefeneindrücke dadurch gewinnt, dass er die Welt durch zwei Augen sieht. Unser Gehirn setzt aus zwei leicht unterschiedlichen Bildern die Wirklichkeit zusammen. Man hat deshalb versucht, das Problem zu lösen, indem man der Leinwand selbst die fehlende Tiefe gibt.»

Richard Oswald ist in seinem Element, dachte sie. Wenn er von den Möglichkeiten des Films reden konnte, war er glücklich. Demnächst wollte er ein eigenes Kino kaufen, hatte er ihr auf der Fahrt hierher erzählt.

«Letztens las ich von einer neuartigen Leinwand», fuhr er fort zu referieren, «deren Oberfläche geriffelt ist. Und die dann von hinten aus nächster Nähe stark erhellt wird. Diese Lichtstrahlen fallen durch diese besondere Leinwand direkt ins Publikum. Die Bilder sollen dann, selbst ohne Verdunkelung, sehr deutlich zu sehen sein. Das ist im Übrigen, wenn ihr mich fragt, die eigentliche Ambition der Amerikaner für ihre Versuche: dass Filmvorführungen künftig im hellen Raum stattfinden können. Denn im prüden Amerika gibt es in den meisten Staaten Bestimmungen, dass man alle Viertelstunde im Kinosaal das Licht einschalten muss. Damit die Unmoral sich in der Dunkelheit nur mit Unterbrechung ausbreiten kann!»

Der Storch lachte ungläubig auf.

«Das spricht nicht gerade für die Moral der Amis», meinte Ludwig.

Während die Männer fortfuhren, sich über die Zukunft des Films zu ereifern, setzte sie ihr Monokel auf und blickte im Raum umher. Irgendetwas war eigenartig. Sie fühlte sich beobachtet.

Sämtliche Wände des Saals waren taubenblau gestrichen, der Fußboden mit Velours in selbiger Farbe ausgelegt, zumindest um die großzügige Tanzfläche herum, deren gebohntes Parkett seidig glänzte. Selbst die Stühle, schwülstiger wilhelminischer Neubarock, waren mit taubenblauem Stoff bezogen. An der Stirnseite des Saales befand sich die Bar, am anderen Ende ein Plateau, auf dem ein Flügel stand. In Kürze würde sich hier die Jazzband aufbauen. Gegenüber dem Tisch, an dem sie saßen, gab es in einer Reihe von Rundbögen kleine Sitznischen, dahinter sah man durch hohe Flügelfenster das nächtliche Berlin. Die Rundbögen, die Türrahmen und auch die Stuckleisten an der Decke waren vergoldet, was zwar etwas kitschig aussah, aber durchaus herrschaftlich. Auch die großen, ausdrucksstarken Wandgemälde, die im Übrigen Ludwig Kainer erst kürzlich gestaltet hatte, waren in goldene Rahmen gefasst. Auf dem einen, zu ihrer Linken, war eine Tänzerin zu sehen.

«Und – erkennst du dich jetzt wieder?», fragte Ludwig, der ihrem Blick gefolgt war.

«Bedingt, Ludwig, bedingt.»

Ludwig guckte beleidigt.

«Wie du merkst, sehe ich nicht so lieblich aus wie die Dame auf deinem Gemälde. Aber das macht ja nichts. Ich freue mich trotzdem darüber.»

Anitas Blick fiel auf eine kokette Dame, die schräg gegenüber allein an einem Tisch saß, sie trug ein Tanzkleid aus königsblauem Taft mit passender, etwas hellerer Chantilly-Spitze. Hemdchen, Hüftrüsche und rechtsseitiger Wasserfall aus Spitze. Das sah geschmackvoll und verführerisch zugleich aus, die ganze Figur wirkte wie hingegossen. Die Kokotte zwinkerte ihr selbstbewusst zu.

Inzwischen wird man ja überall erkannt und ständig beobachtet, dachte Anita, das wertet einen auf, kann aber auch schnell lästig werden. Sie spülte das Glas Champagner hinunter. Dabei fiel ihr Blick an die verspiegelte Zimmerdecke, die den Raum noch höher wirken ließ. Und richtig, im Spiegel entdeckte sie doch tatsächlich noch ein Augenpaar, das sie beobachtete. Von dort hinten, aus einer der Sitznischen, glotzte eine dunkelhaarige Frau durch den Deckenspiegel beständig zu ihr herüber. Auch sie saß allein am Tisch, war allerdings definitiv keine Minette. Dafür war sie zu bieder und unscheinbar angezogen in ihrem Nachmittagskleid aus dunkelbraunem Musselintaft. Und an die vierzig mochte sie wohl schon sein. Selbst jetzt, wo Anita sie offenkundig entdeckt hatte, guckte sie nicht weg. Sondern starrte weiterhin interessiert in den Deckenspiegel.

«Wer ist das?», fragte Anita halblaut. Der Storch sah kurz auf.

«Das ist Charlotte Berend, die Malerin. Die Frau von Lovis Corinth.»

«Ist nicht dieses schreckliche Gemälde von ihr», fragte Ludwig jetzt interessiert, «das dein Kollege Strassmann gekauft hat?»

«*Die schwere Stunde*, ja. Es hängt in Strassmanns Frauenklinik.»

«Zweifellos hervorragend gemalt», meinte Ludwig. «Aber ob man etwas so Unappetitliches wie den Vorgang des Gebärens unbedingt in Öl festhalten muss, ist eine andere Frage. Manche Dinge sind vielleicht nicht für die Öffentlichkeit bestimmt.»

«Es kann ja nicht jeder lieblich malen, Ludwig», erwiderte Anita, erhob sich, griff nach ihrem Gehstock und stolzierte durch den Raum, geradewegs zum Tisch von Charlotte Berend.

Die lächelte sie unsicher an. Das sei die Krankheit der Malerin, entschuldigte sie sich. Dass sie Menschen, die sie faszinieren, ausführlich beobachten und von allen Seiten betrachten müsse.

«Von allen Seiten? Dann hast du ja noch einiges vor dir», entgegnete Anita und setzte sich.

Charlotte griff nach der gelben Manolischachtel, die vor ihr auf dem Tisch lag, und bot ihr eine Zigarette an. Immerhin, sie hatten schon mal denselben Geschmack. Anita sog den Rauch tief in ihre Lungen und sah den blauen Wolken hinterher. Eine kleine Pause entstand.

«Ich habe Sie letztens tanzen gesehen», setzte Charlotte an, «seitdem möchte ich Sie malen.»

Mit neugierigen, fordernden Augen sah Charlotte sie an.

«Ihr Tanz mit den Schleiern ist von so großer Leichtigkeit gewesen, das hat mich an einen Engel erinnert.» Sie lächelte. «Und an meine Kindheit, als ich die Engel noch gesehen habe.»

Tatsächlich hatte Charlottes Blick etwas Kindliches, Verträumtes. Ihre großen Augen lagen in einem ernsten, etwas müden Gesicht, dessen zarte Linien und Fältchen erste Spuren des Alters zeigten. Dazu kam dieses eigenwillige Kleid mit aufgesetzten Posamentenborten und Kimonoärmeln, das sie älter erscheinen ließ, als sie wohl war. Ihr langes, welliges Haar trug sie hochgesteckt – wie ein ganz junges Mädchen oder aber eine alte Frau.

Als könne Charlotte Anitas Gedanken lesen, sagte sie plötzlich: Es sei eigenartig, in Anitas Gegenwart fühle sie sich jung und alt zugleich. Jung, weil Anita sie an ihre Kindheit erinnere. Da hätte sie ein Kindermädchen gehabt, Minna, mit genau solch hübschem rotem Haar, und Anita hätte wirklich eine gewisse Ähnlichkeit mit ihr.

Wobei das doof sei, so etwas zu sagen, entschuldigte sie sich. Sie meine keinesfalls, dass Anita ein Allerweltsgesicht habe, ganz im Gegenteil. Es seien eben nur schöne Erinnerungen, die Anita in ihr auslöse. Ihre Minna habe so herrlich gesungen. Und alt fühle sie sich, weil sie nun vermutlich rede wie eine alte Tante, lachte sie. Und sie sei ja auch deutlich älter als Anita, bereits achtunddreißig. Dabei färbten sich Charlottes Wangen rot.

Inzwischen hatte der Kellner Anita entdeckt.

«Noch etwas Champagner, die Damen?», fragte er.

Anitas Blick fiel auf die leere Cocktailschale, die vor Charlotte stand.

«Noch einen Hanky Panky», antwortete Charlotte. Anscheinend war sie mehr für das Herbe zu haben.

Anita bestellte einen Cognac, ohne Eis.

Normalerweise trinke sie kaum, meinte Charlotte, aber heute mache sie eine Ausnahme. Schließlich käme sie nicht mehr so oft zum Ausgehen. Sie begann, von ihrem Mann zu erzählen. Ursprünglich sei Lovis Corinth ihr Lehrer gewesen, er war zweiundzwanzig Jahre älter als sie. In seiner Malschule hätten sie sich ineinander verliebt. Ein schüchternes Lächeln umspielte ihre Lippen. Zwei wunderbare Kinder hätten sie, Thomas, vierzehn, und Wilhelmine, neun. Aber seitdem Lovis vor sieben Jahren einen Hirnschlag gehabt habe, sei das Leben doch sehr viel anstrengender geworden. Anfänglich hätte er sehr viel Pflege gebraucht. Nun sei es besser, aber sie käme trotzdem kaum mehr dazu, selbst künstlerisch tätig zu sein. Dabei sei die Kunst das, wofür sie von jeher brenne.

Der Kellner setzte den Cocktail vor ihr ab. Gin, roter Wermut und italienischer Kräuterlikör mischten sich zu einer rostroten, klaren Flüssigkeit, den Rand des Glases zierte eine Orangenzeste. Anitas Cognac wurde in einer flachen Nickelschale serviert.

In der Zwischenzeit hatte sich das Casanova merklich gefüllt. Am Flügel saß Mischa Spoliansky und spielte eigene Kompositionen. Charlotte trank sogleich.

Corinth sage immer, fuhr sie fort, sie könne das Malen später noch nachholen, schließlich sei sie noch jung. Aber ganz so leicht sei das ja nun auch nicht. Gerade lasse sie außerdem ein Sommerhaus für die Familie bauen, in Bayern, am Walchensee. Ihr Mann benötige die Erholung. Deshalb sei sie derzeit wenig in Berlin. Aber heute eben schon, und er wiederum in Süddeutschland, die Kinder würden von der Großmutter versorgt.

«Entschuldigen Sie», sagte sie, und ihre Wangen färbten sich noch röter, «ich rede sonst nie so viel.» Sie nahm noch einen Schluck Hanky Panky. «Sind Sie verheiratet?»

«Seit ein paar Monaten.»

Charlotte nickte. «Ich gratuliere. Und, ist ihr Mann auch Künstler?»

«Er schreibt.»

«Tatsächlich? Meine Schwester Alice ist Schriftstellerin.»

Jetzt erinnerte sich Anita, warum der Name Berend ihr ein Begriff war. Alice Berend schrieb erfolgreich Romane und wurde mitunter als «kleiner Fontane» bezeichnet, sie hatte auch schon eines ihrer Bücher gelesen.

«Was schreibt er denn? Kenne ich ihn vielleicht?»

«Nun, er schreibt Filmmanuskripte. Die man nicht verfilmen kann.»

Anita lächelte kühl.

«Mit Filmmanuskripten kenne ich mich gar nicht aus»,

meinte Charlotte verlegen, «aber künstlerische Krisen, die kenne ich sehr wohl.»

Inzwischen hatte die Band zu spielen begonnen.

«Lass uns tanzen», sagte Anita.

«Ich habe seit Ewigkeiten nicht mehr getanzt! Ich weiß nicht …» Charlotte wurde schon wieder rot.

«Das macht nichts. Ich führe dich», erwiderte Anita, zog sie vom Stuhl hoch und in Richtung der Tanzfläche.

Sie drückte Charlotte an sich, ihr Körper war weich und zugleich kräftig, mit schönen weiblichen Rundungen. Sie bewegte sich trotz Mangels an Übung anmutig, gab sich ganz Anitas Führung und dem Rhythmus hin, sie schien im Rausch der Musik förmlich aufzublühen. Anita spürte Charlottes heißen Atem an ihrem Hals, ihre Hände strichen über ihre Hüften. Diese Frau hatte etwas an sich, das sie erregte. Ein verheißungsvoller Geruch ging von ihr aus, etwas puderig, ein wenig nach kaltem Rauch und nach Resten von *Blue Moon*, dem neuen Duft aus dem Hause Henry Tetlow. Vor allem aber nach diesem gewissen Etwas: nach Weiblichkeit, nach Verbotenem und nach einem vertrauten Heimatgefühl, wie sie es nur bei einer Frau finden konnte.

Später, nach weiteren Hanky Pankys und diversen Cognacs, zogen sie sich in eines der Separees zurück, die man diskret hinter den Sälen, dem Blauen und dem Gelben, eingerichtet hatte. Hier trafen sich verliebte Paare, um ungestörte Zweisamkeit zu genießen. Charlotte erzählte, sie sei schon immer von der Welt der Bühne fasziniert gewesen, egal ob Theater oder Tanz. Zuletzt hatte sie einige Zeichnungen angefertigt, etwa vom Star des Deutschen Theaters, Max Pallenberg, und von seiner Frau, der Operettensängerin Fritzi Massary. Sie entdeckten noch einiges mehr an Gemeinsamkeiten, wie die Liebe zu Tschaikowski und der expressionistischen Zeitschrift

Der Sturm, dann eine Abneigung gegen Kritiken von Fred Hildenbrandt, die Farbe Mauve und den Geschmack von frischem Knoblauch.

Als sie das Casanova verließen, war die Straße nass vom Regen, eine feuchte Schwüle lag in der Luft. Kraftdroschkenfahrer standen bereit und boten ihre Dienste an. Charlotte lief bereits auf einen von ihnen zu, aber Anita winkte ab.

«Lass uns zu den warmen Schwestern gehen – das Verona ist gleich um die Ecke.»

Charlotte zögerte. «Da bin ich noch nie gewesen.»

«Wir können auch weiterziehen, in die Hohenzollern-Diele, da sind die Freundinnen etwas älter.» Anita grinste, nahm ihren Hut ab und setzte ihn Charlotte aufs Haupt. «Gamines und warme Huren gibt's da außerdem», ergänzte sie.

«Nein, nein», unterbrach Charlotte eilig. «Dann lieber das Verona.»

Sie liefen die Straße hinunter. Im nassen Asphalt spiegelte sich das gelbe Licht der Bogenlampen, in der Ferne hörte man eine letzte Stadtbahn zwischen den Häusern dahinrattern. Als sie in die Kleiststraße bogen, begann es erneut zu regnen, sie rannten die letzten Meter bis zum Haus Nummer sechs.

Das Verona war ein mondänes Nachtlokal, das mit seinem Reklamespruch «Liebesnest für alle Freundinnen» unumwunden deutlich machte, wo man hier gelandet war. Charlotte guckte etwas beklommen zwischen den spärlich besetzten Tischen hin und her, an denen tatsächlich ausnahmslos Frauen saßen. Auch wenn manche von ihnen auf den ersten Blick wie Männer aussahen. Dodo, eine der kräftigen, maskulin wirkenden Bubi-Lesben mit elfenbeinweiß gepudertem Gesicht, begrüßte Anita wie eine alte Bekannte. Sie paffte an ihrer Zigarre und erklärte mit tiefer Stimme, es sei heute ruhig. Schließlich habe die Sittenpolizei vor einer guten Stunde einmal durchgefegt, das habe die Laune etwas verdorben. «Aber der harte Kern hält aus!» Dodo lachte donnernd, und man sah ihre ungewöhnlich großen, weißen Zähne. Dann wandte sie sich wieder ihrer Freundin zu, die in einem champagnerfarbenen Flapper-Kleid neben ihr stand, der Rücken bis unter die Taille ausgeschnitten, und legte den Arm um sie.

Eine Kellnerin kam, grüßte Anita, musterte Charlotte und fragte: «Zwei Cognac ohne Eis?»

Anita nickte und zündete sich eine Zigarette an.

Charlotte sah sich neugierig um. Ein paar Tische weiter kam es, soweit man verstand, zu einem Eifersuchtsstreit zwischen zwei hübschen jungen Freundinnen, Tränen flossen. An der Bar dahinter erhoben sich jetzt vier Frauen, traten auf das kleine Bühnenpodest in der Mitte der Tanzfläche und setzten sich an die Instrumente. Sie spielten einen Tango, und die schlanke Frau an Dodos Seite bettelte: «Bitte, heute is mir so nach Schwofen», woraufhin Dodo sich ihrer erbarmte, den Zigarrenstummel im Aschenbecher ausdrückte und sie zur Tanzfläche führte.

«Glotz nicht so», zischte Anita Charlotte zu, «das ist hier kein Panoptikum, die sind alle lebendig.»

Mit der Musik füllte sich das Parkett. Manche tanzten ausgelassen, andere bewegten sich zärtlich ineinander versunken, während sich an der Decke mit leisem Brummen eine dieser neuartigen Spiegelkugeln drehte, die das Licht in Hunderten von Punkten gleich tanzenden Sternen an die Wände warf und einen fühlen ließ, als stünde man unter dem Himmelszelt. Auch Anita und Charlotte traten auf die Tanzfläche. Und tanzten, bis sie völlig außer Atem waren.

Später rief Dodo zur Gesellschafts-Tyrolienne auf, und ausnahmslos alle mussten sich aufs Parkett begeben. Sie stellten sich paarweise auf, die Band spielte, und unter großem Gelächter wechselte man nach wenigen Tanzschritten die Partnerin, bis jede einmal mit jeder getanzt hatte. Anschließend gab es eine Likörrunde, man plauderte ausgelassen und tanzte danach umso wilder.

Charlottes Zunge war bereits schwer, als zum Abschluss des Abends das berühmte «Lila Lied» gesungen wurde, aber den Refrain sang auch sie kräftig mit:

Wir sind nun einmal anders als die Andern,
die nur im Gleichschritt der Moral geliebt,
neugierig erst durch tausend Wunder wandern
und für die's nur noch das Banale gibt.
Wir aber wissen nicht, wie das Gefühl ist,
denn wir sind alle andrer Welten Kind:
Wir lieben nur die lila Nacht, die schwül ist,
weil wir ja anders als die Andern sind!

Als sie aufbrachen, flüsterte Charlotte, sie würde Anita ja gerne zu sich einladen, aber das sei ungünstig, wegen des Hausmädchens. Zwar könnten sie ins obere Stockwerk, ins Atelier gehen, aber selbst das …

«Wir fahren zu mir», bestimmte Anita und winkte bereits einem Taxifahrer zu.

«Und dein Gatte?», fragte Charlotte erstaunt.

«Eberhard?», Anita zog die Augenbrauen hoch und zuckte mit den Schultern. «Das lass mal meine Sorge sein.»

Viel später, als es draußen bereits zu dämmern begann, lagen sie noch immer eng umschlungen im Bett. Beide fühlten sich mit einem Mal wieder hellwach.

Vielleicht ist das so, dachte Anita, vielleicht hält das Leben manchmal den Atem an, damit der kostbare Augenblick nicht vorübergeht. Sie lauschte Charlottes flüsternder Stimme.

So unterschiedlich ihrer beider Leben bisher verlaufen war, gab es doch entscheidende Gemeinsamkeiten. Auch Charlotte litt darunter, dass ihr Vater selbst gewählt aus ihrem Leben entschwunden war, wenn auch auf völlig andere Art und Weise. Ihre ganze Kindheit und Jugend hatte sie ihn als zwar viel beschäftigten, aber einfühlsamen und fürsorglichen Vater erlebt, der sich, wann immer es seine Zeit zuließ, um seine beiden Töchter gekümmert hatte. Er war ein erfolgreicher Fabrikant, liebte den Luxus, hatte mit Kunst wenig am Hut und war von Charlottes inständigem Wunsch, Malerin zu werden, anfänglich gar nicht begeistert. Gleichwohl hatte er ihr Talent erkannt und ihr schließlich eine Ausbildung an der Königlichen Kunstschule zu Berlin finanziert.

Eineinhalb Jahre später musste sie ihr Studium abbrechen. Ihr Vater hatte sich an der Börse verspekuliert und das gesamte Vermögen verloren. An einem Februartag des Jahres 1900 setzte er sich in seinem Arbeitszimmer eine Pistole an die Schläfe und drückte ab. Die beiden Töchter, vom Schuss aufgeschreckt, fanden den Vater, blutüberströmt. Er starb in Charlottes Armen.

«Seltsam», flüsterte Charlotte mit tränenerstickter Stimme, «warum erzähle ich dir das? Ich habe schon seit Jahren nicht mehr von ihm gesprochen.»

Anita strich ihr behutsam über die Wange. Dann vergrub sie ihre Nase an Charlottes Hals, sog ihren betörenden Duft in sich hinein. Sie hielten sich fest umklammert, und für einen Moment war Anita wieder, als gäbe es doch diese Möglichkeit: dass zwei gebrannte Kinder einander heilen könnten.

Anfänglich hatte sie gedacht, mit Eberhard wäre das möglich. Aber inzwischen hatten die Lebensumstände sie eines Besseren belehrt – sie lebten nebeneinanderher, und manchmal hatte Anita das Gefühl, kein Mensch sei ihr fremder als ihr eigener Ehemann.

Vielleicht hätte sie nicht an Eberhard denken dürfen, in diesem Moment. Denn Charlotte sagte jetzt: «Ende des Monats fahre ich nach Bayern, zu Corinth. Mit den Kindern.»

Komisch, dachte Anita, dass sie ihren Ehemann beim Nachnamen nennt.

«Ich muss mal wieder nach ihm sehen. Und nach der Baustelle. Der Walchensee liegt oben in den Bergen, nicht ganz einfach, da zu bauen.» Charlottes Hand löste sich jetzt und tastete nach der Manolischachtel auf dem Nachtkästchen. Dann richtete sie sich auf und zündete sich eine Zigarette an.

«Noch nicht einmal zu meinem Geburtstag vergangene Woche haben wir uns gesehen.»

Anita wollte jetzt nicht von Ehemännern und Familie reden, sie wollte an dem Moment festhalten, an der Zweisamkeit, sie beide, inniglich verbunden.

«In einer guten Woche habe ich auch Geburtstag», antwortete sie nach einer Weile lustlos.

«Dann bist du also Zwilling?» Charlotte drehte sich zu ihr und sah sie an.

Anita zuckte mit den Schultern und nickte.

«Jetzt ist mir einiges klar», meinte Charlotte und blies den blauen Rauch an die Zimmerdecke. «Warum wir beide ähnlich empfinden», sie sah Anita an, «und warum ich mich so zu dir hingezogen fühle. Ein Zwilling also, genau wie ich.» Charlotte lächelte. Dann sah sie wieder verträumt an die Decke.

«Wer unter dem Zwillingsgestirn geboren ist, dessen Leben wird durch das Faust'sche Problem bestimmt. *Zwei Seelen wohnen, ach, in meiner Brust*. Und mit diesen zwei Seelen umzugehen, das ist ja häufig nicht gerade einfach.»

Anita hielt nicht viel von Sternzeichen und sonstigem Spiritismus. Und Goethe hing ihr zum Hals heraus, seit sie nach ihrer Konfirmation ein Jahr das strenge Töchterbildungsinstitut in Weimar hatte besuchen müssen. Da war man mit Goethe gequält worden, bis einem schlecht wurde. Und schon damals, als sie erstmals den *Faust* gelesen hatte, hatte sie gedacht, der solle mal nicht so ein Gewese um sich machen, der gute Doktor, zwei Seelen in der Brust, was war das schon? Sie hatte mitunter mit vier oder fünf Seelen in sich zu kämpfen, die drohten, sich zu zerfetzen, die sich verzweifelte Gefechte lieferten, bis man das Gefühl hatte, man würde innerlich verbrennen. Aber das behielt sie jetzt alles für sich. Es war schön, sich verbunden zu fühlen. Und so starrte sie einfach Charlottes Rauch hinterher und schwieg.

«Weißt du», flüsterte Charlotte, «wir sind beide vom Element Luft bestimmt. Und wenn du tanzt, dann sieht man das. Dann ist es, als würdest du fliegen.»

Als Anita erwachte, fand sie das Bett neben sich leer, und für einen Moment war ihr, als habe sie nur geträumt.

Aber dann nahm sie die Gestalt wahr, die dort hinten am Fenster saß, in sich versunken. Nach einer kurzen Weile sah Charlotte auf.

«Guten Morgen. Ich zeichne», sagte sie. «Dich.»

★

Die kommenden Tage tanzte und spielte Anita im Phantastischen Theater, einer kleinen Kellerbühne im Berliner Westen, unweit des Luna-Park. Franz Wolfgang Koebner, der Chefredakteur der *Eleganten Welt*, hatte hier gemeinsam mit zwei Freunden eine experimentelle Bühne gegründet, mit etwa hundert Sitzplätzen. Man wolle Stücke von eigenwilliger, mo derner Prägnanz durch junge Kräfte zur Darstellung bringen, hatte Koebner ihr etwas steif erklärt. Dafür hatte er Arthur Schnitzlers *Reigen* auserkoren. Allerdings habe man keine Aufführungsrechte, hatte Koebner ergänzt, schließlich würde Max Reinhardt derzeit die Uraufführung planen. *Liebesreigen* nannten sie das Ganze daher und hatten ein paar Änderungen vorgenommen. Im Grunde aber spielten sie Schnitzler, und Anita gab sämtliche fünf Frauenrollen.

Als Dirne bezirzte sie den Soldaten, in der nächsten Szene ließ sie sich als Stubenmädchen von ihm verführen. Sie spielte die junge Frau, tanzte das süße Mädel und fand besondere Freude darin, in der Rolle der Schauspielerin auf bizarre Weise den Dichter zu betören. Das Publikum geriet geradezu außer sich, wenn sie diese Primadonna gab, voll launischer und versponnener Allüren. Wenn sie den selbstgefälligen Dichter quälte, indem sie ihn erst heiß umgarnte, bis er ihre Zuneigung mit poetischen Worten erwiderte. Woraufhin sie nüchtern feststellte: «Du redest wie ein Idiot.» Sie gab ihm alberne Kosenamen, nannte ihn «schwer gehirnleidend» und neckte ihn mit seiner Eitelkeit, bis er eingeschnappt war. Um sodann zu beteuern, er sei ein Genie und sie ihm doch eigentlich verfallen. Sie spielte mit seinen Gefühlen, bis er ihrem Charme vollends erlegen war. Als sie dann, nach einem angedeuteten Liebesspiel, darnieder sank, flüsterte sie: «Das ist doch schöner, als in blödsinnigen Stücken spielen.»

Nach jeder Aufführung kam Charlotte zu ihr in die Garderobe. Sie hatte ihren Skizzenblock dabei und zeichnete während der Vorstellung. Manchmal fuhr sie noch damit fort, während Anita sich umkleidete. Dann bat Charlotte sie, innezuhalten, wenn sie nackt, nur mit einem Seidenstrumpf bekleidet, vor ihr stand. «Sei noch einmal die Schauspielerin», sagte sie zu Anita, «und ich bin der Dichter.»

Eine erotische Spannung lag in der Luft. Charlotte zeichnete, während Anita posierte, und allmählich schien sich die Dynamik zu drehen. Dann hatte nicht mehr die Schauspielerin die Oberhand, sondern sie erlag dem Dichter, und Anita fühlte sich Charlotte willenlos ausgeliefert. Manchmal bestimmte Charlotte dann: «Lass uns zu dir fahren», und sie fielen dort übereinander her, wie zwei ausgehungerte, nach Liebe gierende Tiere.

An anderen Abenden gingen sie nach der Vorstellung noch aus und schlugen sich die halbe Nacht in diversen Tanzcafés um die Ohren. Oder sie vergnügten sich im Luna-Park. Fuhren dort mit der Gebirgsbahn durch eine künstlich gestaltete Urwaldwelt, kreischten mit den anderen Besuchern auf der riesigen Wasserrutsche um die Wette oder fuhren mit den kleinen, neuartigen Gefährten auf dem sogenannten «Eisernen See»: einer großen, mit blanken Metallplatten ausgelegten Fläche, auf der man mit kleinen elektrischen Droschken umherfuhr, die mit dicken gummierten Stoßstangen bewehrt waren, sodass man sich zum Spaß gegenseitig rammen konnte.

Wenn sie dann erschöpft in Anitas Wohnung ankamen, zeichnete Charlotte häufig noch. Und auch bereits am Morgen, wenn Anita erwachte. Nach einigen Tagen meinte Charlotte, sie sei nun mit den Vorzeichnungen fertig. Und werde diese jetzt für den Druck auf Solnhofener Platten, auf Lithografiestein, übertragen.

An den darauffolgenden Abenden erschien Charlotte nicht mehr zu ihren Vorstellungen. Erst dachte Anita, sie sei vermutlich mit dem Druck der Lithografien beschäftigt und werde dann schon wiederauftauchen. Aber als Anita sie zufällig im Romanischen Café traf und sie zur Rede stellte, begegnete sie einer distanzierten, ja kühlen Charlotte.

Die Großmutter sei abgereist, erklärte die Freundin knapp.

Nun müsse sie wieder dem Kindermädchen beistehen und sich um ihre Sprösslinge kümmern. Sie müsse auch nach Bayern, zur Baustelle, zu Corinth.

Mit einem Mal trat Charlottes andere Seite in den Vordergrund, dachte Anita, wie ein zweites Gesicht. Als Anita sie einige Tage später unangekündigt besuchte, wurde sie regelrecht abweisend empfangen. Charlottes Tochter stand neben ihr, sie war ihrer Mutter wie aus dem Gesicht geschnitten. Die Begrüßung war knapp. Charlotte sah Anita fragend, ja streng an.

Vermutlich war es der Freundin unangenehm, vor dem Kind Zuneigung zu zeigen. Das konnte Anita verstehen, hatte sie nicht anders erwartet. Aber musste Charlotte sie deshalb behandeln, als habe sie überhaupt nichts für sie übrig? Als sei sie ein nicht nur unerwarteter, sondern geradezu unangenehmer Besuch?

Auch rein äußerlich lebte Charlotte nun offensichtlich ihre andere Seite. Sie trug ein bayerisches Dirndl, was albern wirkte, sie sah darin kostümiert aus. Das Haar hatte sie zu Zöpfen geflochten, diese nach oben gesteckt. Ihre Tochter war ebenfalls in ein Dirndl gekleidet und guckte Anita neugierig an. Eine unangenehme Pause entstand.

«Möchtest du denn noch zeichnen?», fragte Anita schließlich etwas hilflos.

«Zeichnen?», echote Charlotte mit einem Ton, als sei sie keine Künstlerin, als frage Anita etwas gänzlich Abwegiges. «Nein», fuhr sie entrüstet fort. «Ich muss mich jetzt um Corinth kümmern. Und um die Familie.»

★

Ihren Ehemann hatte Anita in all den Tagen kaum gesehen. Meist verbarrikadierte Eberhard sich in seinem Arbeitszimmer. Wenn sie sich doch einmal begegneten, wich er ihrem Blick aus. Manchmal ließ er ihr durch Fräulein Agathe kleine Nachrichten überbringen. Etwa, er werde demnächst eventuell ein paar Tage verreisen. Worauf sie nicht reagierte. Und was Eberhard dann offensichtlich doch nicht tat. Oder, sie möge in der Nacht bitte Rücksicht nehmen und nicht so laut sein. Auch darauf reagierte sie nicht. Sie fand das albern. Wenn er etwas von ihr wollte, dann sollte er es zumindest selber sagen.

Eines Tages, als sie sich im Wohnzimmer begegneten und sie ihm einen ironisch lauten «Guten Morgen» wünschte, obwohl es bereits früher Nachmittag war, eskalierte die Situation.

Sie sei eine Invertierte, schrie Eberhard, eine Bienenkönigin!

Sie sah ihn stumm und reglos an.

Sie brauche jetzt gar nicht so zu tun, ereiferte er sich. Vom anderen Ufer sei sie, eine Verzauberte, eine richtige Frauenfrau!

«Daraus habe ich nie ein Geheimnis gemacht», entgegnete sie kühl.

Eberhard schnappte nach Luft.

«Ich dachte, das sei ein Witz gewesen!», schnaubte er. «Aber, dass du hier, vor meinen Augen», er stockte kurz, «das ist derartig …»

«Ehrlich», vollendete sie nüchtern seinen Satz. «Oder ist es dir lieber, wenn ich es hinter deinem Rücken tue? Ich dachte, vor deinen Augen, das ist offen und ehrlich. Und, wer weiß, vielleicht bekommst du ja Lust, mitzumachen?»

Eberhards Augen funkelten vor Wut.

«Natürlich nur, wenn du artig bist», setzte sie nach und lächelte ihn an.

«Ich hätte eben doch auf meinen Vater hören sollen», zischte er.

«Das hättest du vielleicht besser, ja. Mit der Ehe kennt dein Vater sich ja wirklich aus. Heiratet er dieser Tage nicht das vierte Mal?»

«Geh mir aus den Augen!», schrie Eberhard. «Sonst vergesse ich mich!» Er hob die rechte Hand, als wolle er nach ihr schlagen.

Auf eine eigenartige Weise spornte sie das geradezu an. Seit Ewigkeiten hatte sie Eberhard nicht mehr emotional erlebt.

«Ich bleibe», erwiderte sie und grinste, «denn das möchte ich zu gerne erleben.»

Eberhard starrte sie sprachlos an, seine Hand begann zu zittern, sein Mund zuckte eigenartig. Tränen der Wut und der Verzweiflung schossen ihm in die Augen. Plötzlich schrie er jaulend auf, wie ein angeschossenes Tier, und rannte aus dem Zimmer.

«Was ist denn jetzt?», rief sie und lief ihm hinterher. «War das etwa schon alles?»

Wochen später, Anita hatte nochmals einen Tanzabend im Blüthner-Saal gegeben, erschien Charlotte überraschend in ihrer Garderobe. Unter dem Arm trug sie eine große Mappe. Sie wolle ihr vor dem Druck noch etwas zeigen, meinte sie.

Es waren acht Lithografien, auf denen Anita zu sehen war. Meist barbusig, häufig nahezu komplett entblößt, nur mit einem Hut oder Seidenstrumpf bekleidet. Auf einem Bild rekelte sie sich nackt und breitbeinig auf einem Diwan, auf einem weiteren hielt sie die rechte Hand zwischen die gespreizten Beine und blickte dem Betrachter lasziv entgegen. Jedes Blatt war von großer zeichnerischer Qualität und wirkte trotz der provokanten Darstellung würdevoll. Gleichzeitig machte der Anblick der Bilder Anita traurig. Auf eine gewisse Weise hatte Charlotte ihre gemeinsame Zeit festgehalten.

Zugleich fehlte etwas. Ihre Haltung und Gestik, auch ihre Figur fand sie überaus getroffen. Ihr Gesicht hingegen war kaum zu erkennen, schien bei genauerer Betrachtung wie austauschbar, irgendeine Frau sah sie da vor sich.

Anita nickte nur, griff nach dem Cognacglas, das neben dem Schminkspiegel stand, und nahm einen ordentlichen Schluck. Charlotte hatte auf einem Stuhl Platz genommen und erzählte von ihrer Zeit in Bayern. Herrlich sei es dort, am Walchensee. Das Haus ein Traum, der Anblick des Sees bot tagtäglich ein anderes Bild, von lieblich bis rau, aber stets wie ein Gemälde. Anita sah Charlotte über den Schminkspiegel an und nickte wieder. Was sollte man da schon sagen.

Ganz malerisch und wundervoll sei er, der Walchensee, wiederholte Charlotte.

Eine kurze Weile schwiegen sie beide.

«Kann ich ihn sehen, den Walchensee? Hast du eine Zeichnung dabei?», fragte Anita schließlich, ihr fiel nichts Besseres ein.

«Nein», antwortete Charlotte und lief wieder rot an, wie an dem Abend, als sie sich das erste Mal im Casanova trafen. «Den See darf ich nicht zeichnen.»

Anita blickte irritiert auf. «Wieso?»

«Corinth hat es verboten», antwortete Charlotte mit roten Wangen.

«Er sagt, ich darf Tiere, Blumen und Porträts malen. Aber nicht den Walchensee. Das darf nur er.»

Anita sah sie lange an, dann nickte sie wieder und trank den restlichen Cognac in einem Zug leer.

★

Als sie erwacht, kann sie sich kaum bewegen. Eine bleierne Schwere liegt in ihrem Körper, ist in ihr ganzes Dasein gekrochen. Im Nachhinein betrachtet, hat sich alles schon lange angekündigt; ist es eine nahezu geradlinige, unaufhaltsame Entwicklung gewesen.

Im Nachhinein betrachtet.

Aber hinterher ist man immer schlauer. Hinterher sieht alles klar und eindeutig aus. Haben die Nebel des Daseins sich einmal verzogen und den Blick freigegeben, liegt der ganze unabänderliche Weg in Klarheit offen da. Aber dann ist es eben zu spät, denkt sie. Ihre Bestimmung ist es gewesen, Leichtigkeit zu verkörpern. Das Leichte zu sein, danach hat sie immer gestrebt. Was keine leichte Aufgabe ist, wo doch die Welt von Tag zu Tag schwerer zu werden scheint.

Ihr ganzes Leben hat sie auf diese Leichtigkeit hin ausgerichtet. Um das Leichte zu sein, bedarf es der Beständigkeit. Seit ihrem siebzehnten Lebensjahr hat sie, bis zu ihrer Erkrankung, ihr Gewicht nahezu exakt gehalten. Hat darauf geachtet, ihren Körper, der nur aus Sehnen und Muskeln zu bestehen schien, in seiner Kraft und Geschmeidigkeit zu erhalten. Ja, selbst das kühle Lächeln in ihrem hell geschminkten, maskengleichen Gesicht sollte stets gleich bleiben. Mit ihrer ganzen Kraft wollte sie das sein und bleiben, was sie für die Welt verkörperte, wofür sie für das Publikum stand.

Vielleicht, fragt sie sich jetzt, ist es das gewesen, was die Welt irgendwann an ihr zu langweilen begonnen hat? Vielleicht hätte man sie auch so geliebt, wie sie in Wahrheit aussieht? Als der Mensch, der sie eigentlich ist? Der Gedanke verwirrt sie. Schließlich kennt sie sich doch selber kaum.

Das rothaarige Klappergestell da vorne habe sich ihm gestern angeboten, flüstert der Volontärarzt seinem jungen Kollegen zu und lacht verhalten. Ein eigenartig glucksendes Lachen, das sie an jemanden erinnert.

Sie habe gar behauptet, ereifert er sich, eine berühmte Schauspielerin zu sein, nach der sich die Männerwelt verzehre! «Nur Haut und Knochen!», meint er kopfschüttelnd.

Sein Kollege zuckt müde mit den Schultern, während er eine Spritze aufzieht und dann prüfend mit dem Zeigefinger gegen den Glaskolben klopft. Manche der Schwindsüchtigen gäben im Fieberwahn die tollsten Fantastereien von sich. Letztens erst habe ihm ein Patient erzählt, er sei ein bedeutender Schriftsteller. Der Mann sei davon überzeugt gewesen, in Davos im Sanatorium zu liegen, und hätte ständig darum gebeten, doch etwas mehr von der guten Gebirgsluft ins Zimmer hereinzulassen.

Träumt sie?, fragt sie sich. Sind das die wahnhaften Stimmen, die die Morphinisten heimsuchen? Unter denen ja auch sie früher häufig gelitten hat, und die nun, nachdem sie erneut das Gift konsumiert, wieder erbarmungslos Einzug halten? Sie sieht durch den schmalen Schlitz ihrer Lider alles verschwommen, unfähig, ihre Augen vollständig zu öffnen.

Häufig meinte sie früher zu bemerken, wie sich sämtliche Blicke auf sie richteten. Meinte zu hören, wie alle über sie spotteten und sich das Maul zerrissen. Nicht nur einmal hatte Henri ihr bei solch einer Gelegenheit widersprochen, hatte behauptet, das stimme nicht. Es sei das Gift, das ihre Sinneswahrnehmungen trübe und ihr falsche Tatsachen vorspiegele. Niemand der Umstehenden würde über sie sprechen.

«Das ist ja noch schlimmer!», hatte sie ihm erbost entgegnet.

Erneut erklingt die Stimme des Volontärarztes. Er habe der Rothaarigen gesagt, hört sie ihn sprechen, dass es nicht gut um sie stünde. Aber das hätte sie nicht weiter interessiert, stattdessen hätte sie sich mit zittrigen Händen die Lippen rot nachgezogen und gemeint, der Tod sei ihr ein alter Bekannter. Er gluckst wieder.

Plötzlich weiß sie, an wen sie dieses Lachen erinnert: an Connie natürlich. Jahrelang ist Conrad Veidt ihr Lieblingskollege gewesen. In kürzester Zeit hatten sie eine ganze Reihe von Filmen miteinander gedreht, meist unter der Regie Richard Oswalds.

In *Die Prostitution* hatte sie ihn verführt, in *Dida Ibsens Geschichte* hatte Connie ihren heimlichen Geliebten gegeben, mit dem sie einer bevorstehenden Zwangshochzeit entfloh. Sie spielten gemeinsam im *Dreimäderlhaus*, in *Peer Gynt* und in dem Episodenfilm *Unheimliche Geschichten*. In *Die Reise um die Erde in 80 Tagen* gingen sie auf Weltreise – wenn auch nur in Berlin und Umgebung. Der Grunewald wurde zum indischen Dschungel. Sie spielte in einem prächtigen, golddurchwirkten Kostüm die Witwe des Rajahs, an ihrer Seite ein echter Elefant. In letzter Sekunde rettete Connie sie vor der bevorstehenden Witwenverbrennung.

Connie war ein ungewöhnlicher Schauspieler. Und ein ungewöhnlicher Mann. Sehr groß, von dünner, schlaksiger Gestalt. Man erkannte ihn stets schon von Weitem, auch an seinem eigenartigen Gang – geschmeidig und graziös wie ein Tänzer. Sein Mund konnte verführerisch lächeln, aber auch derart sadistisch grinsen, dass es einem kalt den Rücken herunterlief. Dazu große, tiefblaue Augen, in denen man sich verlieren konnte.

Am meisten jedoch mochte sie seine Hände. Sie kannte niemanden, der so große Hände hatte, mit unglaublich langen Fingern; riesige Hände, die zugleich außergewöhnlich sensibel waren. Sie liebte es, wenn er mit diesen Händen nach ihr fasste, sie an sich zog, festhielt, umklammerte. Sein Griff war fest und zupackend, aber nie brutal. Nicht wie der anderer Kollegen, bei denen man nach einem langen Drehtag mit blauen Flecken nach Hause zurückkehrte. Und bei denen im Ergebnis, auf der Leinwand, von all dieser unnötig aufgewandten Kraft doch nie etwas zu sehen war.

«Willst du mit mir schlafen?», hatte sie ihn gefragt, am Ende des ersten Drehtags von *Dida Ibsen*, nachdem sie sich den ganzen Tag vor der Kamera schöne Augen gemacht hatten.

«Ich verzehre mich nach dir», hatte er erwidert, «natürlich will ich das, ich platze vor Sehnsucht!» Zugleich hatte er sie mit seinen großen Augen traurig angesehen. «Aber wenn wir miteinander schlafen, würde diese Sehnsucht Erfüllung erfahren. Ich denke nicht, dass das gut wäre. Für unser Spiel.»

Da mochte er vielleicht recht haben. Ihr wäre das egal gewesen, sie lebte für den Moment. Was morgen sein würde, interessierte sie nicht. Aber Conrad war immer brav und strebsam. Ganz anders als die dämonenhaften Figuren, die er nach seinem großen Erfolg mit *Das Cabinet des Dr. Caligari* vorwiegend verkörperte. Am Ende hatte es sich ausgezahlt: Vergangenes Jahr hatte er ihr erzählt, er ginge nach Amerika. Ein Angebot aus Hollywood.

Auf die versprochene Postkarte wartet sie noch immer, fällt ihr ein.

In seinen Ansichten über die Schauspielerei hatte Connie ihr ansonsten aus der Seele gesprochen. Als sie sich kennenlernten, hatte er ihr einmal gesagt: Wenn er eine Rolle annehme, dann lese er das Manuskript wieder und wieder. Er versuche, sein ganzes Wesen damit zu infizieren; ja, genau dieses Wort hatte er verwendet. Sehr bald – und manchmal mit erschreckender Intensität – würde er fühlen, wie die Person, die er darzustellen habe, in ihm wachse. Wie er sich Stück für Stück in sie verwandle.

Sie hatte in seine tiefblauen Augen geblickt und gewusst, was er meinte: Es galt, mit der Figur zu verschmelzen, die Figur tatsächlich zu *sein*. Anstatt sie zu spielen. Häufig war ihr das gelungen, häufig hatte sie am Ende gar nicht mehr gewusst, welcher Teil von ihr Anita war, und welcher Dida Ibsen, beispielsweise. Oder Lola. Oder Nella.

Bald aber kam es ihr immer öfter vor, als würden sie die vielen Rollen, die sie gespielt hatte, heimsuchen. Wie Geister, die sie rief.

Gerade Nella, eine junge Frau, die sie in *Nachtgestalten* spielte. Eine eindrucksvolle Figur, die sie liebte. Zu Beginn des Films stirbt Nellas Mutter, ihr Vater entwickelt daraufhin sexuelle Gelüste für seine Tochter. In ihrer Not flieht sie und schließt sich einem Wanderzirkus an, wo man sie zur Seiltänzerin ausbildet.

Verrückt, denkt sie. Wie oft sie Seiltänzerinnen gespielt hat. Nella fühlt sich zu dem bezaubernden Zirkusclown hingezogen, der natürlich von Connie gespielt wird. Bald jedoch gerät sie in die Fänge eines schrecklichen, mächtigen Menschen, des reichsten Mannes überhaupt, der in der Lage ist, das Gefüge der Welt zu verändern. Und in diesem Film gelingt es auch Connie nicht, sie zu retten. Bevor sie allerdings von dem Tyrannen in den Tod getrieben wird, hat Nella noch einen weiteren Kampf zu bestehen: Sie kämpft mit ihrer Drogensucht und mit ihren dadurch ausgelösten Ängsten. «Wenn ich nur nicht so allein wäre», sagt Nella. «Wie gern möchte ich schlafen. Aber ich fürchte mich vor dem Nichts, vor der Bewusstlosigkeit des Schlafes. Der Schlaf ist dem Tod zu sehr ähnlich.»

Als sie während des Drehs zu diesem Film nach einem langen Arbeitstag tanzen ging – und Eberhard sich mal wieder gesträubt hatte, sie zu begleiten –, lernte sie einen jungen Mann kennen. Äußerlich erinnerte er sie an Connie. Auch er war groß und von schlanker, fast dürrer Gestalt. Und auch er hatte große Hände mit langen, feingliedrigen Fingern, Klavierspielerhände. Ein wenig erinnerte er sie an einen Vampir. Seine vorstehenden, unregelmäßigen Zähne verliehen ihm etwas Diabolisches. Dabei war er äußerst charmant – eine spannende Mischung.

«Bei den Charmeuren muss man besonders aufpassen», hatte die Großmutter sie gewarnt. Vor etlichen Jahren war die Großmutter auf einen Heiratsschwindler hereingefallen, seitdem hielt sie jeden allzu charmanten Mann für einen Betrüger. Aber wie es häufig so ist mit Ratschlägen – man erinnert sich immer erst im Nachhinein daran. Wenn es zu spät ist.

«Sebastian», stellte er sich vor. Sie wollte ihren Namen sagen, aber er kam ihr zuvor: «Nicht nötig, ich kenn dich doch. Ich habe dich im Lichtspielhaus gesehen. In *Dida Ibsens Geschichte*, in *Anders als die Andern* und zuletzt in *Unheimliche Geschichten*.»

Er selbst sei Tänzer, im Nackttanzballett von Celly de Rheidt, und außerdem Dichter. Seine Augen waren kalt, die Pupillen seltsam groß, fiel ihr auf, wie ein Kater auf nächtlicher Jagd.

Er fragte, ob sie Morphium probieren wolle? Wie hätte Nella da Nein sagen können.

Der Geschmack war ungewöhnlich bitter, ansonsten war nicht viel zu bemerken. Erst nach einer Weile nahm sie wahr, wie jegliche Anspannung von ihr wich und eine tiefe Ruhe ihre Glieder durchströmte. Sämtliche Ängste und Sorgen wurden wie durch einen schweren Vorhang beiseitegezogen, und das Leben in all seiner Schönheit tat sich vor ihr auf. Ja, die Welt stand ihr offen.

Sie griff nach Sebastians großer Hand, die ein angenehmes Gefühl von Sicherheit versprach, und führte ihn zur Tanzfläche.

TÄNZE DES LASTERS,
DES GRAUENS
UND DER EKSTASE

W enn sie tanzte, schien ihr alles möglich. Dann schien die Musik Besitz von ihr zu ergreifen, und ihr Körper begann, sich ganz von allein zu bewegen. Dann war sie nur dem Klang hingegeben und dem, was der Klang mit ihr machte. Dann schwanden die Grenzen zwischen ihrem Innenleben und der Außenwelt, sie wurden eins.

Aber hier, in diesem kalten Raum, zur Bewegungslosigkeit verdammt – das lässt sie verzweifeln. Wohin mit all den Gefühlen, wenn man die ganze Welt in sich trägt? Und sie trägt schwer an der Welt. Es schmerzt.

Du musst in den Schmerz hineingehen, spricht eine Stimme.

Es schmerzt. Es schmerzt so sehr, dass sie fliehen will.

In den Schmerz hineingehen, spricht die Stimme.

Aber dann würde alles in ihr zusammenbrechen, dann zerfiele sie zu einem riesigen Scherbenhaufen.

Dann würde da nur noch ein kleines, schmales Mädchen stehen, nackt.

Dann würde das Mädchen die Kälte der Welt wieder spüren müssen.

Dann würde die Einsamkeit in das Mädchen kriechen. Die Einsamkeit würde es zerkriechen, zernagen, aushöhlen wie ein Wurm den Apfel, bis er fault.

Der Schmerz schwillt an.

Tief in den Schmerz hineingehen, hört sie die Stimme drängen.

Sie sucht sich zu wehren, wenngleich sie ahnt, dass es zwecklos ist.

Die Einsamkeit, schwarz und kalt, tut sich vor ihr auf.

Das Wissen, zur Einsamkeit verdammt zu sein. Immer allein zu bleiben, selbst in der Zweisamkeit. Sie konnte sich beschlafen lassen, Männern Glück verschaffen. Sie drangen in sie ein, stießen in sie, stießen durch sie hindurch; denn am Ende ging es ihnen doch nur um ein Bild von sich selbst und ihrer heroischen Männlichkeit. Oft war sie dabei gar nicht mehr ganz anwesend gewesen, sondern entstieg ihrem Körper, hing irgendwo oben, unterhalb der Zimmerdecke, und betrachtete das eigenartige Treiben, das sich in dem Bett dort unter ihr abspielte, mit kühler Distanz.

Auch jetzt würde sie am liebsten ihre Hülle verlassen, aus ihrem Körper emporsteigen und das Elend, zu dem sie inzwischen verkommen ist, aus sicherer Entfernung betrachten.

Der Schmerz in ihr schwillt unablässig an, er schlägt um sich wie ein ungezogenes, wütendes Kind. Sie muss an Schwester Margret denken, die ihr kürzlich erklärt hat: Wenn Gott den Menschen verlasse, dann halte die Krankheit Einzug. Aber gottverlassen fühlt sie sich bereits seit Langem, da hat sich die Krankheit reichlich Zeit gelassen.

Als sie heute Mittag in den Spiegel sieht, erschrickt sie. Jeglicher Glanz ist in ihren Augen erloschen, stumpf liegen sie tief in ihren Höhlen. Ihr Gesicht kalkweiß, und das ganz ohne Schminke. Sie sieht abgemagert und eingefallen aus. Und ihr Kopf verwandelt sich zusehends in einen Totenschädel. Ihre Lippen zwei triste, schmale Striche darauf, die gewiss niemand mehr küssen will. Kann man denn auch an den Lippen abnehmen?, fragt sie sich.

Manchmal wünscht sie sich den Tod. Gestern erst hat sie darüber nachgedacht, ob es ihr nicht gelingen könnte, zwei Fläschchen Morphium aus dem Medikamentenschrank zu klauen. Eine Spritze hat sie bereits letztens mitgehen lassen. Dann könnte sie sich hinüberspritzen, auf die andere Seite.

Im nächsten Moment überwiegt wieder die Angst vor dem Sterben. Und damit einhergehend, keimt frischer, unbedingter Lebenswille auf. Sie denkt an Heilung, an ein völlig neues Leben, ohne Alkohol, ohne Rauschmittel. Ein Leben, ganz und gar der Kunst verschrieben. Dann drängt sich wieder der Zweifel in den Vordergrund. Höhnisch erkundigt er sich, ob sie das denn könne – tanzen, ohne Drogen? Selbst wenn sie das bejahen könnte, stellt sich gleich die nächste Frage: Ob es denn überhaupt noch Menschen gibt, die sie tanzen sehen wollen? Dann überlegt sie fieberhaft, ob sie nicht etwas anderes könnte. Spielen kann sie. Aber nach der Schauspielerin Anita Berber verlangt schon lange niemand mehr. Jahre her, dass sie ihr letztes Rollenangebot bekam. Eine Alternative fällt ihr nicht ein. Sie ist ja sonst zu nichts zu gebrauchen. Unweigerlich denkt sie erneut an den Freitod, und alles kommt ihr wieder so bekannt vor. Das hat sie doch alles schon durchgespielt, vor Jahren.

Der Schädel der Pharaonentochter hieß der Film, der letzte, bevor sie nach Wien ging. Von Beginn an hatte sie sich vor dieser Szene gefürchtet. Selbstverständlich ließ sie sich das nicht anmerken. So was lässt man schön drinnen, im Inneren. Man würde ja sonst kostbare echte Emotionen vergeuden. Nein, man hält brav den Mund und lässt es sich ansammeln, in den Eingeweiden: all die Unsicherheit und Angst – das Gift, das sich in einem zusammenbraut. Dann findet man später, wenn es so weit ist, wenn die Szene es verlangt, umso leichter den Absprung, hinein in den Charakter. Dann muss man nicht spielen, dann darf man einfach sein. Dann greift die Hand von ganz alleine zum Revolver.

Sie wog den Revolver in der Hand, hob schließlich den Kopf und sah dicht am Objektiv vorbei, in die unbestimmte Ferne. Der Elektromotor der Kamera surrte. Eugen Hamm, ein schon etwas betagter Operateur, stand in seinem grauen Arbeitskittel stolz dahinter. Ein ganz neues Modell aus dem Hause Kurt Schimpf sei das, hatte er ihr eben noch erklärt. Da müsse er nicht mehr kurbeln, nein, der Antrieb dieser Kamera funktioniere elektrisch! Das sei so ungewohnt, dass seine rechte Hand manchmal noch ins Leere greife; er hatte gelacht.

«Beeindruckend, ja, großartig», hatte sie geantwortet, «aber ich muss mich jetzt trotzdem konzentrieren.»

Dass sie einen alle immer im falschen Moment vollquatschen mussten. Dass sie kein Gespür hatten für die Ängste und Nöte einer Schauspielerin. Der Motor der Kamera surrte also, sie schlug die Augen nieder und betrachtete erneut den Revolver. Der Anflug eines Lächelns trat auf ihre Lippen. Mit einem fast lautlosen Klicken spannte sie den Hahn und richtete die Waffe vorsichtig gegen ihre Brust. Ihre Augen wanderten erneut in die Ferne, und doch wirkte sie nun gänzlich nach innen gekehrt. Das lag an dem klein wenig Gift, an der wohldosierten Portion an gesammelten Emotionen, die sie in sich aufsteigen ließ, gerade so viel, dass ihre Augen feucht wurden. Sie atmete lang und hörbar aus, dann drückte sie ab.

Nichts geschah.

«Abbruch!», schrie Otz Tollen, der Regisseur, und stampfte verärgert mit dem Fuß auf. «Wo bleibt der Effekt, verdammt noch mal?»

Anita setzte den Revolver ab, schob in aller Ruhe die Entriegelung nach vorne, drückte die Trommel aus dem Rahmen und besah sich das Innere. Otz Tollen schimpfte weiter. Umgeben von Dilettanten sei er, hörte sie ihn fluchen. Der Inspizient, der gleich rechter Hand auf einem Stuhl im Portal saß und für den Revolver verantwortlich war, wollte ihr zu Hilfe eilen, doch sie hob die Hand.

«Kein Problem», rief sie, warf einen letzten Blick auf die Trommel und schloss den Revolver wieder, «wir können weitermachen.»

«Konzentration also, Herrschaften!», rief Tollen. «Achtung! Aufnahme!»

Wie zuvor nahm sie den Revolver in die Hand, setzte ihren Blick, spannte den Hahn der Waffe. Dann jedoch drehte sie sich mit einem Mal nach rechts, streckte den Arm aus und drückte ab. Es gab einen lauten Knall, der Inspizient schrie auf und fasste sich ans linke Bein. Unterhalb seines Knies, neben der Bügelfalte, sah man ein kleines, rundes Loch, das sich rasch dunkel färbte. Blut tropfte aus seinem Hosenbein.

Allgemeiner Tumult, Leute schrien durcheinander.

Das Gesicht des Inspizienten war totenblass. Vermutlich wäre er umgekippt, wäre Eugen Hamm nicht hinter seiner Kamera hervorgestürzt und hätte ihn gehalten. Ein Beleuchter fragte, wo der Erste-Hilfe-Koffer sei, nach einem Arzt wurde telefoniert. Anita zündete sich unterdessen eine Zigarette an, trotz Rauchverbots.

Otz Tollen trat auf sie zu, nervös fuhr er sich über das Gesicht und wischte sich die Schweißperlen von der Stirn. Er war Offizier gewesen, ein Mann, der sich durch nichts so leicht aus der Ruhe bringen ließ.

«Oh Gott, oh Gott», stammelte er, und seine Stimme zitterte, «ich bin nur froh, dass dir nichts passiert ist.»

«Keine Sorge», entgegnete sie gelassen, «ich hab ja gezielt.»

«Was hast du?»

«Ich hatte ja gesehen, dass die Waffe scharf geladen war.»

«Wie?»

Otz Tollen sah ausgesprochen gut aus. Aber er war, wie viele schöne Männer, schwer von Begriff.

«Schließlich war es der Inspizient, der mir den Revolver gegeben hat.» Sie zog an ihrer Zigarette. «Wenn das olle Ding zuvor nicht geklemmt hätte, hätte ich jetzt ein Loch in der Brust.»

Er starrte sie entgeistert an.

«Aber warum hast du denn nichts gesagt?», rief er entrüstet. «Ich kann das gar nicht glauben – du hast mit Absicht auf ihn geschossen?»

Sie zuckte mit den Schultern. «Und wennschon, mein Lieber», sie blies Tollen den Rauch ihrer Zigarette ins Gesicht, «eigentlich wäre es jetzt an mir, sich zu echauffieren. Ein Schuss in den Unterschenkel ist ja nun im Vergleich keine große Sache. Wie dem auch sei, so schnell wird ihm das nicht wieder passieren.»

Der Inspizient wimmerte im Hintergrund, während es Tollen offenbar die Sprache verschlagen hatte.

Dass er das nicht verstand! Dass sie alle es nicht kapierten! Da sieht man dem Tod ins Auge, man steht schreckliche Ängste aus – gibt es etwas Furchteinflößenderes als die eigene Vergänglichkeit? Schließlich lebt sie doch ihre Rolle! Man überwindet sich also, man gibt sich, sein ganzes inneres Leben, sein Leben überhaupt vertrauensvoll in die Hand eines Inspizienten, dessen Aufgabe es ist, die richtige Patrone in die Trommel eines Revolvers zu legen. Und dann geht dieser Stümper derart leichtfertig vor. Keinerlei Achtung vor ihrem Engagement, und vor allem: keinerlei Achtung vor ihrem Leben. Beinahe hätte sie sich erschossen! In diesem Fall gab es für ihr Empfinden jedenfalls nur einen, der Schuld auf sich geladen hatte. Das war der Jammerlappen mit dem kleinen Loch im Unterschenkel.

Tags darauf hieß es, der Inspizient wolle Anzeige gegen sie erstatten. Da war es ihr zu bunt geworden, und sie hatte ihn an seinem Krankenbett aufgesucht. Wie er sich das nun vorstelle, hatte sie ihn gefragt. Ob sie ihn dann gleichfalls anzeigen solle, wegen seiner Fahrlässigkeit. Lachhaft! Wenn er ein Fünkchen Ehre habe, dann solle er verdammt noch mal zu seinem Fehler stehen.

Zum Glück spielte sie nur ein paar wenige Szenen in diesem Film, dessen mittelmäßiges Drehbuch Tollen selbst verbrochen hatte: ein Episodenfilm, dessen Geschichte sich von der Zeit des alten Ägyptens bis in die Gegenwart erstreckte. Die Pharaonentochter Amnertis hat einen Geliebten, der brutal ermordet wird. Bevor Amnertis selbst stirbt, spricht sie einen Fluch aus, der über Jahrhunderte hinweg fatale Kraft behalten wird: Jeder, der künftig in den Besitz ihres Totenschädels kommt, muss eines gewaltsamen Todes sterben.

Auch die von Anita verkörperte Figur hatte dem Fluch nicht entgehen können, und so drehten sie ein paar Tage später doch noch erfolgreich die Szene, in der sie sich erschoss. Und nachdem Otz Tollen mehrfach auf den Inspizienten eingeredet hatte, überlegte er es sich noch einmal und verzichtete auf eine Anzeige. Stattdessen sah er Anita für den Rest der Dreharbeiten vorwurfsvoll an, wenn er wie ein Kriegsveteran an ihr vorbeihumpelte. Überall erzählte er herum, Frau Berber habe auf ihn geschossen. Wer die Patrone in die Trommel des Revolvers geschoben hatte, das behielt er für sich.

⋆

So voll sei Bethanien noch nie gewesen, schimpft Schwester Margret, das ganze Haus überbelegt, dreihundertsechzig Patienten! In der Frauenabteilung stünden neuerdings schon die Betten auf dem Flur. Nein, so was habe man noch nicht gehabt. Aber demnächst – Schwester Margret senkt ihre Stimme, wenn auch nicht genug – demnächst würden schon wieder ein paar Plätze frei werden.

Ob Schwester Margret dabei an sie denkt? Vermutlich. Allzu lang wird sie nicht mehr hier verweilen. Dann wird Schwester Dorothee ihren ausgemergelten Körper in eine der langen Holzkisten packen, kaum dass er erkaltet ist. Sie wird die Kiste im Keller abstellen, bis der Bestatter kommt. Der Bestatter sieht selbst aus wie der Tod, ein dürres, gebeugtes Männlein mit bleichem, runzligem Gesicht. Die beiden Gäule, die vor sein Fuhrwerk gespannt sind, strotzen hingegen nur so vor Lebenskraft: braune Kaltblüter mit glänzendem Fell, aus deren dunklen Nüstern es letztens dampfte, als sie die hübsche Frieda abholten, die vergangene Woche nach einem Blutsturz gestorben ist, mit fünfundzwanzig Jahren.

Auch Sebastian ist diesen Weg gegangen, denkt sie plötzlich. Ein gutes Jahr ist es her, da erreichte sie die Nachricht, dass er in Hamburg gestorben sei. An Schwindsucht.

Wenige Wochen zuvor war sie in der *Revue des Monats* auf eine Kurzgeschichte von ihm gestoßen. Darin erzählte er, wie er einen Heiratsantrag von einer hübschen und sehr reichen Amerikanerin erhält, verbunden mit diversen Auflagen. Er zögert und erbittet sich Bedenkzeit. Und tanzt die halbe Nacht mit der schönen Frau. Um drei Uhr morgens versucht er, die von ihr festgesetzten fünfzig Dollar Taschengeld pro Woche neu zu verhandeln. Die Dame entpuppt sich als knallharte Geschäftsfrau. Während er noch mit ihr debattiert, meint sie nüchtern, dass er da etwas am Mund habe, und reicht ihm ihr seidenes Taschentuch. Er tupft seine Lippen ab, das Seidentuch verfärbt sich rot. «Schade, Sebastian», meint die Frau und lässt ihn stehen.

Lange schon hatte sie nichts mehr von ihm gehört. Und auch nichts gelesen. Dabei hatte er immer mit sich gerungen, sich gefragt, ob nicht das Schreiben seine eigentliche Berufung sei? Ob er sich nicht ganz und gar der Literatur hingeben solle? Häufig war Sebastian mit sich unzufrieden gewesen. Wobei das ja zum Künstlersein dazugehört, scheint es ihr. Ihre Kollegin Henny Porten hat einmal gemeint, ein Künstler dürfe nie mit sich zufrieden sein. Denn in dem Augenblick, wo er zufrieden sei, sei er mit Sicherheit schlecht. Da ist viel Wahres dran.

Mit einem Mal ist ihr Sebastian wieder nahe. Trotz all dem, was geschehen ist. Dass die Wege zweier Menschen sich selbst nach dem Tod noch kreuzen können! Fest steht: Nie hat sie sich einem Mann so verbunden gefühlt wie ihm. Eine Seelenverwandtschaft ist das gewesen, nahezu erschreckend. Vielleicht sind sie sich zu nah gewesen?

*

Im Sommer 1922 war Sebastian zu ihr nach Wien gekommen. Zuvor hatte sie Susi zum Teufel geschickt. Und anschließend auch den Leo. Wobei der Leo eigentlich Leonie hieß und eine Frau war. Genau genommen eine Baronin, was ja in Wien neuerdings keine Rolle mehr spielen sollte, es aber trotzdem immer noch tat. Dem Leo weinte sie nicht nach. Der Susi mitunter schon. Schließlich war sie auch ihre Managerin gewesen. Nun musste Anita sich wieder um alles selber kümmern. Und darin war sie noch nie gut gewesen.

Überhaupt, Susi hatte sich nicht nur der beruflichen Angelegenheiten angenommen, sondern auch sonst alles organisiert: Sie hatte jegliche Finanzen geregelt, selbst im Privaten. Sie hatte Sorge getragen, dass Anita es nicht übertrieb, weder mit dem Alkohol, noch mit den Drogen. Sie hatte ihr Anhänger und Verehrer vom Leib gehalten – besonders das hatte sie mit wahrer Inbrunst getan. Kurzum: Susi hatte Anitas Leben organisiert, von vorne bis hinten. Schritt für Schritt war es dabei auch Susis Leben geworden, und ein ganzes Jahr lang waren sie beide ein Paar gewesen.

Nur, dass Susi alles zu genau nahm. Das ging Anita gegen den Strich, da war Streit vorprogrammiert. In ihrem vorherigen Leben war Susi mit einem hohen Polizeibeamten verheiratet gewesen. Da rührte das vermutlich her, diese penible Art, auf die Anita so allergisch reagierte. Obendrein war Susi maßlos eifersüchtig. Als Frau eines Kriminalkommissars hatte sie für vieles einen Riecher entwickelt. Auch für alles Amouröse, das sich auch nur im Entferntesten anbahnen könnte. Wen auch immer Anita kennenlernte, ob Mann oder Frau, der wurde von Susi wachsam beäugt. Wobei Susi schnell wusste, bei wem sie sich getrost wieder abwenden konnte und bei wem es galt, wie ein scharfer Wachhund nicht von Anitas Seite zu weichen.

Sebastian war solch ein Wachhundfall gewesen. Allein die Tatsache, dass Anita beschlossen hatte, nach dem Abschluss der Dreharbeiten zu ihrem jüngsten Film, *Die drei Marien und der Herr von Marana*, mit Sebastian in Wien einen gemeinsamen Tanzabend zu erarbeiten, hatte zu Zerwürfnissen geführt. Zugegeben, Sebastian hatte Anita von Beginn an gefallen. In Berlin hatte sie bereits ein paar rauschende Nächte mit ihm verbracht, insofern lag Susi mit ihrem Gespür mal wieder nicht verkehrt.

Aber man hätte eine einvernehmliche Lösung finden können. Schließlich hatte Sebastian wiederum auch eine Leidenschaft für schöne Männer, das war auf den ersten Blick erkennbar und konnte auch dem Wachhund-Auge einer Susi nicht entgangen sein. Nun war es anders ausgegangen, und daran trug ihrer Meinung nach Susi die Hauptschuld. Immer wollten alle Anita in Besitz nehmen, ob Männer oder Frauen. Das war bereits mit Karl Walter so gewesen, und später mit Eberhard, von dem sie sich Anfang des Jahres hatte scheiden lassen. Und der nun, wie sie unlängst gehört hatte, sein Dasein in einer Nervenheilanstalt fristete.

Sebastian war anders. Manchmal begehrte auch er sie und konnte ein stürmischer Liebhaber sein. Im nächsten Moment zeigte er ihr die kalte Schulter. Er brauche seine Freiheit, erklärte er dann knapp und konnte ungerecht, ja zornig werden, wenn sie in solchen Momenten nicht sofort einsichtig war. Wobei diese Freiheit im Wesentlichen darin bestand, seine Zuneigung zu Männern auszuleben, wie sie bald feststellte.

Auf der anderen Seite war Sebastian selbst nie eifersüchtig und gestand ihr jeglichen Freiraum zu. Wenn sie mit anderen Frauen flirtete oder gar Liebesnächte verbrachte, gab es nie Vorhaltungen, nicht einmal eine spitzfindige Bemerkung. Kurioserweise fand sie das irritierend, manchmal kränkend, wenn er beinahe desinteressiert wirkte. Einmal sprach sie ihn darauf an, und er entgegnete: «Warum sollte ich eifersüchtig sein? Du kommst ja immer zu mir zurück. Und wenn du es nicht tust, dann bist du die Falsche gewesen.» Er lächelte kühl.

Und doch gab es niemanden, der ihr so zarte Liebesgedichte ins Ohr flüsterte wie Sebastian. Mitunter expressionistische Wortkaskaden, die sich vor ihrem inneren Auge zu gewaltigen, lebhaften Bildern entfalteten, die sie am liebsten gleich in einen Tanz umsetzte. Manch einer verstand diese Poesie nicht. Wie ja so vieles in der Kunst eben nicht ausschließlich über den Intellekt zu erfassen ist, aber das kapieren die meisten nicht. Sie sah das ähnlich wie Kurt Schwitters, der ja, wie Sebastian, seine Lyrik im *Sturm* veröffentlichte: «Ein restloses Verstehen ist ja bei so ganz außergewöhnlichen Dingen nicht erforderlich.»

Sebastian stammte aus einer wohlhabenden Familie. Sein Vater, Hugo Knobloch, besaß eine Strumpf- und Handschuhfabrik in Chemnitz. Eigentlich hieß Sebastian Willi, und obwohl der Vater ein bekannter, angesehener Geschäftsmann war, wollte sein Sohn kein Willi Knobloch sein. Er verstand sich als Künstler und wollte schon immer Schriftsteller werden; Lyriker, genauer gesagt. Darüber hinaus liebte er die Musik, und diese Liebe führte ihn bald auch zum Tanz. Bei den Eltern gab es weder für Lyrik Verständnis noch für Tanz. Die Familie Knobloch bestand seit Generationen aus wohlhabenden Kaufleuten, und der Vater bangte bald um sein berufliches Erbe und den Fortbestand des Hauses Knobloch, schließlich war Sebastian sein einziges Kind.

Schon früh beschloss sein Sohn, mittels eines Künstlernamens eine gewisse Distanz zu seiner Herkunft herzustellen und sich eine neue Identität zu schaffen: Er nannte sich Sebastian Droste. Es waren die homoerotischen Anspielungen in Gabriele d'Annunzios Bühnenwerk «Das Martyrium des Heiligen Sebastian», die ihn in seiner Jugend tief bewegt hatten, dazu die Musik von Claude Debussy. Droste sollte ein Verweis auf eine adlige Abstammung sein, Sebastian sah sich selbst als Edelmann und wäre zu gerne von Adel gewesen. Nun erinnerte nur noch der Umstand, dass Sebastian prinzipiell exquisite Strümpfe und edle Handschuhe trug, an seine Familie, wobei er letztere auch im Sommer jederzeit mit sich nahm, wenigstens als Accessoire. Manchmal, wenn sie beide in Streit gerieten, wenn Anita sich vor Wut nicht mehr zu helfen wusste, dann schrie sie ihm ins Gesicht, dass er eben doch ein Willi Knobloch sei und immer bleiben würde. Dann konnte Sebastian tagelang beleidigt sein.

Generell stellte Sebastian hohe Ansprüche, das Beste war für ihn gerade gut genug, und auch darin zeigte sich, aus welchem Stall er kam. Er hatte bestimmte Vorstellungen davon, was ihm zustand. Und wenn er etwas nicht bekam, nahm er es sich trotzdem. Dass er meistens kein Geld hatte, schien ihn nicht groß zu stören. Er ließ anschreiben, wo immer es möglich war. Und da er sehr teuer und geschmackvoll gekleidet war, ein vornehmes Auftreten hatte und mit den Namen bekannter Leute, die er hie traf und da kannte, nur so um sich warf, war es erstaunlich oft möglich. Größere Rechnungen ließ er direkt an seinen Vater schicken, der in der Regel zunächst die Zahlung verweigerte, sich dann aber doch beugte und rettend einsprang. Vielleicht, um Sebastians, vielleicht auch nur, um seinen eigenen Namen zu retten.

Kaum war Sebastian in diesem Spätsommer in Wien eingetroffen, gingen sie gemeinsam Shopping. Kein anderer Mann, den sie kannte, eignete sich dazu so gut wie er. Bei Grünbaum am Graben ließ sich Sebastian von Oskar Grünbaum persönlich beraten und für einen Anzug Maß nehmen, samt Zephir-Hemd und Selbstbinder. Anschließend erstand Anita bei der Wiener Werkstätte in der Kärntner Straße ein apartes Mantelkleid aus braunem Samt, der Verschluss mit Silberschnalle, Kragen und Manschetten geziert mit Affenhaar, ein wahrer Gelegenheitskauf. Bei Munk am Stephansplatz kaufte sie einen wunderschönen Hutkoffer, ihr letzter war ihr auf nicht mehr nachvollziehbare Weise abhandengekommen. Bei Gardos leistete sie sich ein Paar ungarische Schuhe, wie man sie in Berlin nicht finden konnte.

Sebastian erwarb Anzugschuhe bei Leopold Jellinek in der Schottengasse, wo auch zahlreiche Burgschauspieler ihre Schuhe fertigen ließen. Anschließend tranken sie zur Erholung einen Kaffee beim Demel am Kohlmarkt. Selbstverständlich machten sie nicht den Fehler, gleich im ersten Raum Platz zu nehmen oder womöglich rechts, wo das brave, solide Volk saß. Beim Demel musste man zwingend hinten sitzen, im Rauchsalon, wo es nachmittags laut war und hoch herging, weil hier Theaterleute und Künstler verkehrten, sich Aristokratie und Boheme trubelig vermischten. Wer den Nachmittag nicht in den blauen Nebelschwaden des Rauchsalons verbracht hatte, der war ja gar nicht beim Demel gewesen.

Seit zwei Wochen wohnte Sebastian mit in Anitas Hotelzimmer im vornehmen Bristol, das sie nach Abschluss der Dreharbeiten bezogen hatte, selbstverständlich im Neubau, den man kurz vor dem Krieg errichtet hatte. Wer als Künstler etwas auf sich hielt, der hatte auch nach außen einen gewissen Status zu wahren. Darin war sie sich mit Sebastian einig. Anfänglich hatte sie überlegt, im um die Ecke gelegenen Hotel Sacher abzusteigen. Aber «der Sacher», wie die Wiener aus unerfindlichen Gründen zu sagen pflegten, war konservativ und altbacken. Anna Sacher duldete aus Prinzip keine weiblichen Einzelgäste im hauseigenen Restaurant, was reichlich unverschämt war.

Sie kannte sämtliche Portiers, und, viel wichtiger, die Portiers kannten sie, der alte Gabriel, der Heckel und der Schwammberger gleichermaßen. Sie alle lasen ihr jeden Wunsch von den Lippen ab. Man durfte nur nicht mit dem Trinkgeld geizen, das war das ganze Geheimnis. Man durfte aber auch nicht mit dem Trinkgeld um sich schmeißen, wie es manch blödsinniger Amerikaner tat, sonst machte man sich lächerlich. Und man musste die komplizierte Wiener Trinkgeldhierarchie beachten: den Portier als Ersten begünstigen, dann den Zimmerkellner (den sie gern und häufig in Anspruch nahm), das Stubenmädchen nicht vergessen, den Gepäckpagen, den Liftboy und gegebenenfalls den Voiturier, wie man den Wagenmeister hier nannte. Dann gab es noch den alten Portier, der draußen vor dem Eingang stand. Etwas leicht Verwahrlostes umgab ihn, seine Uniform hatte ein paar Knicke zu viel, und unterm Kinn standen widerspenstige Barthaare ab, die seine Rasierklinge bereits seit Längerem verfehlte. Seine Aufgabe bestand nur mehr darin, draußen Spalier zu stehen und den Autoschlag zu öffnen und zu schließen. Er hatte eine spezielle Gabe entwickelt, sich für diese letzte Aufgabe unabdingbar zu machen, indem er nämlich diesen Vorgang derart kompliziert gestaltete, dass man gewiss mit dem Kleid irgendwo hängenblieb oder den Hut verlor, sodass er rettend eingreifen konnte und sich damit galant die Berechtigung verdiente, im Anschluss ebenfalls die Hand aufzuhalten.

Sie hatte ein großzügiges Zimmer mit Salon und eigenem Bad – ausgestattet mit Mahagonimöbeln, einem mit Damast bezogenen Kanapee und seidenen Daunendecken, auch Ankleidespiegel und Schminktisch, was beiden wichtig war. Außerdem ein wuchtiger Schreibtisch, auf den Sebastian Wert legte, obwohl er seine Gedichte vorwiegend im Bett oder in der Badewanne schrieb. An der Wand im Salon hingen zu beiden Seiten des Erkerfensters düstere Jagdstillleben, eines mit einem toten Hasen, auf einem weiteren waren erlegte Rebhühner abgebildet. Beide hatte Anita umgedreht. Warum man zur Zierde auf Tierleichen blicken sollte, verstand sie nicht.

Für gewöhnlich standen sie am frühen Nachmittag auf, denn in der Regel gingen sie nicht vor dem Morgengrauen zu

Bett. Meist zogen sie dann in ein nahe gelegenes Kaffeehaus, in das Café Opera, hinter dem Karlsplatz, oder ins Imperial, das Sebastian bevorzugte, schräg gegenüber dem Bristol. Anita trank einen «Fiaker gespritzt», das war ein starker Espresso, im Teeglas serviert, mit Schlagsahne – in ihren Augen das ideale Frühstück. Der Zahlmarkör, wie man den Ober nannte, hatte ein besonderes Auge auf Sebastian geworfen. Er scharwenzelte jeden Nachmittag um ihn herum, kaum dass sie das Imperial betreten hatten.

«Was wird angenehm sein?», fragte er lächelnd und legte unaufgefordert die Tageszeitung auf den Tisch. Sebastian aß gerne Gebäck zum Kaffee, und so brachte der Zahlmarkör ihm täglich ein anderes, ein Kipferl, Laberl, Beugerl oder Baunzerl, die Wiener waren da erfindungsreich.

Anschließend fuhren sie mit der Elektrischen in den 8. Bezirk, um im Ballettsaal einer ehemaligen Tanzschule zu proben. An einem verstimmten Flügel saß Herr Weinzierl, ein in die Jahre gekommener Pianist, der Unmengen von Sturm trank, wie die Österreicher den Federweißen nannten. Herr Weinzierl verpasste regelmäßig seinen Einsatz, was die Proben unnötig erschwerte. Davon abgesehen kamen sie gut voran.

Sebastian entwickelte ein Solo mit dem Titel: «Der Heilige Sebastian» – nur mit einem Lendenschurz bekleidet, tanzte er das Martyrium des Heiligen. Sie selbst entwarf eine «Vision» und tanzte zu Beethoven in einem Kostüm, das an das Kleid einer Nonne erinnerte. Anitas erfolgreiche frühere Nummer «Die Pritzelpuppe», bei der sie zu einem Stück von Anton Rubinstein eine Puppe mimte, die zum Leben erwacht, änderten sie zu einem Duo ab, für das Jaap Kool eigens eine neue Musik komponierte. Gemeinsam tanzten sie auch den «Selbstmord», bei dem Sebastian, begleitet von Beethovens «Mondscheinsonate», Hand an sich legte. Sie gab das sündhafte Weib, das ihn in den Tod trieb.

Nie waren sie sich so nah, wie wenn sie miteinander tanzten. Was die Choreografie anging, waren sie in der Regel einer Meinung. Ihre Körper agierten wie selbstverständlich im Gleichklang, sie nahmen die einzelnen Impulse voneinander ab, ein blindes Verstehen, ein intuitives Miteinander, das keiner Worte bedurfte. Anita genoss all das in vollen Zügen.

Schmerzlich war nur, dass gerade nach den schönsten Probemomenten, nachdem sie im Rausch der Musik zu einer Einheit verschmolzen waren, dieses Miteinander stets ein jähes Ende fand, kaum, dass sie den Ballettsaal verließen. Dann war Sebastian kühl und abweisend, und der Wechsel von intimster Nähe zu befremdlicher Distanz war so abrupt, dass sie es kaum fassen konnte und es im Herzen schmerzte.

Gleichzeitig wusste sie, dass er jetzt seinen Freiraum benötigte und jegliches Lamentieren zwecklos wäre. Vermutlich würde er aufbrechen, sobald sie das Hotelzimmer im Bristol erreicht hatten. Er würde einen der geheimen Orte aufsuchen, an denen sich die Anhänger der urnischen Liebe trafen. Das Dianabad im 2. Bezirk, oder er würde gleich zum Wurstelprater ziehen, ins Restaurant «Zur schönen Schäferin». Und wenn es draußen dunkel war, trieb er sich im Stadtpark herum, wo die homosexuellen Männer hinter dem Franz-Schubert-Denkmal zueinander fanden. Dass man es ausgerechnet im nachtschwarzen Gebüsch in Schuberts Rücken treiben musste, fand sie stillos und unromantisch. Und dieser Tage auch empfindlich kalt. Zugegeben, in Österreich musste man es generell mehr im Verborgenen tun. Hier wurde alles Gleichgeschlechtliche strenger verfolgt als in Deutschland, der Paragraf 129 stellte «Unzucht wider die Natur» unter Strafe und machte dabei keinen Unterschied zwischen dem Verkehr mit

Tieren oder mit Personen desselben Geschlechts. Wobei die Liebe unter Frauen, anders als in Deutschland, explizit nicht ausgenommen war.

★

Es war einer jener Abende im Bristol, an denen ihr nicht nach Ausgehen zumute war. Sie ließ den Zimmerkellner eine Wärmflasche bringen, aber die Bauchschmerzen, die sie schon seit einigen Tagen hatte, blieben.

«Trink einen Schluck», meinte Sebastian und reichte ihr das Cognacglas, «das ist doch deine Medizin. Da wirst du dich gleich besser fühlen.»

Aber allein vom Geruch des Dujardin wurde ihr speiübel. Sie stellte das Glas ab und eilte ins Badezimmer.

Kurz darauf stand sie an dem großen Waschtisch, wischte sich die Tränen von der Wange, spülte mit Kosmin-Mundwasser nach, um den ekelhaften Geschmack loszuwerden, und schaufelte sich kaltes Wasser ins Gesicht. Sie sah in den Spiegel. Jetzt, wo ihr nicht einmal der Cognac mehr schmeckte, war sie sich sicher. Anfänglich hatte sie gedacht, das Ziehen im Unterleib, die geschwollenen Brüste und die leichte Blutung seien Anzeichen des Beginns ihrer Periode. Aber dann stoppte die Blutung, das Ziehen im Unterleib jedoch blieb. Müdigkeit und leichter Schwindel stellten sich ein. Und ihre Sorgen nahmen zu.

«Ein Kind», flüsterte sie und betrachtete ihr Spiegelbild wie das einer Fremden, «was soll diese Frau mit einem Kind?»

Wäre sie in Berlin, sie wäre zum Storch gegangen. Als Mutter war sie gänzlich ungeeignet. Nein, ein Kind kam nicht infrage. Es wie die eigene Mutter zu machen, das Kind bei der Großmutter zu lassen, war auch keine Option. Das wollte sie

147

keinem kleinen Wesen antun. Davon abgesehen, ihre Mutter würde sich schön bedanken! Und Großmutter Lu war längst zu alt für dergleichen, ihr ging es nicht so gut, wie sie kürzlich geschrieben hatte. Nein, diese Angelegenheit musste geklärt werden, und zwar rasch.

Als sie aus dem Badezimmer trat, legte Sebastian gerade die Spritze beiseite. Er sah sie an, ein kaltes, zufriedenes Lächeln auf dem Gesicht. Ein Lächeln, das sie allzu gut kannte, das nur die Droge ihm zu verleihen imstande war.

Seit einer Weile war er dazu übergegangen, das Kokain zu spritzen, anstatt es zu schnupfen. Das sei günstiger, hatte er erklärt, da brauche man deutlich weniger Stoff. Und außerdem sei es ein herrlich erhebendes Gefühl. Sie blickte in sein kühles Lächeln und war sich ihrer Sache noch sicherer. Die Frage war nur, wie? Nicht jede Stadt hatte einen Storch, der einem die ungewollten Kinder nimmt.

Susi hatte sich immer um alles gekümmert. Das tat Sebastian nicht. Er behauptete nur, er würde es tun. Stattdessen lieh er sich Geld von Anita, bezahlte anschließend damit großzügig die gemeinsame Rechnung im Restaurant oder in der Bar und erklärte, er werde es ihr demnächst zurückgeben. Sobald er den Wechsel seines Vaters erhalten hätte. Er lieh sich von ihr Geld für seine Einkäufe, auch für Kokain, für Morphium. Längst gingen die Verdienste ihrer letzten Dreharbeiten zur Neige, die Rechnung im Bristol erreichte inzwischen bedenkliche Höhen. Dass sie nicht schon längst vehementer zur Kasse gebeten worden waren, verdankte Anita allein dem Umstand, dass sie sich mit den Portiers derartig gut verstand.

Wann immer sie über die Finanzen in Panik geriet, meinte Sebastian, sie müsse sich keine Sorgen machen, sie solle ihm vertrauen. Nicht klein dürfe man denken, sondern groß! Er führe doch Gespräche mit Impresarios, demnächst würden sie eine Tournee planen, Auftritte völlig neuer Art. Große Theater und Konzertsäle würden sie füllen, das Publikum werde Anita auf Händen tragen! Erst als das Geld für die Drogen nicht mehr reichte, wurde auch Sebastian unruhig. Er zog los, «Freunde und Bekannte treffen», wie er sagte. Was auch immer er unternahm, er kehrte wenigstens mit ein paar Tausend Kronen zurück, die für das Notwendigste reichten. Für das Problem, das sie unter dem Herzen trug, würde es hingegen auf keinen Fall reichen, dachte sie bei sich.

Am darauffolgenden Tag passte sie einen Moment ab, in dem sie beide nüchtern waren. Wie erwartet, auch Sebastian wollte kein Kind. Obwohl sie beide einer Meinung waren, war es erschreckend, wie resolut er in dieser Angelegenheit reagierte. Auf eine romantisch verträumte Art hatte sie sich doch irgendwie gewünscht, dass ein gemeinsames Kind zumindest im Bereich des Möglichen wäre, irgendwann in der Zukunft. Eigenartig, wie irrational der Mensch mitunter war. Oder waren das die Hormone, die sie bereits im Griff hatten und ihr Hirn vernebelten?

Sie überlegte, nach Berlin zu fahren. Was man von dort hörte, war nicht gerade positiv. Die Inflation schien dort heftiger auszufallen, die Deutsche Mark war deutlich instabiler als die Österreichische Krone. In der Zeitung las sie, dass es gelungen war, zwei geplante Attentate auf Reichskanzler Joseph Wirth zu verhindern. Politiker lebten im Deutschen Reich nach wie vor gefährlich. Ende Juni erst war Außenminister Walther Rathenau von rechten Terroristen erschossen worden, wie im Jahr zuvor bereits der ehemalige Reichsfinanzminister Matthias Erzberger. Die deutschnationale Hetzpropaganda nahm weiter zu und trug ihre giftigen Früchte.

Die Reise mit dem Zug wäre zeitaufwendig und teuer,

dachte sie. Sie könnte in Berlin den Storch aufsuchen. Aber dann müsste sie auch zur Premiere des jüngsten Richard Oswald-Films, «Lucrezia Borgia», gehen, zu der man sie erwartete. Ein gigantischer Historienfilm, in dem sie eine winzige Rolle spielte, gerade mal eine einzige Szene hatte sie. Liane Haid spielte die Heldin, an der Seite Conrad Veidts, wie schon im letzten Oswald-Streifen. Bei den Dreharbeiten hatte sie Richard Oswald gefragt, wie das käme, warum er sie nicht mehr anständig besetzen würde?

Kurz hatte er gezögert, aber dann hatte er ihr ins Gesicht gesagt: «Du musst das mit den Drogen sein lassen, Anita. Das tut dir nicht gut. Ansonsten werde ich dich demnächst überhaupt nicht mehr besetzen. Du bist unzuverlässig.»

«Eine Frechheit», hatte sie geantwortet, «bloß weil ich ein einziges Mal zu spät gewesen bin. Wie kommst du dazu, so etwas zu behaupten?»

«Du bist unzuverlässig», hatte er ruhig wiederholt. «Bei Fritz Lang bist du auch zu spät gekommen. Es spricht sich herum.»

Kaum hatte sie ihre Szene fertig gespielt, hatte sie sich umgedreht und war gegangen. Nein, diese Premiere brauchte sie nicht. Mochte Richard Oswald sich selber feiern mit diesen Kostümschinken, die er neuerdings produzierte. Sie hatte keine Lust, als Claqueur zu dienen. Überhaupt hatte sie keine Lust auf Berlin. Auf all diese sogenannten Freunde und Bekannten, auf die man unablässig traf, und die sich doch nur das Maul zerrissen. Nein, befand sie endgültig, ihr war jetzt nicht nach Reisen zumute. Hier in Wien war sie beliebt, die Kritiker waren ihr wohlgesonnen und das Publikum verehrte sie seit ihrem Auftritt als Lorenza im *Graf von Cagliostro*.

Nun musste sie nur eine Auftrittsmöglichkeit für den

nächsten glorreichen Tanzabend finden. Ihr fielen Madame d'Oras Worte wieder ein: Nirgendwo seien Beziehungen so existenziell wichtig wie in Wien.

Auf der Filmpremiere von *Dr. Mabuse* vor einigen Wochen in Berlin hatte sie Charlotte Berend getroffen. Als Anita von ihrem bevorstehenden Dreh in Wien erzählte, war Charlotte begeistert gewesen. Vor Jahren hatte sie dort eine Ausstellung gehabt, bei Hugo Heller. Sie hatte Wien geliebt und war später erneut da gewesen, als Corinth bei Heller ausstellte.

Hugo Heller war ein umtriebiger Buchhändler, Verleger und Galerist, seit ein paar Jahren führte er obendrein eine Konzertagentur. Wann immer Anita einen Kontakt benötige, hatte Charlotte gemeint, solle sie sich melden. Also schickte Anita ihr ein Telegramm, und tatsächlich, keine drei Tage später hatte sie bei Heller einen Termin.

«Herr Heller ist hinten», sagte der hagere Buchverkäufer und deutete in die Tiefe des lang gestreckten Ladenraumes. Sie ging vorbei an dunklen, mit Büchern gefüllten Holzregalen, an mit Buchstapeln bepackten Tischen, weiter durch die angrenzende Kunstabteilung, an deren Wänden dicht an dicht Lithografien und Zeichnungen von Käthe Kollwitz hingen. Am Ende des Raumes befand sich eine Tür mit einem kleinen Emailleschild: «Konzertagentur». Sie setzte ihr Einglas auf und klopfte.

Rein äußerlich erinnerte Heller sie an Magnus Hirschfeld. Auch er mochte über fünfzig sein, trug einen ähnlich großen, ähnlich ungepflegten Schnauzbart und einen Zwicker auf der Nase, dazu dichtes, dunkles Haar, die Schläfen grau meliert. Er saß an einem riesigen Schreibtisch, voller Bücherstapel, hinter ihm ein großes Ölgemälde an der Wand, das eine schöne junge Frau zeigte.

Heller bat sie, Platz zu nehmen, und wies auf den Stuhl, der vor ihr stand. Er nuschelte beiläufig in seinen Bart, dass er Anita selbstverständlich aus zahlreichen Lichtspielfilmen kenne. Dann ging er kurz auf «ihre gemeinsame Freundin» Charlotte Berend ein, die von Anitas Tanzabenden in höchsten Tönen geschwärmt habe. Er kam auf Lovis Corinth zu sprechen, auf Gustav Klimt und Auguste Rodin, die er alle ausgestellt habe.

Anitas Blick fiel auf die Bücherstapel auf dem Tisch: «Vorlesungen zur Einführung in die Psychoanalyse» von Sigmund Freud, auch mehrere Exemplare von Freuds Aufsatz «Der Wahn und die Träume» lagen da, alles von Hugo Heller verlegt. Sie war amüsiert.

«Sie interessieren sich für Freud?», fragte er jetzt.

«Für seine Traumdeutung», lächelte sie.

«Ja, ganz ausgezeichnet», meinte er und reichte ihr ein Exemplar von «Der Wahn und die Träume» als Geschenk. Er erzählte, er sei eines der ältesten Mitglieder der Psychologischen Mittwochs-Gesellschaft und ein langjähriger Freund Professor Freuds. Als er dann über die Traumdeutung zu referieren begann, musste sie sich zwingen, nicht laut loszulachen. Ihre letzte Freundin, der Leo, hatte eine junge Verehrerin gehabt, Gretl Csonka. Gretl war noch minderjährig gewesen, gerade mal neunzehn. Ihr Vater hatte keine Kosten und Mühen gescheut und sie gegen ihren Willen jede Woche zu Sigmund Freud geschickt. In der Hoffnung, Freud würde ihr die Frauenliebe schon austreiben.

Auf der Couch in seiner Praxis in der Berggasse hatte Gretl von da an ihre Träume erzählen müssen. Die Frauen hatten sich gemeinsam einen Spaß daraus gemacht, neue Träume für Gretl zu erfinden. Und es hatte erstaunlich lange gedauert, bis der alte Freud dahinterkam, dass die schönen Träume alle erlogen waren. Insofern hielt Anita nicht viel von seiner Traumdeuterei. Noch dazu, wo Freuds eigene Tochter Anna ebenfalls der Frauenliebe zugetan war, man traf sie abends an den einschlägigen Orten.

Aber das behielt sie jetzt besser für sich und steckte die Traumbroschüre ein. Hugo Heller war inzwischen bei den vielen Schriftstellern angekommen, die in seinem Salon bereits gelesen hatten. Hugo von Hofmannsthal, Stefan Zweig, Rilke, Schnitzler. Natürlich auch Heinrich und Thomas Mann. Er berichtete von den gelungenen Veranstaltungen jeglicher Couleur, die er im Laufe der Jahre durchgeführt hatte.

Diese Art von Erfolgsmensch kannte Anita zur Genüge. In solchen Fällen war es am besten, sein Gegenüber reden zu lassen, ab und zu ein beeindrucktes «Oh» oder «Ah» von sich zu geben und abzuwarten. Schließlich ging Heller nahtlos dazu über, von Krankheiten zu sprechen. Und von ihrer Überwindung. Ebenfalls ein beliebtes Sujet des Erfolgsmenschen, zumindest des reiferen. Herz und Nieren würden ihm zu schaffen machen, erklärte er. Deshalb suche er heutzutage noch gewissenhafter aus, welche Künstler er protegieren würde; das Leben sei zu kurz, um es zu vergeuden. Während er auf seine kürzlich überstandene Hernienoperation und das Wunder der Lokalanästhesie zu sprechen kam, wanderte ihr Blick erneut zu dem prächtigen Ölgemälde hinter ihm: das Bildnis einer unglaublich hübschen, dunkelhaarigen Frau in einem floral gemusterten Kleid, vor rotem Hintergrund. Ob das Hellers Tochter war? Oder gar seine Ehefrau? Während sie noch überlegte, bemerkte sie seinen erwartungsvoll fragenden Blick.

Sie räusperte sich hastig und fragte: «Wie bitte?»

«Was genau ist an Ihrem Tanz so außergewöhnlich?», wiederholte er seine Frage.

Aha. Jetzt war also bereits sie an der Reihe. Sie überlegte kurz.

«Wir werden das Leben tanzen, so, wie wir es empfinden. Selbstverständlich auch mit seinen Schattenseiten; wir werden das Verderben tanzen und den Tod.»

Heller musterte sie ohne jegliche Gemütsregung.

«Und die Krankheit», fügte sie rasch hinzu. «Die werden wir auch tanzen.»

Er nickte kaum spürbar.

«Wir werden auch die Überwindung der Krankheit tanzen», setzte sie nach. «Wir werden das Übersinnliche tanzen und die Spiritualität, aber auch das Versinken im Rausch. Wir werden den ganzen Irrsinn dieser aus den Fugen geratenen Welt tanzen.»

Dabei riss sie ihre stark geschminkten Augen auf, und Heller zuckte zusammen.

«Wir werden tanzen, wie in Wien noch nie getanzt wurde», flüsterte sie.

Heller sah sie an, dann nickte er wieder.

«Das ist das, was diese Stadt braucht», sagte er. «Die Theater sind leer. Wer geht denn in diesen Zeiten noch aus? Wer kann es sich überhaupt leisten? Die Presse orakelt bereits vom Versinken in der kulturellen Bedeutungslosigkeit. Der Fremdenverkehr ist mit dem Beginn der Wirtschaftskrise zusammengebrochen. Die Deutschen können es sich nicht mehr leisten, nach Wien zu kommen, und die paar Amerikaner», er schüttelte den Kopf, «können das auch nicht auffangen. Obendrein ist der Amerikaner ein Kulturbanause. Was wir brauchen, ist ein Ereignis!» Mit einem Mal war der Impresario in ihm erwacht. «Ich sehe das direkt vor mir: *Einziger Tanzabend* schreiben wir auf das Plakat. Damit der Bürger gleich Angst kriegt, er könnte was verpassen. Die Einmaligkeit ist wichtig!»

Er hob den Zeigefinger und sah ihr über den Zwicker hinweg tief in die Augen.

«Selbstverständlich können wir den Abend bei Erfolg wiederholen», erklärte er, «Erfolg nimmt einem in Wien keiner übel.» Er lächelte. «Zumindest, solange man ihn hat.»

In der Zwischenzeit war auch Sebastian nicht untätig gewesen. Vielleicht war es die Angst vor der Verantwortung, die ihn zum plötzlichen Handeln trieb. Ein Kind ließ sich schließlich nicht beiseiteschieben wie eine unbezahlte Rechnung. Auf jeden Fall hatte er sich diesmal tatsächlich gekümmert. Als sie zurück ins Bristol kam, erklärte er stolz, er hätte einen Arzt ausfindig gemacht, der ihnen helfen könne. Im Sanatorium Loew, einer Privatkrankenanstalt in der Mariannengasse, im 9. Bezirk.

«Dort quartieren wir uns gemeinsam für ein paar Tage ein, dann ist die Sache erledigt. Ich habe bereits alles organisiert. Das ist zwar kostspielig, aber manchmal ist teuer die günstigste Lösung.»

Das Krankenzimmer war elegant eingerichtet und sehr geräumig, mit großen Rundbogenfenstern, durch die nachmittags die Sonne schien. Das Personal freundlich und zuvorkommend, man fühlte sich fast wie in einem Luxushotel. Wenn nur der Geruch nicht gewesen wäre. Nach Kampfer, Alkohol oder sonst einem Desinfektionsgemisch. Die Küche war vorzüglich, zumindest meinte das Sebastian. Ihr selbst war nicht nach Essen zumute.

Der Arzt, jung und gut aussehend, war einfühlsam und nicht nur ihr gegenüber sehr zugewandt. Sie hatte so eine Ahnung, woher Sebastian diese Bekanntschaft haben könnte. Immerhin nahm er ihr die Angst, und die Behandlung, vor der sie sich gefürchtet hatte, bereitete dank der Anästhesie kaum Schmerzen.

Tatsächlich waren die «Nachwehen» weit schlimmerer Natur. Leichte Blutungen und Krämpfe, ein unangenehmes Druckgefühl. Man gab ihr Schmerzmittel, die Linderung verschafften. Was blieb, war eine plötzliche Leere, eine Sinnlosigkeit im Leben, in ihrem ganzen Dasein.

Vier Tage nach dem Eingriff, an jenem Morgen, als sie die Krankenanstalt verlassen wollten, fühlte sie sich endlich besser. Als sie beim Frühstück die Zeitung aufschlug, stieß sie auf eine seltsame Nachricht: «Die bekannte Schauspielerin und Tänzerin Anita Berber ist schwer nervenkrank und musste nach Steinhof überführt werden», hieß es.

Sebastian lachte ungläubig auf, als sie ihm die Meldung vorlas. Sie hingegen fand das gar nicht witzig. Wie kam dieser Schreiberling dazu, zu behaupten, sie säße im Irrenhaus? Der Umstand, dass sie sich die vergangenen Tage tatsächlich miserabel und hoffnungslos gefühlt hatte, machte die Sache nicht besser.

«Ärgere dich nicht», suchte Sebastian sie zu beruhigen, «wer vom Publikum geliebt wird, über den schreibt die Journaille, was sie will. Und wenn es nur Gerüchte sind, die irgendein Reporter aufgreift. Für uns ist jegliche Presse positiv. Die Leute behalten dich so im Gedächtnis, und in Kürze werden sie sich alle ihr eigenes Bild machen wollen. Sie werden ins Theater strömen, um die Verrückte auf der Bühne zu bewundern.» Er lachte.

Als sie zwei Tage später die Proben wieder aufnahmen, kreierte Sebastian ein neues Solo: «Haus der Irren», nannte er es, zu einem Stück von Rachmaninow gebärdete er sich wie ein Verrückter. Man musste das Leben in die Kunst ziehen, das war das Beste, was man tun konnte.

Das Hotel Bristol bestand bei ihrer Rückkehr auf Bezahlung der aufgelaufenen Beträge. Einen kleinen Teil der Rechnung konnten sie begleichen, für den Rest verwiesen sie auf Sebastians Vater und auf noch ausstehende Filmeinnahmen. Aber diesmal hatte selbst der sonst so zuvorkommende Herr Schwammberger keine Geduld mehr mit ihnen. Nach langer Diskussion gestand er ihnen lediglich zu, den offenen Betrag bis zum Ende des Monats zu begleichen. Sie mussten sich eine neue Unterkunft suchen.

Die Rechnung für den Sanatoriumsaufenthalt, üppige achtzehn Millionen Kronen, mussten sie ebenfalls noch bezahlen. Sebastian meinte trotzdem, sie solle sich keine Sorgen machen, es gäbe immer für alles eine Lösung.

Tatsächlich fanden sie ein Zimmer im Hotel Erzherzog Karl in der Kärntner Straße, unweit des Bristol. Das Erzherzog Karl war fast genauso luxuriös, nur altmodischer und deshalb deutlich günstiger. Beethoven habe hier einst residiert, stand auf einem Messingschild geschrieben. Und leider auch Richard Wagner. Beethoven liebte sie, Wagner fand sie zum Kotzen.

Beethoven musste ein Vagabund gewesen sein. Gefühlt fand man an jedem dritten Haus in Wien eine Tafel, hier habe der große Komponist einmal gewohnt. Vielleicht hatte Beethoven so oft umziehen müssen, rätselte sie, weil er sich immer wieder bei seinen Nachbarn unbeliebt machte? Ein Stinkstiefel sei er gewesen, hatte sie mal gehört. Auch hieß es, er solle die Nachbarn mit einem Klangverstärkungstrichter terrorisiert haben, den er wegen seiner Schwerhörigkeit auf sein Piano montiert hatte. So oder so, ein Mann, der trotz Gehörverlust derartig zu komponieren imstande war, hatte jegliches Recht sowohl zum Stinkstiefeln als auch zum Lautsein verdient, fand sie. Aber so waren die Menschen. Was damals

als Plage empfunden worden war, gereichte heute zur Zierde, und halb Wien schmückte sich stolz mit seinem Namen.

Unwohl war ihr, als sie tags darauf in einem schicken Straßenkostüm aus braunem Tuch, mit neuartig weiten Ärmeln, der Kragen mit Gazellenpelz besetzt, der Schoßteil mit Goldbändern bestickt, an Sebastians Seite die Kärntner Straße entlanglief. Sebastian trug einen Mantel aus schwarzblauem Melton mit Samtkragen, darunter den brandneuen Anzug von Grünbaum. In der Linken hielt er die edelsten Wildlederhandschuhe, die das Haus Knobloch jemals produziert hatte.

«Vertrau mir», sagte er mit einem selbstsicheren Lächeln, als sie in den Graben bogen, «das habe ich bereits in Hamburg erfolgreich gemacht, und in Berlin. Da kann gar nichts schiefgehen.»

Sie zog noch einmal die Nase hoch. Der bittere Rest Koko, der jetzt in ihrem hinteren Gaumenbereich kratzte, vermittelte ihr das nötige Selbstvertrauen. Sie straffte sich, streckte ihre Brust durch, und kurz darauf öffnete Sebastian die Tür des Ladengeschäfts. Der Juwelier begrüßte Anita mit einem Handkuss. Lästigerweise erkannte er sie auf Anhieb und kriegte sich gar nicht wieder ein vor Ehrerbietung. Sie lächelte reserviert zurück, bedankte sich knapp und wandte sich wie besprochen der Auslage zu. Sie besah sich den mit Brillanten besetzten Schmuck, der hinter dem Glas der Vitrine funkelte.

Sebastian stellte sich unterdessen als «Wilhelm Freiherr von Knobloch» vor und reichte dem Juwelier die Hand. Es sei ihm höchst unangenehm, fuhr er fort, aber er sei ein wenig in Bedrängnis geraten, da man ihm vorgestern die Brieftasche gestohlen habe. Nun hätten seine Freunde, der Baron Maier von Rothschild und der Rittmeister von Kahlenberg, die ja beide hier Kunden seien, ihm beim gestrigen Treffen freundlicherweise ein Empfehlungsschreiben ausgestellt. Er zog ein Kuvert aus der Innentasche seines Mantels und überreichte es dem Juwelier. Seine Freunde hätten gemeint, er solle doch hier um ein kurzfristiges Darlehen bitten. Er möge sich nur fleißig auf sie berufen, dann sei es gewiss kein Problem, ihn aus seiner misslichen Lage zu befreien.

Der Juwelier hatte inzwischen den Umschlag geöffnet und das Schreiben zu lesen begonnen. Er zog überrascht die Augenbrauen hoch.

«Fünfzig Millionen Kronen?»

Sebastian nickte und lächelte charmant. Der Juwelier fasste sich sofort wieder und lächelte ebenfalls, erklärte aber in breitem Wienerisch, dass er leider keine größere Summe Bargeld vorrätig habe. Ob der Herr Baron und die geschätzte Frau Berber nicht am Nachmittag wiederkommen könnten. Bis dahin läge das Geld bereit.

Zurück im Hotel, setzte Sebastian sich einen Schuss und wurde vor lauter Vorfreude auf das Geld ganz euphorisch. Er geriet ins Schwärmen, lachte beglückt auf und begann, von goldenen Zeiten zu reden, die ihnen bevorstünden. Seit dem Sanatoriumsaufenthalt hatte Anita ihre Berührungsängste bezüglich Spritzen verloren, und so ließ auch sie sich von ihm eine Spritze geben. Schließlich wollte sie teilhaben, und nicht ausgeschlossen sein. Im Rausch küssten sie sich. Ihr war, als ob ihre Zungen zwei lustige, kleine Fischlein wären, die umhersprangen, miteinander tanzten und sich gemeinsam in den Tiefen des Ozeans verloren.

Später, als es an der Zimmertür zu klopfen begonnen hatte, erst kurz, dann laut und drängend, als zwei Herren erschienen waren und erklärt hatten, sie seien Kriminalbezirksinspektoren, hatte sie gedacht, alles wäre nur ein Traum. Vermutlich hatte sie gar gegrinst und blöde gekichert, in ihrem Delirium, während Sebastian wild mit ihnen debattiert hatte.

Am Abend, als es bereits dämmerte und die Wirklichkeit über sie hereinbrach, musste sie feststellen, dass das Bett neben ihr leer war und Sebastian fort. Verzweifelt versuchte sie sich zu erinnern, suchte die Leerstelle in ihrem Kopf zu füllen. Sie bangte, ob Sebastian in einem Wiener Gefängnis verschwinden würde, ob er jemals zurückkehrte, ob sie künftig allein würde tanzen müssen. Ob sie den bevorstehenden, einzigartigen Tanzabend, für den Hugo Heller inzwischen den exklusiven Konzertsaal angemietet hatte, mit seinen 1800 Plätzen, allein würde bestreiten müssen.

Eine Ewigkeit schien verstrichen, als Sebastian zurückkam. Sie fiel ihm erleichtert um den Hals, streichelte und liebkoste ihn. Bleich und erschöpft sah er aus. Aber er lächelte. Sie schenkte ihm einen Cognac ein, er nahm einen ordentlichen Schluck und meinte, es sei alles in Ordnung. Der Juwelier, erzählte Sebastian, kannte den Baron Rothschild deutlich besser als vermutet. Er habe ihn angerufen, sei ärgerlicherweise auch gleich durchgekommen, und da sei die Sache aufgeflogen. Das wäre noch nie passiert, meinte er kopfschüttelnd, damit hätte man nicht rechnen können.

Aber inzwischen habe er alles unter Kontrolle. Vermutlich gäbe es einen Prozess. Man habe ihm angedroht, er würde als lästiger Ausländer des Landes verwiesen.

«So leicht lass ich mir die Butter nicht vom Brot nehmen. Ich habe unten an der Rezeption gerade Dr. Meyer, meinem Anwalt, telegrafiert», sprach er und schenkte sich Cognac nach, «der Meyer hat schon ganz andere Dinge geregelt. Das kannst du mir glauben.»

★

«Du bist die Göttin», meinte Sebastian, «die Göttin der Nacht.»

«Ich bin die Göttin des Mondes», erwiderte sie.

Er nickte. Seine dunklen Augen glänzten feucht. «Es gibt Tänzer der Schritte», sagte er, «und Tänzer des Erlebens. Das Russische Ballett ist ganz Tanz des Schrittes. Vollendete Technik in starrem Korsett, zur Spitze getriebene Perfektion, die Geist und Sinne abstumpfen lässt. Wir dagegen sind Tänzer des Erlebens. Kein einstudiertes, intellektuelles Durchdringen führt uns zu Tänzen wie *Selbstmord*, sondern quälendes, aufrührendes Erleben. Wir bringen zum Ausdruck, was uns im Innersten bewegt. Der Tanz ist die letzte und sensibelste Ausdrucksmöglichkeit des Menschen. Das dürfen wir nie vergessen, auch wenn die da draußen davon keine Ahnung haben.» Er strich ihr mit seiner großen, zarten Hand über die Wange. «Du bist die Göttin», wiederholte er.

«Du bist die Göttin», sagte auch Harry. Und als sei es das Selbstverständlichste der Welt, führte er aus: Das sei ja klar, was die Göttin zu tragen habe. Ihm schwebe ein majestätischer Mantel vor, aus leichtem, opalisierendem Silberflitter, der das Himmelszelt verkörpere.

Harry war ein Verrückter. Er trug ausnahmslos schwarze Kleidung, denn er vertrat die Auffassung, die Farbe der Nacht bestimme sein Dasein. Seine ganze Wohnung war schwarz gestrichen, selbst das Badezimmer schwarz gefliest. An der Wand im Flur reihten sich senkrecht aufgestellte offene Särge aneinander, in die Kleiderstangen eingelassen waren. Daran hingen Bügel mit all den Kostümen, die Harry im Laufe der Jahre entworfen hatte. Im Wohnzimmer stand ein riesiges, expressionistisch anmutendes schwarzes Bücherregal, dessen schräge Bretter mal in spitzen, mal in stumpfen Winkeln aufeinander zuliefen, sodass einige der Fächer gar nicht nutzbar waren. Sämtliche seiner Bücher hatten schwarze Rücken. Andere lese er gar nicht, behauptete Harry. Das mache die Entscheidung im Buchladen entschieden leichter. Außerdem hätte die Farbe Schwarz ihm bereits Sujets, ja künstlerische Welten eröffnet, auf die er sonst nicht im Entferntesten gekommen wäre.

Harry Täuber war ihnen von Madame d'Ora empfohlen worden, mit der sie kürzlich einige Fotos für den bevorstehenden Tanzabend aufgenommen hatten. Unter den jungen, experimentellen Bühnenbildnern sei Harry der Größte, hatte sie gemeint. Obendrein sei er noch halbwegs zurechnungsfähig und nicht, wie viele seiner Kollegen, komplett dem Drogenwahn verfallen. Harry gestaltete also das Bühnenbild. Dass es expressionistisch und zum Großteil in Schwarz gehalten war, verstand sich von selbst. Er entwarf auch die Kostüme.

«Natürlich muss die Kleidung einer Göttin von entsprechendem Format sein», erläuterte er. «Der Mantel der Astarte sollte sechzehn Meter weit sein.» Er hielt inne und kräuselte die Stirn. «Ja, sechzehn», wiederholte er. «Der Silberflitterstoff, der mir vorschwebt, ist leicht und nahezu faltenfrei, damit sollte das kein Problem darstellen. Die Zahl Sechzehn steht für Gott. In der Numerologie ist es die Zahl der Schwierigkeiten und Lernprozesse. Schließlich geht es um das Göttliche, um Hindernisse und ihre Überwindung, um Befreiung, letztlich um die Freisetzung göttlicher Energie. Kurz gesagt: Um sechzehn Meter Weite kommen wir nicht herum.»

Sie sah diesen Mantel sofort vor sich. Und im selben Moment wurde ihr klar: Sie musste einen solch majestätischen Mantel nach dem ersten grandiosen Auftritt noch auf der Bühne lautlos von den Schultern gleiten lassen, um daraus emporzusteigen: Ihr bleicher Körper, nahezu unverhüllt im Licht der Scheinwerfer, dahinter die Schwärze der Bühne.

«Unter dem Mantel trägt Astarte ein schmales, bauch-
freies, mit Pailletten besetztes Bustier, dazu ein zierliches
Unterteil selbiger Art», ergänzte Anita, «ähnlich den Bauch-
tanzkostümen, wie sie die Tänzerin Mata Hari getragen hat.
Das symbolisiert das Göttliche und das Lasterhafte zugleich.»

Harry pflichtete ihr bei und fügte hinzu: «Wir lassen die
Kostüme von Karl Karasek fertigen. Er ist zurzeit der gefrag-
teste Modeschöpfer Wiens. Wenn Karasek die Kostüme
macht, wird ganz Wien davon sprechen.» Sebastian setzte zu
einer Entgegnung an, aber Harry ließ ihn nicht zu Wort kommen. «Keine Sorge, ich kenne Karasek», fuhr er fort. «Wenn
ich ihm sage, dass er sich diese Gelegenheit nicht entgehen
lassen darf, wird er dabei sein.»

Ein gelungenes Kostüm kann einen Zauber haben. Es hilft
einem nicht nur, eine Rolle zu verkörpern, indem es ein ad-
äquates Bild der darzustellenden Figur schafft. Im besten Fall
erschließt es einem den Zugang zur Rolle auf eine neue, ungeahnte Weise. Es öffnet einem die Tür zur unbekannten, verborgenen Welt des Charakters.

Karasek war genial. Was Harry in seinen Figurinen grob
festhielt, setzte er dann so fein und detailreich um, dass es
ein ungeahnt erhebendes Gefühl war, das Kostüm der Astarte
anzuziehen. Bustier und Unterteil funkelten von Silberbrokat
und Pailletten. Um die Oberarme trug sie Perlenketten, um
ihre Taille ein durchsichtiges Band, das einen roten Glasstein
hielt, der ihren Bauchnabel verdeckte. Der riesige Mantel über
all dem glitzerte und funkelte und war trotz seiner sechzehn
Meter Weite erstaunlich leicht. Und in solcher Weise geschnitten, dass, sobald sie die Arme darin ausbreitete, der silberne Saum einen Halbkreis bildete, gleich einer gleißenden
Mondsichel.

Der Kopfputz müsse eine Krone sein, hatte Karasek gesagt, eine Krone der Nacht. Dazu vermittelte er sie an Sigmund Pessl, der in der Kärntner Straße einen exklusiven Friseursalon führte. Pessl kleidete und bewegte sich sehr distinguiert und roch außergewöhnlich gut. Vermutlich, weil er noch eine Parfümeriefabrik in der Josefstadt besaß. Er fertigte einen Kopfabguss von Anita an. Ein beängstigender Vorgang, jedenfalls hatte sie ein Gefühl, als nehme er ihr die Totenmaske ab.

Dafür passe der Kopfputz anschließend wie angegossen, meinte Pessl und lachte. Er gestaltete eine silbern funkelnde Kappe, aus der üppige Straußenfedern ragten. Perlengehänge umrahmten ihr Gesicht, und zuoberst hing ein großer roter Glasstein, der, sobald man diese Krone aufsetzte, mittig auf der Stirn zu ruhen kam, gleich einem göttlichen dritten Auge.

Die ganze Zeit über probten sie ununterbrochen, daneben verfasste Sebastian Gedichte zu ihren Tänzen, die er künftig in einem gemeinsamen Buch veröffentlichen wollte. Jedenfalls wollte er Hugo Heller diesen Vorschlag unterbreiten. Noch immer sorgte sie sich, dass das gesamte Vorhaben platzen könnte. Dass Sebastian des Landes verwiesen würde, bevor sie auch nur ein einziges Mal getanzt hätten. Trotz all der Sorgen schaffte er es, sie mit seiner Begeisterung anzustecken. Darüber hinaus vermittelte er ihr ein Gefühl des Geborgenseins, wie sie es selten gekannt hatte.

Sebastian strotzte vor Selbstbewusstsein, sein Auftreten war so stolz und bestimmt wie eh und je, unabhängig davon, wie sich die Lage um ihn herum gerade entwickelte. Sie selbst hingegen hatte mehr denn je das Gefühl, abhängig von der Gunst anderer zu sein. Sei es die Gunst des Publikums, die der Regisseure und Filmproduzenten, oder, früher, die Zuneigung der Familie. Die Liebe und Anerkennung der Mutter hatte sie sich zeitlebens durch Leistung erkämpfen müssen, und als sie zu erfolgreich geworden war, hatte die Mutter ihr ihre Liebe kalt entzogen. Der Vater blieb ein Phantom. Sie hatte auf verschiedensten Wegen versucht, mit ihm in Kontakt zu treten, sich ihm zu nähern – erfolglos. Auf ihre Briefe reagierte er seit Jahren nicht mehr. Auch seine Glückwunschkarten zu ihrem Geburtstag und die standardmäßigen Weihnachtsgrüße nebst einem Geschenk, wie sie sie als Kind erhalten hatte, waren längst ausgeblieben. Der einzige Mensch, von dem sie bedingungslose Liebe erfahren hatte, war Großmutter Lu. Aber die Großmutter war das ganze letzte Jahr immer wieder krank gewesen, war schwächer geworden, und der jüngste Brief, den Anita von ihrer Mutter erhalten hatte, machte diesbezüglich keinerlei Hoffnung: «Gesundheitlich gibt es keine Verbesserungen. Im Gegenteil, ich fürchte, es geht dem Ende zu.»

Nach den Proben gaben Sebastian und sie sich immer öfter gemeinsam dem Rausch hin. Eine greifbare Möglichkeit, um all den Sorgen zu entfliehen. Ihre Körper wurden leicht wie Federn im Wind, und gemeinsam tanzten sie durch eine rötlich eingefärbte Welt voller Wärme und Geborgenheit. Wenn sie wieder zu sich kamen, wunderte sie sich manchmal, dass sie nach den enormen Dosen Morphium, die sie konsumiert hatten, nicht in die Ewigkeit entschlummert waren.

Aber auch diese Zeit hielt nur kurz an, dann kam es wie erwartet: Das Gericht verfügte Sebastians Ausweisung aus Österreich für fünf Jahre, wegen Betrugs und Urkundenfälschung. Allerdings hatte es die Rechnung ohne seinen Anwalt gemacht.

Nach dessen Einwirken agierten sämtliche Gläubiger – auch das Hotel Bristol und das Sanatorium Loew – so, wie

Sebastian es bereits in Hamburg und Berlin erlebt hatte: Sie schlossen sich dem Strafverfahren nicht an, weil sie überzeugt waren, dass sein vermögender Vater, Hugo Knobloch, die Angelegenheit schon regeln werde. Außerdem, argumentierte der Anwalt: Wenn man den beiden Künstlern die Möglichkeit gäbe, in Wien zu bleiben und zu arbeiten, könnten sie in Kürze einiges Geld verdienen, um einen Teil der Schulden zu tilgen. Das Gericht erteilte Sebastian schließlich eine Aufenthaltsduldung bis Ende November.

Die Zeitungen berichteten über den Vorfall. Als Scharlatan und Betrüger wurde Sebastian Droste bezeichnet. Anfangs besorgte sie das, er selbst blieb gelassen. Er war noch immer der Meinung, dass jegliche Aufmerksamkeit sich positiv auswirken würde. Wie von ihm prophezeit, rief ein Zeitungsartikel tatsächlich den nächsten hervor, und binnen Kurzem waren sie beide Stadtgespräch.

Eine Woche im Voraus war der Tanzabend restlos ausverkauft und Hugo Heller ganz aus dem Häuschen. Das grenze in diesen Zeiten an ein Wunder, erklärte er.

Vielleicht hatte es auch zum Erfolg beigetragen, dass sie den angekündigten «Einzigen Tanzabend» auf Anitas Anregung hin umbenannt hatten: «Tänze des Lasters, des Grauens und der Ekstase» stand auf den frisch gedruckten Plakaten. Auf diesen Titel hatte Sebastian sie gebracht, als er ihr im berauschten Liebestaumel ins Ohr geflüstert hatte: Sie sei das Laster und das Grauen, von dem er niemals lassen könne.

Der Abend wurde ein voller Erfolg, der Applaus überwältigend. Das Wiener Publikum bewarf Anita mit Rosen, man reichte ihr Bouquets unterschiedlichster Art und Größe auf die Bühne, im Anschluss feierten sie die ganze Nacht.

Tags darauf, gegen Mittag, riss ein eigenartiges Déjà-vu sie aus dem Schlaf: ein lautes Klopfen und Poltern an der Hotelzimmertür; eilig warf sie sich Sebastians Hemd über, und kaum hatte sie die Tür geöffnet, standen auch schon die beiden Kriminalbezirksinspektoren im Zimmer – sie war nicht sicher, ob es dieselben waren, aber es kam ihr ganz so vor –, begleitet von einem Mann, der sich als «Exekutionsbeamter des Bezirksgerichts Margareten» vorstellte. Er erklärte schroff, Sebastian sei vorläufig festgenommen, und hielt einen Haftbefehl in die Höhe. Sebastian, vom Lärm geweckt, erhob sich nackt und starrte den Beamten ungläubig an. Man gestattete ihm gerade noch, sich im Badezimmer anzukleiden. Wobei der Exekutionsbeamte ihm nachfolgte und ihn nicht aus den Augen ließ.

Zwei deutsche Gräfinnen hätten den Herrn Droste angezeigt, erklärte unterdessen der jüngere Kriminaler, ein untersetzter kleiner Wiener, in näselndem Tonfall. Wobei er das «deutsch» eigenartig betonte, als sei es ein Makel. Die Gräfin von Salis und die Gräfin Kalckreuth hätten Anzeige erstattet, detaillierte er. Beim gestrigen Tanzabend seien ihre Handtaschen gestohlen worden, in denen sich beträchtliche Summen Bargeld befunden hätten: im Falle der Salis zweihundert Millionen Kronen, in dem der Kalckreuth siebzigtausend italienische Lire, außerdem eine goldene Armbanduhr sowie eine wertvolle, mit Brillanten besetzte Brosche.

Die obersten Knöpfe an Anitas Hemd standen offen. Während er das alles herunternäselte, starrte er ungeniert auf ihre Brust. Das spürte sie, obwohl sein feistes Gesicht in der Unschärfe verschwamm, ihr Monokel war noch in ihrer Handtasche. Es war ihr egal, mochte er starren, dieser Lustmolch. Sie griff nach den Manoli, die auf dem Nachttisch lagen, zündete sich eine Zigarette an und blies ihm den Rauch entgegen.

«Mein Freund kann das gar nicht gewesen sein», hauchte sie, «er stand doch die ganze Zeit mit mir auf der Bühne.»

Der Mann gaffte noch immer. Erst als sein Kollege sich räusperte, brachte er eilig vor, der Vorfall habe sich vermutlich erst nach der Vorstellung ereignet. In der Kantine des Konzerthauses oder in der Femina Bar, wo die beiden Gräfinnen mit dem Herrn Droste gefeiert hätten.

«Vor allem ich habe mit dem Herrn Droste gefeiert», entgegnete sie gelassen, «da hätte ich wohl was mitbekommen, wenn er mit zwei Handtaschen hinausspaziert wäre. Oder meinen Sie, ich bin blind?»

Beinahe hätte sie den Aschenbecher verfehlt, als sie ihre Zigarette abstrich. Zum Glück bemerkte es der Beamte nicht, dafür war er zu sehr auf ihren Busen konzentriert.

Die Details werde man auf dem Polizeirevier klären, sagte er, dafür benötige man ihre Hilfe nicht. Dann zogen sie alle so plötzlich ab, wie sie gekommen waren, mit Sebastian. Sie kleidete sich an, lief hinab zur Portierloge, meldete ein eiliges Ferngespräch an und wurde in die Telefonkabine drei direkt gegenüber verwiesen. Der Telefonist, der sein Büro gleich rechts neben dem Portier hatte, begann, an seinem Schaltbrett hektisch rote und grüne Stöpsel umzustecken. Kurz darauf sprach sie mit Dr. Meyer.

«Der Meyer hat immer eine Lösung», lautete Sebastians Credo. Und so war es auch diesmal. Wenig später lief sie zum Polizeirevier und bestand darauf, eine Aussage zu machen, den gestrigen Abend betreffend. Und sie unterzeichnete eine Bürgschaft für Sebastian. Der Beamte fragte, ob sie sich der weitreichenden möglichen Konsequenzen einer solchen Bürgschaft bewusst wäre? Sie nickte knapp. Dabei hatte sie keinerlei Ahnung. Aber der Meyer hatte es geboten, und außerdem wollte sie vor dem kleinmütigen Beamten nicht wie eine Idiotin dastehen.

Am nächsten Morgen kam Sebastian frei. Müde sah er aus,

als er im Hotel eintraf, mit Bartschatten und dunklen Augenringen. Seine Hände zitterten, sein Blick hatte etwas Unruhiges, und kalter Schweiß stand ihm auf der Stirn. Er klagte über Magenschmerzen und einen unbändigen Durst, der ihn die ganze Nacht gequält habe. Seine Hauptsorge war, ob denn noch Morphium da sei. Er setzte sich zwei Spritzen hintereinander, und jegliche Anspannung fiel augenblicklich von ihm ab.

«Jetzt bin ich richtig schön satt», seufzte er glücklich und sah sie an wie frisch verliebt. Wobei sie sich fragte, wer eigentlich seine Geliebte sei, sie selbst oder das Morphium? Letzteres war mittlerweile deutlich in den Vordergrund gerückt, schien es ihr.

Nachmittags unternahm Sebastian einige Besorgungen. Als er zurückkehrte, küsste er sie und überreichte ihr einen üppigen Strauß roter Rosen. Obwohl das Hotelzimmer noch vollgestellt war mit Bouquets, freute sie sich darüber. Außerdem schenkte er ihr ein Paar exquisite, mit Pelz verbrämte Schneeschuhe.

«Damit du dich nicht verkühlst», säuselte er, «demnächst soll es sehr kalt werden, und der Winter in Wien ist berüchtigt.»

Zuletzt zog er zwei Fläschchen dreiprozentiger Morphiumlösung aus seiner Ledertasche und stellte sie ins Badezimmer. Zum Abend lud er sie in den «Grünen Anker» in der Grünangergasse ein, der für seine italienische Küche gerühmt wurde. Sie aßen edlen Adriafisch und stießen mit Wein an, und Sebastian erklärte den plötzlichen großzügigen Umschwung ins Wohlleben: Der Wechsel seines Vaters sei endlich eingetroffen.

Sie sah in seine dunkel glänzenden Augen und fragte sich,

ob das wahr sei. Oder ob es nicht doch der Inhalt der abhandengekommenen Handtaschen war, der zu dem plötzlichen Reichtum geführt hatte. Sie trank von dem unverschämt teuren Weißwein aus dem Piemont und beschloss, dass es ihr egal war.

Auch über die Handtaschenaffäre berichtete die Presse ausführlich. Eifrig wurde spekuliert, wann «das Skandal-Paar» des Landes verwiesen würde.

Was den Tanzabend selbst anging, war die Kritik geteilter Meinung: Während die einen sich vor Begeisterung überschlugen, echauffierten sich konservative Blätter darüber, dass eine Frau es wage, «sich vollkommen hüllenlos zur Schau zu stellen!» Darin sahen sie den Hauptskandal ihres Tanzes: Sie degradierten sie zur «Nackttänzerin». Dabei stimmte das gar nicht, ganz nackt war sie nie. Auf das Programm, die Bedeutung und künstlerische Gestaltung des Abends gingen sie gar nicht ein. Was schmerzlich war, aber von Kunst hatten diese Banausen eben keine Ahnung. Es ging ihnen gar nicht darum. Sie aber wollte nicht immer nur das Schöne, das Liebliche zum Ausdruck bringen. Sie wollte die Wahrheit tanzen, mit all ihren Abgründen. So tanzte sie in «Kokain» eine Gefallene, eine durch die Lebensumstände zur Dirne gewordene Frau. Ein Schicksal, wie es in diesen unruhigen, von Arbeitslosigkeit und Inflation geprägten Zeiten vielen bestimmt war. Zu Beginn lag sie wie leblos auf der Bühne. Genauso hatte sie selbst Sebastian eines Abends vorgefunden, als sie ins Hotel zurückgekehrt war, reglos auf dem Boden liegend. Im ersten Moment hatte sie gedacht, er wäre tot. Und genau wie damals blieb sie in diesem Tanz minutenlang so liegen, bis das Leben in den Leib zurückkehrte, langsam und verhalten, in kleinen Zuckungen. Träge begann sie, sich zu erheben, ihr

Körper gleich einer Marionette, die von der Macht der Droge geführt wurde. Ihre rot geschminkten Lippen formten sich zu einem stummen Schrei. Ihre Augen weiteten sich angesichts schreckhafter Visionen, und scheinbar willenlos begann sie, sich zu den Klängen der Musik zu bewegen.

Ihr Körper suchte, sich in Ballettposen zu retten. Alles in dämonischer Langsamkeit, die Arabesques bis zum Unerträglichen verlängert, dazu ihr maskenhaftes Lächeln im bleich geschminkten Gesicht. Wie in Zeitlupe drehte sie sich in einer *Promenade en Arabesque* um ihre eigene Achse, neigte sich darauf mit einer *Arabesque Penché* bis zum Bühnenboden. Erneut durchliefen Zuckungen ihren Körper, bis es schien, als würde sie unter einer unsichtbaren Last zusammenbrechen. Sie kämpfte dagegen an, rettete sich immer wieder in stoßartige Sprünge, die in einem hingebungsvollen *Port de Bras* endeten.

Schließlich stürzte sie in einer einzigen, kaskadenartigen Bewegung zu Boden und blieb im weißbläulichen Licht der Scheinwerfer liegen, das Gesicht zum Publikum gewandt. Starr hielt sie den Blick. In dem Moment, als sich ihre Gesichtszüge zu entspannen begannen, erlosch das Licht.

Aber auch in «Kokain» tanzte sie nicht «vollkommen hüllenlos», wie behauptet wurde. Sondern in dem von Harry entworfenen Kostüm: ein verschlissener Rock mit einer geschnürten Korsage, darüber ihre nackte Brust. Gewiss, in manchen Tänzen trug sie durchsichtige Schleier. Aber selbst, wenn sie in einem Tanz die Hüllen fallen ließ, war sie doch nie gänzlich entblößt; ihren Schambereich hatte sie stets mit einem hautfarbenen Tuch abgeklebt.

Vielleicht waren es die Fotos, die Sebastian und sie mit Madame d'Ora gemacht hatten, die zu dieser Behauptung beitrugen, und die nun von den Magazinen und Zeitungen wiederholt gedruckt wurden. Eins dieser Fotos zeigte Sebastian in der Rolle des Märtyrers, lediglich mit einem Lenden-schurz bekleidet. Sie selbst kniete neben ihm, die Arme in einer Geste der Verehrung um seinen Leib gelegt. Auf diesem Bild war sie tatsächlich nackt, wenn auch nur von der Seite zu sehen. Natürlich hatten sie mit diesen Fotos provozieren wollen, aber dass manche Kritiker all ihre Kunst auf Nacktheit reduzierten, war eine Unverschämtheit.

«Was regst du dich auf», meinte Sebastian, «die Leute wer-den dich sehen wollen, das ist das einzig Wichtige. Und nackt erst recht.»

In der Tat wollten sie das. Nach ihrem erfolgreichen Auf-tritt hatte Sebastian sich an die führenden Wiener Varietés gewandt. Die paar Abende für Hugo Heller würden nicht rei-chen, meinte er. Jetzt, wo der Erfolg da sei, wo ganz Wien von ihnen spreche, müsse man die Gunst der Stunde nutzen. Sie unterzeichneten einen Vertrag mit dem Varieté Ronacher für den Monat Dezember. Direktor Dr. Rosner versprach, umge-hend ein Gesuch an die Polizei zu richten, um eine erneute Aufenthaltsbewilligung bis Ende des Jahres zu erreichen.

Noch am selben Nachmittag wurden sie zu einem Ge-spräch mit Ben Tieber persönlich eingeladen, dem legendären Direktor des Apollo-Theaters. Ein Angebot Ben Tiebers könne man unmöglich ausschlagen, meinte Sebastian, noch dazu bot er deutlich bessere Konditionen. Also unterzeichneten sie auch diesen Vertrag. Tieber versprach ebenfalls, eine Auf-enthaltsbewilligung zu beantragen, und wirkte dabei äußerst souverän.

«Doppelt hält besser», raunte Sebastian Anita zu, der Rest werde sich schon finden.

Tags darauf meldete sich das Revuetheater Tabarin und be-kundete Interesse für die Nachtvorstellung am Wochenende.

Das würde zwar etwas anstrengend werden, grübelte Sebastian, ginge sich aber zeitlich im Anschluss an die Abendvorstellung – sei es nun im Apollo oder im Ronacher – locker aus. Wenn sie genügend Engagements und die damit verbundenen Einnahmen vorweisen könnten, mutmaßte er, werde das Gericht die Aufenthaltsgenehmigung gewiss verlängern. Und wenn sie Wien erst einmal abgespielt hätten, stünde ihnen die Welt offen! Er war völlig euphorisch, ganz ohne Kokain und Morphium.

Ärgerlicherweise kam es anders. Zwar erhielten sie eine Aufenthaltsgenehmigung bis Ende Dezember, aber der Direktor des Ronacher geriet außer sich, als er erfuhr, dass sie beim Apollo ebenfalls unterschrieben hatten. Anita versuchte, ihm das Ganze ruhig zu erklären, sie hatte in Berlin bereits ähnliche Situationen erlebt. Wenn man gefragt war, wollten sie einen plötzlich alle haben. Es war üblich, dass man in solchen Fällen Kompromisse fand. Aber die Direktoren dieser beiden Etablissements waren schärfste Konkurrenten und sich persönlich spinnefeind. Dr. Rosner verweigerte jegliche Diskussion. Wie ein beleidigtes Kind verlangte er ihr alleiniges Engagement im Ronacher, schließlich habe er als Erster den Vertrag geschlossen! Falls nicht, drohte er, würden sie nirgendwo in Wien jemals wieder auftreten. Und am nächsten Tage erstattete er Anzeige, wegen Vertragsbruch.

«Nichts wird so heiß gegessen wie gekocht», meinte Sebastian und schloss unterdessen den Vertrag mit dem Tabarin für die Nachtvorstellungen am Wochenende ab.

Für die Presse war das Ganze ein gefundenes Fressen. Noch bevor es zu einem weiteren Gespräch oder gar Verständigung kommen konnte, hatte Dr. Rosner den Vorgang offenbar durchgestochen. Tags darauf lasen sie die Schlagzeilen der

Kronen Zeitung. Wieder wurden sie als «Betrüger-Paar» beschimpft, wurde ihre «Abschaffung aus Österreich» verlangt. Bis zur Gerichtsverhandlung traten sie im Apollo-Theater allabendlich vor ausverkauftem Hause auf, am Wochenende tanzten sie im Anschluss im Tabarin. Während das Publikum sie feierte, wurde der Ton in der Presse zunehmend rauer. Man warf ihnen sogar vor, den Skandal beabsichtigt und zu Reklamezwecken vorbereitet zu haben. Das grenzte ans Absurde, aber tatsächlich führten die vielen Zeitungsartikel dazu, dass immer mehr Menschen sie sehen wollten.

Schließlich gab das Gericht der Klage recht und verurteilte sie zu einer zehntägigen Arreststrafe. Ihre Verhaftung konnten sie dann allerdings gerade noch abwenden, indem sie sich auf einen Vergleich einigten und sich verpflichteten, bis Jahresende auf gar keiner Varietébühne Wiens aufzutreten. Was in Anbetracht ihrer finanziellen Probleme natürlich auch keine Lösung war.

«Von irgendetwas muss der Mensch ja leben und seine Schulden begleichen», meinte Sebastian nach ein paar Tagen, «und Tanzen ist kein Verbrechen.»

Also tanzten sie trotzdem im Apollo. Und wurden sofort im Anschluss an die Vorstellung verhaftet. Die Kronen Zeitung berichtete schadenfroh darüber, dabei waren sie längst wieder entlassen, als das Blatt erschien. Es war ihnen egal, die Kronen Zeitung titelte dieser Tage auch, dass die Osterinsel im Meer versunken sei. Manche Blätter konnten problemlos den größten Schwachsinn berichten und gleichzeitig andere schadlos des Betrugs bezichtigen.

Jedenfalls lag die Osterinsel immer noch im Südostpazifik, als sie wenige Tage darauf im Kaffeehaus saßen und überlegten, was zu tun sei. Wenn sie hier frühstückten oder in einem Restaurant zu Abend aßen, wurden sie von den Gästen neugierig beäugt, manchmal gar bedrängt. Oft sollte Anita eine Zeitung, ein Billet oder sonst irgendein Papier signieren.

Wie zuvor schon in Berlin, tat manch eine Frau es ihr nach und ging «à la Berber», indem sie ein Monokel trug oder zum Ausgehen einen Smoking anlegte. Und wo immer sie beide auftauchten, wurden sie gefragt, wann sie endlich wieder tanzen würden. Um aus dem Malheur herauszukommen, hatte Sebastian die Idee, einen Vertrag mit den Kammerspielen abzuschließen. Streng genommen sei das keine Varietébühne, erklärte er, sondern ein Theater. Somit treffe das Auftrittsverbot nicht zu.

Aber so genau differenzierte das Gericht dann wiederum nicht. Bereits nach der zweiten Vorstellung wurden sie erneut arrestiert, erst nach Einschreiten des Rechtsanwalts kamen sie frei. Was folgte, war ein eigenartiges Katz-und-Maus-Spiel: Wenn sie tanzten, wurden sie verhaftet. Tanzten sie nicht, bekamen sie Probleme mit den Theatern, weil sie ihre vertraglichen Verpflichtungen nicht erfüllten. Am Morgen des 5. Januar 1923 war endgültig Schluss. Sebastian wurde festgenommen und noch am selben Tag mit dem Zug nach Ungarn abgeschoben. In einigen Wochen wollten sie sich in Budapest treffen. Sebastian versprach, Kontakt zu verschiedenen Impresarios aufzunehmen, um vielleicht eine Tournee durch Frankreich zu planen; zur Not würden sie nach Deutschland zurückkehren.

Die Zeitungen schrieben neuerdings voller Begeisterung über den Kraftkünstler Siegmund Breitbart, der seit dem Jahreswechsel im Ronacher auftrat. Sie musste lesen, dass Dr. Rosner statt ihrer Tänze nun den «stärksten Mann der Welt» präsentierte.

«Er zerbeißt mit seinen Zähnen Eisennägel. Er vermag es, Hufeisen gerade und Eisenstangen krumm zu biegen, ja er kann mit der bloßen Faust einen ausgewachsenen Stier erschlagen!»

Sie hatte nichts gegen Kraftkünstler. Aber dass rohe Gewalt nun gefeiert wurde und Tanzen verboten, machte sie zornig. In einem Anfall von Wut zerknüllte sie die Zeitung und warf sie aus dem Fenster.

Immerhin, das Revuetheater Tabarin bot Anita für den restlichen Monat einen Solovertrag an, und so tanzte sie einige Tage alleine. Was erstaunlich gut funktionierte. Sicher, sie hatte Erfahrung mit Soloauftritten, aber es war doch etwas anderes, zahlreiche der Duonummern auf die Schnelle entsprechend umzubauen.

Die Schmutzblätter schrieben weiter ihren Blödsinn, und neuerdings druckten sie alberne Spottverse:

«Es ist nichts drum und dran
an ihr – doch sie gefällt.
Sie zieht das Publikum an,
sonst aber nichts auf der Welt.»

*

Berlin war keine Alternative. Zu Hause, so entnahm Anita der deutschen Presse, spitzte sich die Lage weiter zu. Im Streit um die deutschen Reparationsleistungen kam es zu keinerlei Annäherungen mit den Alliierten, die Inflation stieg sprunghaft an. Nach dem Abbruch der Verhandlungen kletterte der Dollarkurs in nur einer Nacht um siebzehn Prozent in die Höhe.

Das ganze Land sei in heller Aufregung, schrieb die Mutter, und eine Woche später geschah, was alle befürchtet hatten: Französische und belgische Truppen marschierten ins Deutsche Reich ein und besetzten das Ruhrgebiet.

Am Morgen des 13. Januar, ein Samstag war es, wurde sie erneut von zwei Polizeibeamten aus dem Schlaf gerissen. Sie öffnete die Zimmertür und vernahm, sie habe Wien als lästige Ausländerin binnen einer Frist von drei Tagen zu verlassen und dürfe auf die Dauer von fünf Jahren nicht mehr nach Österreich zurückkehren. Der Polizist überreichte ihr ein amtliches Schreiben, samt Stempel und Unterschrift. «Aus Gründen der öffentlichen Ordnung und Sicherheit», hieß es da, weil sie vielfach Schulden gemacht habe und abzusehen sei, dass sie weitere Schulden machen und die Öffentlichkeit auch weiterhin unliebsam beschäftigen werde.

Sie nahm das Papier entgegen und riss es wütend in kleine Stücke, warf die Schnipsel auf den Boden und knallte die Tür zu.

«Wenn Sie binnen einer Frist von drei Tagen nicht ausgereist sind, werden Sie verhaftet!», hörte sie den Beamten hinter der Tür noch rufen.

Am Nachmittag lief sie ins Büro des Direktors des Tabarin und teilte ihm mit, dass sie heute letztmalig tanzen würde, dass sie ihr Gastspiel abbrechen, und Wien verlassen müsse.

«Das geht nicht», beschied ihr Direktor Seitner, «ich habe Vorschuss bezahlt, außerdem sind die kommenden Abende bereits ausverkauft.»

Sie wollte gerade widersprechen, da hob er gebieterisch die Hand. «Verstanden, verstanden», setzte er nach, «ich kümmere mich um eine Aufenthaltsbewilligung. Das hat bei meinen Kollegen ja auch geklappt.»

In diesem Moment klingelte sein Telefon, er griff zum Hörer und beachtete sie nicht mehr. Als sie auf die Straße trat, musste sie feststellen, dass dieses Wien, so schön es auch war, sie unglaublich ermüdete. Was hatte sie sich hier nicht alles anhören müssen! Noch immer schimpfte man sie «Nackttänzerin», man mokierte sich über alles und jedes, was sie tat oder auch bleiben ließ. Man hatte ihr gar nachgesagt, sie verhunze Beethoven. Den sie doch liebte. Und das nur, weil sie ihre gemeinsame Nummer «Selbstmord» zu den Klängen der «Mondscheinsonate» tanzten. Das fand sie besonders kurios. Vor einigen Jahren hatte Otto Weininger, ein junger Wiener Philosoph, sein Buch «Geschlecht und Charakter» veröffentlicht, ein Machwerk, das vor Hass auf Frauen wie auf Juden nur so triefte, dabei war er selber Jude. Prinzipiell war darin alles Männliche gut, der reine Mann ein Ebenbild Gottes. Alles Weibliche hingegen war sündhaft schlecht; je weiblicher das Weib, desto mehr verkörpere es eine «rein geistlose Geilheit». Und erst durch den Mann empfange die Frau ein Leben aus zweiter Hand, schwadronierte Weininger. Sein sechshundert Seiten starkes Werk erhielt kaum Aufmerksamkeit. Deprimiert mietete sich der Dreiundzwanzigjährige ein Zimmer in Beethovens Sterbehaus in der Schwarzspanierstraße und setzte seinem Leben ein Ende, indem er sich eine Kugel ins Herz jagte. Daraufhin avancierte sein Buch zum Bestseller, und Weininger wurde zur Legende. Wenn hier also jemand Beethoven verhunzt hatte, dann gewiss nicht sie.

Trotz ihrer Erschöpfung liebte sie Wien, und an diesem Abend tanzte sie in dem Bewusstsein, dass es das letzte Mal sei. Vielleicht spürte das Publikum das. Auf jeden Fall wollte der Applaus gar kein Ende nehmen. In der Garderobe packte sie ihre Kostüme in einen großen Koffer, ihre Schminkutensilien und ihren Schmuck in den Handkoffer, in dem schon ihr Reisepass bereitlag. Als sie schwer bepackt durch den Bühneneingang hinaustreten wollte, wurde sie vom Portier aufgehalten.

«Haben Sie einen Passierschein, gnädige Frau?», fragte er, mit einem Grinsen im Gesicht.

«Ich bin Anita Berber, ich brauche keinen Passierschein», entgegnete sie und wollte ihren soeben abgesetzten Koffer wieder aufnehmen.

«Wenn Sie Gegenstände aus dem Theater hinausführen möchten, gnädige Frau, benötigen Sie einen Passierschein», erwiderte er und griff auch schon nach ihrem Gepäck.

Sie versuchte, es ihm zu entreißen, ein wildes Gerangel entstand. Plötzlich schlug ihr der Portier mit der Faust ins Gesicht. Sie taumelte, fasste sich ungläubig an die linke Wange und schrie wutentbrannt auf, da versetzte er ihr eine Ohrfeige. Sie stolperte die drei Stufen vor dem Bühneneingang hinab und blieb liegen. Schließlich raffte sie sich unter Mühen wieder auf, ein paar Bühnenarbeiter hatten sich inzwischen versammelt. Der Portier stand dort, ihre Gepäckstücke neben sich, und brüllte in breitem Wienerisch die wüstesten Beschimpfungen auf sie ein.

Als sie um drei Uhr morgens auf dem Polizeirevier in der Dorotheergasse Anzeige erstatten wollte, musterte der diensthabende Beamte sie abfällig. Ein Arzt wurde hinzugezogen. Er stellte Blutunterlaufungen am linken Auge fest, die ganze Gesichtshälfte war stark angeschwollen. Das Zahnfleisch war verletzt, noch immer blutete sie aus dem Mund.

«Haben Sie getrunken?», war das Erste, was der Polizeibeamte fragte.

«Was tut das zur Sache?», zischte sie. «Ich möchte Anzeige erstatten, weil ich tätlich angegriffen wurde. Oder ist es in diesem Lande üblich, eine Frau derart zu behandeln?»

Inzwischen waren zwei weitere Beamte hinzugekommen und glotzten neugierig. Ob das die Nackttänzerin sei, die abgeschaffte, erdreistete sich der eine zu fragen, so laut, dass sie es hören musste.

Sie schlief kaum in dieser Nacht. Als sie am Morgen ihr

verquollenes, blau-lila Gesicht im Spiegel sah, erschrak sie. Wie ein Monster sah sie aus, daran würde auch viel Schminke nichts ändern können.

Sie schämte sich, als sie im Foyer vor dem Portier stand, ihren schwarzen Samthut tief ins Gesicht gedrückt, und darum bat, der Telefonist möge sie, obwohl Sonntag sei, zum Privatapparat des Rechtsanwalts durchstellen. Es dauerte bis zum Abend, bis der Meyer ihr Gepäck ausgehändigt bekam. Stunden, die ihr endlos vorkamen. Aber immerhin, auf den Meyer war Verlass. Erschöpft stieg sie in den Nachtzug nach Budapest, der für die kurze Strecke eine Ewigkeit brauchte, aber das war ihr gerade recht. Sie wachte erst bei der Ankunft auf.

HELLSICHTIGKEIT
IN FINSTEREN ZEITEN

In Budapest tanzte Sebastian sein Solo «Byzantinischer Peit-schentanz», gestaltet nach einem Klaviertrio von Robert Volkmann. Gemeinsam tanzten sie ein Stück, das sie spontan im Kokainrausch entworfen hatten, «Die Frau mit den sieben Masken». Noch im Rausch hatte Sebastian gemeint, Anitas Tanz ängstige und errege ihn zugleich.

Die kleine Bar im jüdischen Viertel von Pest war täglich ausverkauft. Erheblich kleiner als in Wien, fasste der Raum nur knapp achtzig Personen, und ihr tägliches Salär deckte gerade mal die Kosten für Unterkunft und Verpflegung. Anitas Koksdöschen war beinahe leer, Sebastians Gier war wie üblich weitaus größer gewesen, und nun wanzte er sich auf diese höchst durchschaubare Art an sie heran. Sie hasste es, wenn er sie mit brennenden Augen und aufgeblähten Nasenflügeln umschmeichelte, ständig nach der kleinen Dose aus Schild-patt schielend. Seine bleichen, knochigen Finger strichen jetzt über ihr Haar, er murmelte fadenscheinige Liebesworte und beobachtete angespannt, wie sie sich eine Prise genehmigte.

Sie sog das frische, sich rasch verflüchtigende Aroma tief in sich hinein. Kühle Bergluft, die einem den Schädel öffnete. Ein paar Krümelchen Koko kratzten irgendwo im hinteren Rachenraum und hinterließen einen bitteren Geschmack. Für einen Moment hatte sie das Gefühl, ihre Nase habe sich in Luft aufgelöst, instinktiv griff sie danach. Es war, als fasse sie in ein fremdes Gesicht. Angenehm kühl und unglaublich weich fühlte sich ihre Haut an. Ihre Fingerspitzen wanderten forschend über ihr Antlitz.

Wie eine lauernde Raubkatze hatte Sebastian auf diesen Moment gewartet. Sie vernahm seinen vor Erregung zitternden Atem, als er nach dem Döschen griff. Es war ihr egal.

Wenn er berauscht war, würde er sie lieben. Dann würde der Poet in ihm erwachen, und er würde ihr Liebesgedichte ins Ohr flüstern. Verse, die sie betörten, von einer Schönheit und Tiefe, unfassbar. Worte, die sie nie werde vergessen können, dachte sie, die sich einbrennen würden in ihr Gedächtnis.

Und gleichzeitig wusste sie aus der Erfahrung, dass am nächsten Tag alles verschwunden sein würde, vergessen, verraucht. Aber vielleicht war das gerade das Schöne: dass es eine Poesie war, die sich nicht aufs Papier bannen ließ, die man nicht festhalten konnte. Eine Poesie, filigran und flatterhaft, wie ein Schmetterling.

Am nächsten Tag wurden sie gegen Mittag durch heftiges Klopfen unsanft geweckt. Sebastian warf sich ein Jackett über den nackten Oberkörper und öffnete die Tür. Die Hausherrin verlangte erneut nach der Zimmermiete und drohte damit, sie auf die Straße zu setzen. Mit seinem üblichen Charme kam Sebastian bei ihr nicht weiter, nur mit größter Mühe gelang es ihm, sie zu beruhigen.

In den Luxushotels, in denen sie bisher verkehrt hatten, dachte Anita, war das deutlich einfacher gewesen. Obwohl es um ganz andere Summen ging. Hier hingegen wurde man behandelt wie jeder andere auch.

Als sie anschließend zum Frühstücken ins Café Central gingen, in dem die Schauspieler und Schriftsteller verkehrten, wurden sie auch an diesem Tag nicht erkannt. Es gab keinen

Kellner, der um sie und Sebastian herumscharwenzelte, keine anderen Gäste, die sie aufgeregt beäugten oder nach einem Autogramm fragten. Stärker als sonst folgte heute auf die Ernüchterung die Depression.

Der österreichischen Presse entnahm sie, dass der Rummel um ihren Nachfolger in Wien, Siegmund Breitbart, kein Ende nahm. Von ihrem Tanz war hingegen keine Rede mehr. Nun hatten die Wiener offenbar jemanden gefunden, dessen Kunst sie in ihrer Begeisterung einte. Interessanterweise trat Breitbart sowohl im Ronacher als auch im Apollo auf. Dass er dabei kaum etwas am Leibe trug, war ebenfalls kein Problem.

«Ein Mann von wunderschönem Körperbau und riesenhafter Muskelentwicklung», las sie vor, «der zur Freude der Zuschauer in dem etwas dürftigen Kostüm der germanischen Urbewohner auftritt.»

Der einzige Ärger, den Breitbart den Wienern einbrockte, sei der Unmut einiger Wirte. Sie beklagten, dass die Tische ihrer Wirtshäuser neuerdings mit kleinen Löchern übersät seien, weil ihre Gäste, erfasst vom Breitbart-Fieber, es ihrem Idol gleichzutun suchten, indem sie sich übten, ebenfalls mit der bloßen Faust Nägel in den Tisch zu schlagen. Und die Vorhangstangen an den Fenstern seien auf einmal gekrümmt, weil sie zum Biegen herhalten müssten. Das Ronacher, schloss der Artikel, verlängere Breitbarts Gastspiel zum Jubel der Wiener um einen vollen Monat.

Auch die Post bot keinen Hoffnungsschimmer: Sebastians Vater verweigerte jede weitere finanzielle Unterstützung. Schließlich gaben sie bei der Bank einen Wechsel in Zahlung, auf dem Sebastian die Unterschrift seines Vaters gefälscht hatte. Um keinen Argwohn zu erregen, hatte er den Betrag auf ihr Anraten hin niedrig angesetzt. Aber als sie eine Woche später erneut einen Wechsel in Zahlung geben wollten, sah der Schalterbeamte sie musternd an, entschuldigte sich und verschwand im Nebenzimmer. Sie suchten sofort das Weite.

An jenem Abend verstand, wie so oft, einer der Gäste nicht, dass es Kunst war, was sie hier darboten. Er pöbelte auf Deutsch, Anita solle mal «hübsch ihre Muschi zeigen». Sie ignorierte es, innerlich aber kochte sie vor Wut. Wegen ihrer Kurzsichtigkeit konnte sie das Gesicht des Idioten kaum erkennen, wusste aber genau, von welchem Platz die Beleidigung gekommen war. Kaum dass der letzte Applaus verebbte, stolzierte sie lächelnd auf das Würstchen zu, um ihm unvermittelt ins Gesicht zu spucken. Das Ziel ihrer Attacke hatte diese Absicht aber rechtzeitig bemerkt, duckte sich rasch zur Seite weg, und ihre Spucke landete mitten auf der Glatze eines Herrn dahinter, der außer sich geriet. Wie sich herausstellte, handelte es sich um niemand Geringeren als den Budapester Polizeipräsidenten, was zur Folge hatte, dass sie tags darauf erneut des Landes verwiesen wurden.

Da ihnen die Rückreise über Österreich verwehrt war, fuhren sie mit dem Zug in die Tschechoslowakei. In Prag traten sie einige Abende in der Amerikanischen Bar auf. Sie tanzten spontan «Die Leiche am Seziertisch» – dafür löschten sie das Saallicht, sodass der Raum nur noch vom Schein der Kerzen auf den Tischen und den dreiarmigen Leuchtern auf dem Bartresen erhellt war. Anita lag auf einem großen Tisch, Sebastian schlich schattenhaft um sie herum. Rachmaninows «Toteninsel» tönte aus dem Grammofon, und mit dem Erklingen des «dies irae»-Motivs aus der gregorianischen Totenmesse begann sie, sich zaghaft zu bewegen. Die Zuschauer waren gebannt, eine Frau kreischte erschrocken auf, als Anita sich mechanisch, wie eine zum Leben erwachende Puppe, aufrichtete und mit einem Schlag die Augen öffnete.

In Karlsbad, ihrer nächsten Station, geriet sie mit Sebastian in Streit, nachdem er ihren letzten Rest Kokain allein konsumiert hatte. Sie tobte, schlug auf ihn ein. Auf der Suche nach Drogen rannte sie durch die halbe Stadt. Die typischen Cafés der Kokainisten mit den stets geschlossenen Vorhängen, hinter denen Tag und Nacht zu einem gleichförmigen Einerlei verschmolzen, waren hier nicht zu finden. In Berlin konnte man bei jeder zweiten Klofrau Koko kaufen, aber in diesem spießigen Wasserkurdorf sahen die Klofrauen sie ratlos an oder verwiesen sie an die Apotheken.

Verzweifelt irrte sie umher. Aber der geübte Kokainist verfügt über einen untrüglichen Instinkt. Manchmal beschlich Anita gar das sichere Gefühl, als stünden die Droge und sie selbst in einer Art magischen Beziehung. Als führe das Koko sie in der Not stets verlässlich an seine Quelle.

Das Schaufenster der Apotheke machte einen verstaubten Eindruck. Als sie die Tür öffnete, ertönte eine schrille Klingel. Dann verstrich eine gefühlte Ewigkeit, bis der Apotheker hinter dem Verkaufstresen erschien. Sein Gesicht war alt und vertrocknet, mit eingedrückten, blauen Schläfen. Die glasigen Augen tränten. Es schien, als sei er selbst sein bester Kunde in diesem riesigen Drogen-Gemischtwarenladen. Sein müder Blick musterte sie herausfordernd. Trotz seines Alters lag eine gewisse Geilheit darin verborgen, sie kannte diese Art von Männern. Kurz kam ihr der Gedanke, sich diesem alten Zausel hinzugeben. Ihr Blick fiel auf seine klauenartigen Hände, die auf dem Tresen ruhten. Der lange Nagel seines rechten Zeigefingers klopfte ungeduldig pochend auf das dunkle Holz.

Sie überlegte es sich anders. Das waren geübte Onanistenhände, die nach einer Vorlage gierten. In ihrer Handtasche trug sie noch ein postkartengroßes Aktfoto bei sich, ein Werk aus dem Studio von Madame d'Ora. Sie liebte dieses Bild, auf dem sie barbusig, die Arme hinter dem Kopf verschränkt, hinter dem Ateliervorhang hervorblickte. Ein Jammer, es diesen lüsternen alten Pranken zu überlassen … aber sie wühlte bereits in ihrer Tasche und legte es auf den Tresen.

Kurz darauf kehrte sie mit vier Ampullen Morphium ins Hotel zurück. Sebastian gab sich reumütig, geradezu devot; ihn plage sein schlechtes Gewissen, jammerte er. Vermutlich nur, um teilhaben zu können an ihrem frisch gehobenen Schatz. Aber die unmittelbar in Aussicht stehende Entspannung verlieh ihr Großmut. Sie warf ihm eine Ampulle zu und griff nach dem Lederetui mit der gläsernen Spritze. Zumindest die hatte er vorausschauend gereinigt. Sie setzte sich einen Schuss in den Oberschenkel, wohlige Wärme durchströmte ihren Körper.

Im gemeinsamen Rausch biss sie Sebastian in die Wange, vielleicht ein wenig zu fest. Sie gestand ihm, dass sie ihn manchmal würde morden wollen. Er sah sie erschrocken an. Da spürte sie eine seltsame, kribbelnde Erregung in sich aufsteigen. «Oder lieben», flüsterte sie und setzte sich auf ihn.

Am Abend tanzten sie «Mord, Weib und Gehenkter» zu Musik von Schubert. Vielleicht hätten sie das nicht tun sollen, vielleicht hatten sie den Bogen längst überspannt, fragt sie sich im Nachhinein.

Als sie das böhmische Städtchen Eger erreichten, unweit der deutschen Grenze, hatte sich die Kunde ihres bevorstehenden Auftritts längst verbreitet. Am Bahnhof wurden sie unwirsch empfangen: Die Droschkenfahrer sahen sie verächtlich an und verweigerten den Transport. Notgedrungen machten sie sich samt Gepäck zu Fuß auf den Weg zum Hotel, eine halbe Stunde später trafen sie erschöpft im Goldenen Adler ein. Der Wirt, bei dem sie bereits vor drei Tagen ein Zimmer reserviert hatten, zeigte sich ebenfalls abweisend. Es tue ihm furchtbar leid, erklärte er unsicher lächelnd, aber er könne ihnen leider keine Unterkunft bieten. Ein Irrtum, es sei bereits alles belegt.

Aber da kannte er Sebastian schlecht.

«Wir haben hier ein Zimmer reserviert», entgegnete er ruhig, aber bestimmt, «und das werden wir jetzt beziehen. Wir sind müde von der Reise, und ich bin sicher, Sie wünschen weder Aufsehen noch Ärger.»

Der Wirt kratzte sich nervös am Hinterkopf.

«Es ist mir höchst unangenehm! Wie gesagt, ein Versehen meinerseits, aber leider ist alles ausgebucht.»

Sebastian lehnte sich jetzt langsam über den Tresen, wies mit dem Kinn in Richtung des Schlüsselbretts, das, reichlich behängt, hinter dem Wirt an der Wand hing, und erwiderte: «Wir nehmen Zimmer acht.»

«Dort kann es laut sein, das geht zur Straße und …»

«Danke, wir sind auch nicht leise. Das ist uns gerade recht.»

Am nächsten Mittag wurden sie von lautem Geschrei geweckt. Aus dem offenen Fenster blickend, sahen sie eine Horde von etwa dreißig Halbwüchsigen die Straße heraufziehen, auch Kinder darunter. Vorneweg trugen sie eine Art Vogelscheuche. Sie johlten und reckten drohend ihre Fäuste in die Luft, die Älteren schwangen Mistgabeln und Dreschflegel. Als sich diese seltsame Prozession ihrem Hotel näherte, erkannten sie, wen die gekreuzigte weiße Figur, der mit Laken umwickelte Strohbalg, den man wütend gen Himmel reckte, darstellte: Schwarz aufgemalte Augenschlitze mit langen Wimpern, rotes Wollhaar und ein knallroter herzförmiger Mund – es war eindeutig.

«Nieder mit der Metze Berber!», skandierten die Gören.

Ohne zu zögern, schwang sich Anita aufs Fensterbrett. Barfüßig stand sie dort, ihr Morgenmantel flatterte im Wind. Die

Menge unter ihr johlte boshaft auf, ein blonder Knabe, nicht älter als vierzehn, spuckte auf den Boden. Anita setzte ein Lächeln auf und hielt sich mit der Linken am Fensterkreuz fest, während sie dem Pöbel mit der Rechten Kusshände zuwarf.

Damit schien niemand gerechnet zu haben. Das Geschrei ebbte allmählich ab, ratlose Stille breitete sich aus. Langsam zog Anita die Schleife ihres Morgenmantels auf, die Rockschöße fielen auseinander und flatterten um ihren nackten Körper. Sie winkte.

«Ich bin nichts weiter als eine Frau», rief sie ihnen zu, «wie Gott mich schuf, soll ich zu euch nach unten kommen?»

Die Kleineren starrten mit offenem Mund, ihre älteren Gefährten guckten verschämt beiseite, unschlüssig, wie sie mit dieser Situation umgehen sollten. Ein kleiner Junge fing an zu weinen. Und so zogen sie nach einer Weile lustlos wieder ab.

Tags darauf entnahm Anita der Zeitung, es habe sich um einen Protestzug des Katholischen Jünglingsvereins gehandelt. Die Puppe habe man im Übrigen später im Bett eines Paters gefunden, schloss der Artikel. Humor immerhin hatten sie, die Böhmen. Ihrem Auftritt tat dies alles keinen Abbruch. Offensichtlich gab es auch in Eger Menschen unterschiedlicher Gesinnung. Die Vorstellung am Abend war ausverkauft, und der Applaus wollte kein Ende nehmen.

Trotzdem war Anitas und Sebastians Stimmung gedämpft, als sie danach in der Garderobe beisammensaßen. Erneut waren sie annähernd pleite und grübelten über finanzielle Optionen, als es an der Tür klopfte.

Der Mann mochte ein paar Jahre älter als sie sein, er war groß und schlank und trug einen perfekt sitzenden dunkelblauen Nadelstreifenanzug mit blauer Krawatte. Über einer auffallenden Nase wölbte sich eine fliehende Stirn, die Augen unter den schwarzen, buschigen Brauen leuchteten dunkel. Die Frau an seiner Seite wirkte zierlich, fast zerbrechlich. Ihr blondes, schulterlanges Haar umrahmte ein ausnehmend hübsches Gesicht.

«Bitte verzeihen Sie die Störung! Wenn ich uns kurz vorstellen dürfte: Das ist meine Partnerin Elvira», er wies auf die Dame im grünen Flapper-Kleid samt Glockenhut im selben Farbton, «ich selbst bin …», er machte eine gewichtige Pause wie ein Zirkusdirektor, bevor er die nächste Attraktion ankündigte, «Frederick Marion!»

Seine Stimme war tief, hatte einen leicht tschechischen Akzent. Erwartungsvoll sah er Anita und Sebastian an, scheinbar enttäuscht, dass sie nach dieser Offenbarung nicht in Begeisterung ausbrachen. Er sei der berühmte Hellseher, setzte er schließlich nach. Ob er sie auf ein Getränk einladen dürfe – in der gut sortierten Bar gleich gegenüber? Und gerne dürften sie ihn Fred nennen. Die gut sortierte Bar stellte sich als Spelunke heraus, aber was war in diesem Kaff schon groß zu erwarten? Ein paar verlorene Gestalten hockten im trüben Licht am Tresen, in der Ecke spielte ein alter Mann auf einem verstimmten Piano. Sie nahmen Platz. Fred gab dem Kellner einen Wink, ehe er gebieterisch den Zeigefinger vor die geschlossenen Lippen legte und zu Anita meinte:

«Sagen Sie nichts. Ich weiß, was Sie trinken wollen.» Er bestellte eine Flasche Cognac und vier Gläser.

«Fred weiß alles», erklärte Elvira.

Anita lächelte freundlich, wenngleich sie nur mäßig beeindruckt war. In ihrer Garderobe hatte er eben noch die leere Cognacflasche auf dem Tisch gesehen – mit so viel Hellseherei konnte sie locker mithalten. Allzu schnell wollte sie dem neuen Gönner jedoch nicht vor den stolzen Kopf stoßen, und so spielte sie bereitwillig mit und nickte artig. Sie prosteten einander zu, und Fred zeigte beiläufig auf ein Plakat an der Tür, das seinen Auftritt am kommenden Wochenende ankündigte: «Weltmeister des Okkultismus», hieß es da marktschreierisch, und: «Wissenschaftlich einwandfreies Phänomen des Hellsehens!»

Fred legte bedeutungsvoll die Stirn in Falten und erklärte dabei, dass er sich stets von seinen Visionen leiten lasse. Elvira nickte eifrig und nippte an ihrem Cognac. Auf diese Weise sei er auch in ihrer heutigen Vorstellung gelandet, die übrigens grandios gewesen sei! Denn er habe, fuhr er fort, und dabei schenkte er Anita und Sebastian jeweils einen tiefen Blick aus seinen dunklen Augen, er habe vergangene Nacht gesehen, dass er bei seiner bevorstehenden Tournee durch Italien und Jugoslawien nicht alleine auftreten werde. Nein, da sei ein Tänzerpaar gewesen, jung und schön, das ihn begleitet und den zweiten Teil der Vorstellungen bestritten habe! Jetzt erst kippte Fred seinen Cognac, den er die ganze Zeit über in der rechten Hand gehalten hatte, in einem Zug hinunter.

Eigentlich wäre Anita am liebsten sofort aufgestanden, eigentlich hätte sie am liebsten schallend gelacht und wäre davongegangen. Schon alleine, um diesem eingebildeten Fatzke seine Vision zu versauen. Sebastian schien es ähnlich zu gehen, das konnte sie an seinem verkrampften Lächeln deutlich erkennen. Aber klar war auch, dass ihre Möglichkeiten im Augenblick begrenzt waren. Sich jemand anzuschließen und in eine bereits durchgeplante Tournee einzusteigen, schien eine verlockende Lösung ihrer aktuellen Probleme.

Und so nickte sie zu ihrem eigenen Erstaunen erneut, schenkte eine Runde nach und meinte: «Kaum zu glauben, Fred! Ich bin beeindruckt.»

Der Hellseher lächelte gönnerhaft, seine Assistentin

strahlte über das ganze Gesicht. Und so ergaben sich Anita und Sebastian ihrem Schicksal und lauschten den ganzen Abend den Erzählungen des weltberühmten Meisters, der nebenher auch die Künste der Hypnose, der Telepathie und der Metagraphologie beherrschte. Allein anhand eines einzigen Schriftstückes, erläuterte Fred, könne er sofortige Aussagen über den Schreiber machen, dessen Charakter und Aussehen, aber auch über den Ort und die Umstände, unter denen das Schreiben entstanden sei. Im Weltkrieg, erzählte er und zündete sich eine Zigarre an, sei er übrigens von der österreichischen Armee in Albanien als Wünschelrutengänger eingesetzt worden: Er habe Wasseradern gefunden und angeordnet, an welchen Stellen Versorgungsbrunnen gebohrt werden sollten – höchst erfolgreich natürlich. Und bei der Wasserknappheit eine essenzielle Notwendigkeit!

In Holland wiederum hatte er der Polizei mittels seiner Fähigkeiten bei der Aufklärung von Kriminalfällen geholfen, man habe ihn den «menschgewordenen Bluthund» getauft. In Sarajewo sei er einmal von der Kriminalpolizei an einen Tatort geführt worden und habe allein aufgrund der kryptästhetischen Eindrücke, die er dort wahrgenommen habe, eine solch präzise Täterbeschreibung geben können, dass der Mörder kurze Zeit später gefasst werden konnte! Kurzum: Es gab wenig, was Fred nicht konnte.

Zwischendurch tranken sie, Anita schenkte großzügig nach, und Fred schwelgte in seinen Erinnerungen. Er war bereits durch nahezu sämtliche europäische Länder getourt. Im berühmten Moskauer Aquarium Theater war er vor Jahren mit Stan Laurel aufgetreten. Auch ein begabtes britisches Brüderpaar habe dort seinerzeit die Herzen der Zuschauer erobert, erzählte er, zwei äußerst komische Clowns, der jüngere der beiden sei unter dem Namen Charlie Chaplin berühmt.

Es war spät geworden, sie hatten längst die zweite Cognac-flasche geleert und eine dritte bestellt.

«Weißt du, Fred», sagte Anita und zog an ihrer Zigarette, «ich habe gerade auch eine Vision.»

Er sah sie an mit seinem stechenden Blick, aber sie erkannte das unsichere Flackern, das darin lag.

«Ich sehe, dass du ziemlich besoffen unter dem Tisch liegst. Und morgen einen riesigen Schädel hast.» Sie drückte ihre Zigarette aus, griff demonstrativ zum Cognacglas und stürzte es in einem Zug hinunter. «Ja, das sehe ich.»

Fred lächelte bemüht, während Elvira sich vor Lachen auf die Schenkel schlug.

Der Gemeindesaal von Eger war bis auf den letzten Platz besetzt. An den Seiten waren kurzerhand noch Stehplätze vergeben worden, um dem Andrang gerecht zu werden. Fred war gefragt, das konnte man nicht abstreiten. Etwas verspätet drängten sich Anita und Sebastian durch die Reihen, um zu ihren reservierten Plätzen zu gelangen.

Als kurz darauf das Saallicht erlosch, erklang eine mystische Melodie, und Fred trat hinter einem schwarzen Paravent hervor ins Bühnenlicht. Er trug einen Smoking, dazu eine weiße Fliege, sein schütteres Haar mit reichlich Hair Tonic nach hinten gekämmt. Er verneigte sich tief, dann wies er mit der Hand nach links, wo nun Elvira erschien, in einem roten, mit Pailletten verzierten Cocktailkleid, dessen Saum sich in langen Fransen verlor. Ihr Haar zierte ein schmaler Reif mit apartem rotem Federschmuck. An den Händen Abendhandschuhe bis über die Ellbogen, oben gesäumt mit Daunen, alles in Rot.

«Verehrtes Publikum!», eröffnete Fred mit donnernder Bassstimme. «Sie werden heute Zeuge von Phänomenen, für die die Wissenschaft bisher keine Erklärung gefunden hat! Hervorgerufen durch geheime Kräfte, durch übersinnliche Fähigkeiten, die nur die wenigsten von uns besitzen.» Während Fred das Publikum von der Bühne herab mit seinen stechenden Augen fixierte, hielt er den Kopf leicht geneigt, was sein Erscheinungsbild noch diabolischer wirken ließ, als es ohnehin schon war. Elvira lächelte breit und bekräftigte seine Ausführungen durch beständiges Kopfnicken.

«Ich bitte die Herren», fuhr Fred fort, «auf die Damen an ihrer Seite besonders zu achten. Mitunter sind meine Kräfte dermaßen mächtig und überraschend, dass gerade das zarte Geschlecht überwältigt sein kann. Mitunter fallen Damen in Ohnmacht.»

Anita gähnte demonstrativ. Derlei Hokuspokus hatte sie oft genug erlebt. Fred begann nun mit den typischen Hypnosenummern: Freiwillige wurden gesucht. Zwei Männer und drei Frauen unterschiedlichen Alters betraten schließlich die Bühne und wurden von Elvira auf bereitgestellten Stühlen platziert. Fred zog ein schmales Kettchen aus seiner Smokingjacke hervor, an dem ein silberner Ring baumelte. Damit pendelte er nun den Fünfen der Reihe nach vor der Nase, beschwörend auf sie einredend, und innerhalb kürzester Zeit hatte er sie alle in einen hypnotischen Zustand versetzt. Einem älteren, beleibten Herrn erzählte er nun, er sei ein Huhn, worauf dieser anfing zu gackern und die angewinkelten Arme flügelgleich auf und ab schlug. So flatterte der Alte über die Bühne und nickte bei jedem Schritt wie ein Huhn mit dem Kopf. Eine Frau, die Fred zur Katze bestimmt hatte, maunzte herzerweichend, strich auf allen Vieren um den Stuhl herum und schielte nach dem dicken Huhn. Dazwischen stolzierte bald ein Storch herum, ein Känguru trieb hüpfend sein Unwesen und griff sich artig in den Beutel. Die letzte Dame stand starr als tickende Standuhr. Das Publikum bog sich vor Lachen und goutierte die Darbietungen mit Applaus.

Schließlich bereitete Fred dem Spuk ein Ende, indem er alle wieder aus ihrem hypnotischen Zustand befreite. Elvira geleitete die noch etwas verwirrten Probanden zurück auf ihre Plätze.

Nun begann Fred, von seinen hellseherischen Fähigkeiten zu berichten. Während er ein paar seiner Heldentaten erzählte, verteilte Elvira kleine Zettel und Umschläge im Publikum. Wer möchte, könne ihm eine Frage stellen, erklärte Fred. Man möge die Frage notieren und das sorgfältig verschlossene Kuvert lediglich mit den eigenen Initialen kennzeichnen sowie einer Angabe, in welcher Reihe man sitze. Es dürfe sich um Fragen handeln, die die eigene Zukunft betreffen oder auch die Vergangenheit. Selbstverständlich habe er nicht auf alles eine Antwort, betonte er. Das hänge von vielerlei Faktoren ab, von speziellen Schwingungen, auch von der Aura des Fragestellers und seiner Durchlässigkeit, kurz: Die Hellseherei sei ein höchst schwieriges Unterfangen und erfordere selbst von den Besten jahrelange Übung und beständige Praxis. In den meisten Fällen erhalte er, Frederick Marion, jedoch deutliche, klare Antworten.

Elvira schritt mit einem schwarzen Korb durch die Reihen, die Zuschauer warfen ihre Umschläge hinein. Unter keinen Umständen wollte Anita sich diese Gelegenheit entgehen lassen, und so warf auch sie eine Frage in den Korb.

Auf der Bühne zurück, schüttete Elvira den Inhalt des Korbes vor Fred auf einem kleinen Tischchen aus. Der Meister bat um äußerste Ruhe. Dieser Vorgang, erklärte er mit Grabesstimme, erfordere allerhöchste Konzentration.

Er schloss die Augen, griff mit der Rechten in die Luft und ballte sie zur Faust, ganz so als ergreife und ziehe er unter großer Kraftanstrengung einen unsichtbaren Stoff aus dem Äther. Es war so still im Saal geworden, dass man nur Freds tiefe, ruhige Atemzüge vernahm. Langsam begann er, mit seiner linken Handfläche über den Briefen hin und her zu fahren, ohne selbige zu berühren. Seine Lippen bewegten sich dabei lautlos, als würde er geisterhaft sprechen. Schlagartig öffnete er dann die Augen und blickte starr über die Zuschauer hinweg. Plötzlich rollten seine Augäpfel mit einem Male nach hinten, und ein seltsames Zucken erfasste seinen Körper. Eine Frau neben Anita schrie auf, das restliche Publikum hielt den Atem an, während Anita die ganze Darbietung reichlich albern fand.

Freds Zustand normalisierte sich wieder, und ohne hinzusehen, griff er nach einem Umschlag: «L., H.», verlas er die Initialen und erklärte, während er das geschlossene Kuvert vor sich hielt, es handle sich um einen männlichen Fragesteller mittleren Alters – er kniff die Augen zusammen –, «um die vierzig Jahre». Dieser Mann sei in großer Sorge, fuhr er fort. «Er hat eine Frage, seine Zukunft betreffend. Auf dem Umschlag steht, dass er in der siebten Reihe sitzt. Würden Sie sich bitte erheben?»

In der Tat war es ein Mann, der nun aufstand, auch sein Alter schien zu stimmen. Ein Raunen ging durchs Publikum.

«Sind meine Angaben so weit korrekt?», fragte Fred.

Der Mann nickte, ohne ein Wort zu sprechen.

Fred starrte in seine Richtung, aber es schien, als sehe er durch ihn hindurch.

«Um auf Ihre Frage zurückzukommen: Ich rate Ihnen dringend, diese Wertpapiere zu verkaufen. Besser heute als morgen.»

Dem Mann trat der Schweiß auf die Stirn. Er stammelte ein paar Dankesworte und setzte sich. Applaus brandete auf.

Fred griff nach einem weiteren Umschlag. Nach einem Blick auf das verschlossene Kuvert erklärte er, diesmal handle es sich um eine Frau, ihr Alter könne er nicht genau bestimmen. Er verlas ihre Initialen und bat die Fragestellerin, sich zu erheben. Eine vielleicht dreißigjährige, vornehm gekleidete Dame stand auf, Fred nahm sie ins Visier.

«Ihre Frage bezieht sich auf eine bevorstehende Reise», setzte er an und zögerte kurz, «nein, sie bezieht sich auf die Liebe.» Er fuhr sich nervös mit der Linken über die Stirn.

«Moment, etwas irritiert mich.» Er sah auf den verschlossenen Umschlag in seiner rechten Hand, dann wieder in das Gesicht der Frau. «Ihre Frage bezieht sich sowohl auf eine Reise als auch auf die Liebe. Habe ich recht?»

Sie nickte errötend.

Er fixierte sie erneut, dann blickte er über sie hinweg in die Ferne.

«Sie wollen wissen, ob Sie nach Wien fahren sollen?»

«Ja», antwortete sie leise.

Er hielt inne, verzog dann leidend das Gesicht.

«Normalerweise würde ich sagen, die Liebe ist immer eine Reise wert. Aber in diesem Fall muss ich Ihnen abraten. Fahren Sie unter keinen Umständen nach Wien. Ich sehe, dass dieser Mann mit einer anderen Dame in Verbindung steht. Seien Sie froh darum. Denn er würde Sie nur verletzen.»

Die Frau, von Gefühlen überwältigt, schlug sich die Hand vor den Mund, nickte erneut und fiel auf ihren Stuhl zurück. Während das Publikum noch starr vor Staunen war, klatschte Elvira bereits strahlend in die Hände und bereitete damit den Auftakt für einen weiteren, rasenden Applaus. Fred griff sich unterdessen erschöpft an die Stirn, er schwankte leicht, Elvira reichte ihm lächelnd ein Glas Wasser.

Zweifellos war seine Darbietung beeindruckend. Wie er das

alles meisterte, war Anita schleierhaft. Gleichzeitig ging ihr sein überhebliches, eitles Getue schrecklich auf die Nerven. Schon schwebten seine Hellseherhände erneut über die Umschläge, zielsicher griff er ein Kuvert heraus und erklärte:

«Dieser Brief ist von einer Dame, die mir persönlich bekannt ist.» Schlagartig fiel er wieder in jene Trancehaltung, die für Anita nach wie vor wie eine billige Zirkusnummer aussah. Einem solchen Schmierentheater mochte sie keinen Glauben schenken.

«Diese – ich muss bemerken, sehr attraktive – Dame ist eine große Künstlerin und stellt eine Frage zu ihrer beruflichen Zukunft. Sie möchte wissen», er hielt inne und sah zu Anita und Sebastian, «sie möchte wissen, ob sie und ihr Partner mich demnächst auf meiner Tournee begleiten werden. Als Teil eines neuen, wundervollen Programms.»

Anita erstarrte. Dieser Mann war unverfroren. Aber leider hatte er recht.

«Die Antwort lautet», Fred lächelte dreist: «Ja!» Er klatschte in die Hände. «Ja, und mit großem Erfolg!» Das Publikum applaudierte, die Leute um Anita herum wussten sogleich, wer hier gemeint war.

Anita starrte regungslos zur Bühne. Irgendetwas war faul an Fred.

★

Als sie wenige Wochen später alle gemeinsam die italienische Grenze erreichten, wurden sie angehalten. Offenbar hatte man sie schon erwartet. Es kam zu sprachlichen Missverständnissen, ein Übersetzer wurde gerufen. Sie dürfe Italien nur betreten, erklärte der Übersetzer und errötete, wenn sie nicht nackter auftrete als die Prima Ballerina des Königs.

Das wunderte sie. Neuerdings wehte nicht nur in Deutschland zunehmend Wind von rechts. In Italien hatte sich wenige Monate zuvor ein ehemaliger Journalist mit seinem «Marsch auf Rom» die Macht über das Land erstritten.

«Hat der König denn noch was zu sagen», fragte Anita, «ich dachte, Mussolini hat den Laden jetzt in der Hand?» Der Übersetzer errötete noch mehr und entschloss sich wohl, etwas anderes zu übersetzen. Jedenfalls waren seine italienischen Ausführungen deutlich wortreicher als Anitas Frage. Schließlich meinte er, wieder an sie gewandt: Man erkläre sich, da sie sich geehrt fühle, vor Mussolini zu tanzen, und da sie außerdem gelobe – er räusperte sich –, nicht nackter aufzutreten als die Prima Ballerina des Königs, erkläre man sich bereit, ihr freies Geleit zu geben.

Gemeinsam mit Fred und Elvira traten sie erfolgreich in Mailand, Florenz und Neapel auf.

In Bari tanzten sie im ausverkauften Piccinni-Theater, einem nach dem Opernkomponisten benannten, ehrwürdigen Haus mit Deckenmalerei, vergoldetem Bühnenportal und zahlreichen, ganz in Rot gehaltenen Logen. Altmodisch, aber beeindruckend prunkvoll und mit bester Akustik.

Nach der Vorstellung saß Anita mit Fred eines Abends allein an der Piazza del Ferrarese und trank Cognac, als Fred ihr etwas zu lange in die Augen sah, seine Stirn in gewohnter Hellsehermanier in Falten warf, über sie hinwegblickte und plötzlich meinte:

«Ich sehe Liebe. Und Leidenschaft.» Seine Oberlippe begann zu vibrieren, seine Augäpfel drehten sich gespenstisch nach oben, sodass nur mehr die weiße Augenhaut zu sehen war. «Ich sehe Ekstase!», hauchte er.

Sie schnipste zweimal mit den Fingern vor seinem Gesicht,

um ihn zurück ins Irdische zu holen. Als auch das nichts half, gab sie ihm einen kräftigen Klaps auf den Rücken, und tatsächlich, seine Hellseheraugen blickten wieder normal, er landete wieder im Hier und Jetzt.

«Ich sehe reichlich Cognac», erklärte sie, «außerdem bin ich müde. Lass uns gehen.»

Wie immer in solchen Momenten tat Fred, als sei nichts gewesen. Als sei das ein anderes, ihm unbekanntes Ich, das ihr mitunter Avancen machte.

Aber beleidigt schien er trotzdem zu sein.

Als sie, zurück im Grand Hotel d'Oriente, die Tür ihrer Suite öffnete, erklang Strawinskys «Feuervogel»: Das dunkle, bedrohlich wabernde Motiv des Zauberers Kaschtschej, tiefe Celli und Kontrabässe im beständigen Wechsel zwischen großer und kleiner Terz, dazu der dumpfe Klang der Großen Trommel. Das Grammofon spielte im Schlafzimmer, unterlegt von männlichem Keuchen und Stöhnen.

Wut stieg in ihr auf. Dass Sebastian ihren «Feuervogel» entweihte, nahm sie ihm übel. Dieses Ballett war ihr heilig, schon als Mädchen hatte sie es in Dresden getanzt. Auch das russische Märchen, das dem Musikstück zugrunde lag, liebte sie über alles. Als sie klein war, hatte Großmutter Lu es ihr immer wieder vorlesen müssen. Und nun mischte sich diese heilige Musik mit dem ihr wohlbekannten Stöhnen und einem fremden, liederlichen Keuchen. Fagott und Klarinetten spielten jetzt in tiefer Lage zackige Rhythmen. Sie sah Sebastian vor sich, wie er es da drinnen trieb mit einem dieser Pupenjungen, die er in jeder Stadt zu finden wusste, und die sich jedes Mal auf ihn stürzten. Sie wollte ins Zimmer stürmen, wollte Sebastian von diesem jugendlichen Stricher herunterreißen, ihm eine schallende Ohrfeige versetzen und ihn anschließend zur Tür hinaustreiben, mitsamt seinem verdorbenen, syphilitischen Lustknaben.

Sie hatte die Klinke bereits in der Hand, als die tiefen Orchesterstimmen mit einem Mal verstummten und das Motiv des Feuervogels erklang: auf- und abschwellende Figuren der Flöten, ein pulsierendes Flirren der hohen Streicher – ein sinnlicher, irisierender Tanz, der sie erstarren ließ. Ihr war, als sähe sie den Märchenhelden Iwan Zarewitsch vor sich. Und sie sah die Großmutter, das Märchenbuch in der Hand, sah den Vater, die Violine unter dem Kinn. Sie wandte sich ab, verließ das Zimmer, das Hotel, rannte auf die Straße, in das nächtliche Dunkel, spärlich erhellt vom Licht vereinzelter Bogenlampen.

Sie lief die Stadtmauer entlang, am Tor vorbei, in dessen Tiefe man schwarz das Meer erahnen konnte, bis zur Basilica San Nicola. Hier hatte sie bereits die letzten Tage Zuflucht gefunden, wenn sie unglücklich war.

Den Namensgeber der Kirche, den heiligen Nikolaus, hatte es auf noch abenteuerlicheren Wegen hierher verschlagen als sie selbst. Wenngleich der Heilige davon nichts mehr mitbekommen hatte. Vor gut achthundert Jahren hatten Bareser Seeleute seine Gebeine im türkischen Myra aus der Grabstätte in der dortigen Nikolauskirche geraubt und nach Bari überführt. Hier hatten sie ihm diese mächtige Kirche errichtet, in deren Krypta der Heilige von da an seine letzte Ruhestätte fand.

Angeblich war Nikolaus zuvor einem Bareser Priester im Traum erschienen und hatte diesem verkündet, er wolle nicht mehr an einem von den Türken entweihten Ort in der kalten Erde liegen, sondern im schönen Apulien, bei den frommen Katholiken.

Aber da hatte Anita ihre Zweifel. Wahrscheinlicher war,

dass man die Hoffnung gehabt hatte, die Stadt Bari durch die Reliquien eines der meistverehrten Heiligen überhaupt zur Pilgerstätte zu machen. Was augenscheinlich gelungen war.

Sie rüttelte an der schweren Holzpforte, aber selbstverständlich war die Kirche um diese Uhrzeit längst verschlossen. Man wollte es etwaigen Nachahmern des damaligen Grabraubs nicht zu einfach machen. Also setzte sie sich auf die weißen Steinstufen vor dem Eingang und zündete sich eine Zigarette an.

Am Tag zuvor hatte sie die große Heiligenfigur in der Kirche ausführlich betrachtet. Nikolaus sah ganz anders aus als zu Hause in Berlin. Seine Haut war auffallend dunkel, die Augen braun, der volle Bart schwarz. Seine schlanke Gestalt in edles, goldgelbes Gewand gekleidet, hielt er in der Hand den Bischofsstab sowie drei goldene Äpfel. Der Legende nach hatte ein verarmter Vater einst seine drei Töchter nicht verheiraten können, da er kein Geld für eine Mitgift besaß. In der ausweglosen Situation beschloss er, die Mädchen zu Prostituierten zu machen. Nikolaus erfuhr davon und rettete die Familie. In drei aufeinanderfolgenden Nächten warf er je einen Goldklumpen durch die Zimmerfenster der Töchter. In der dritten Nacht entdeckte der Vater den Retter und bedankte sich voller Ehrfurcht. Deshalb galt Nikolaus nicht nur als Schutzpatron der Seeleute und Kaufmänner, sondern auch der Prostituierten und Diebe. Das widersprach sich zwar ein bisschen, aber vermutlich hatten die Bareser es sich so zurechtgelegt, grübelte Anita, um ihr schlechtes Gewissen zu beruhigen. In jedem Fall gefiel ihr das Gegensätzliche, das darin lag.

Vom Meer her wehte eine angenehm frische Brise, das laute Zirpen der Zikaden erfüllte die Luft, und sie stellte erstaunt fest, dass ihre Wut nahezu verraucht war.

Auf dem Weg zurück lief sie die Gasse zum Lungomare

hinunter, wie die Leute hier die Küstenstraße nannten. Der Himmel war bedeckt, kein Mond spiegelte sich, wie die Nächte zuvor, in der Wasseroberfläche. Stattdessen verlor sich ihr Blick in völliger Schwärze.

Als sie am Alten Hafen vorbeilief, in dem kleine Fischerboote und Kähne vertäut lagen, klapperte ihr ein einsamer Droschkenfahrer entgegen, hielt erstaunt an und bot seine Dienste feil. Sie lehnte dankend ab, woraufhin er lautstark italienisch auf sie einredete. «Pericoloso» – «gefährlich», verstand sie und irgendetwas wie «eine Frau nachts allein» – «no, no, no». Sie suchte ihm ihrerseits auf Deutsch zu erklären, dass sie sich durchaus zu wehren wüsste. Aber erst als sie auf ihre erhobene Faust zeigte und gekonnt einen rechten Haken in die Luft schlug, lachte er anerkennend, wünschte ihr eine gute Nacht und fuhr weiter. Kurz darauf verließ sie den Lungomare und querte einen kleinen Platz mit einer Brunnenanlage, als sie ein ihr wohl vertrautes Gekicher vernahm.

Am anderen Ende der Piazza saß Elvira auf einer der Bänke und amüsierte sich mit einem Mann. Sie sprachen Italienisch und klangen wie zwei Turteltäubchen. Genaueres konnte Anita ohne ihr Monokel nicht erkennen.

Auf jeden Fall war es nicht Fred, an dessen Gesellschaft Elvira sich erfreute.

★

«Du bist zu viel», sagte Sebastian am nächsten Morgen zu ihr.

«Ich bin dir zu viel?»

«Nicht nur mir. Überhaupt. Du bist einfach zu viel», entgegnete er.

«Wie kann ein Mensch *zu viel* sein?», fragte sie.

«Merkst du es nicht selber?» Seine Stimme zitterte.

Sie hatte immer gedacht, gerade das wäre es, was er an ihr schätzte: ihre Vielseitigkeit.

Sie sei wie ein großer Strauß bunter Blumen, hatte er einmal zu ihr gesagt, immer wieder entdecke er neue Seiten an ihr, hatte er geschwärmt.

Aber das war lange her. Aus müden Augen starrte er sie an.

«Ich bin dich so leid», flüsterte er, «ich bin deiner überdrüssig. Du widerst mich an.»

Die Kälte, die von ihm ausging, ließ sie frösteln. Ihre Mundhöhle war wie ausgetrocknet. Sie schluckte.

«Du kannst jederzeit gehen», entgegnete sie.

«Das sagst du jetzt so.» Seine Augen funkelten wütend. «Du lässt mich ja doch nicht los. Immer, wenn ich versuche, mich aus deinen Fängen zu befreien, greifst du nach mir. Unerbittlich.»

Als sie spätnachmittags ins Hotel zurückkehrte, erwartete Sebastian sie bereits. Plötzlich war er wieder zutraulich. Vermutlich, weil sein Vorrat an Koko zur Neige gegangen war und er sich bei ihr zu bedienen hoffte, wie es regelmäßig der Fall war.

Obwohl die Heuchelei offensichtlich war, schenkte sie seinen fadenscheinigen Entschuldigungen Gehör und genoss seine Schmeicheleien, als ginge es tatsächlich um sie. Es war Teil des Spiels, und sie war gewillt, mitzuspielen. Das Koko verschaffte ihr Zugang zu seiner Liebe. Und wenngleich sie gerade längst nach dem Stoff lechzte, war sie bereit, zu teilen. Schließlich bedurfte sie seiner Zuneigung genauso wie der Droge. In gewisser Weise verband das weiße Pulver sie miteinander, schien es ihr. In guten wie in schlechten Zeiten.

Als sie abends gemeinsam auf der Bühne standen und das Orchester Rachmaninow spielte, verschmolzen sie zu einer

Einheit, und sie hatte wieder das Gefühl, nichts auf der Welt könne sie jemals auseinanderbringen.

In den darauffolgenden Tagen blieb sie distanziert. Wie immer in solchen Phasen war Sebastian besonders charmant und liebevoll.

Die Erfahrung hatte sie längst gelehrt, dass das nicht so bleiben würde.

Mit dem Dampfschiff setzten sie nach Sizilien über.

In Palermo schminkte sie sich nach der Vorstellung ab und wollte gerade in Sebastians Garderobe treten, als sie, in der offenen Tür stehend, innehielt. Sein Schweißgeruch lag in der Luft, übertüncht von den Lavendelnoten des Parfums *Bac*, einem neuen Duft aus dem Hause Max Schwarzlose, mit dem er sich soeben eingenebelt hatte. Konzentriert saß er vor dem Schminkspiegel und drehte sich die Strähnen oberhalb der Schläfen zu neckischen Locken ein. Schlagartig wusste sie, was bevorstand. Sebastian machte sich ausgehfein. Gewiss würde er sie dabei nicht im Schlepptau haben wollen.

Er griff mit seinen schlanken, manikürten Fingern nach dem Wimpernbürstchen, tauchte es in das Wasserglas und rieb den schwarzen Block Wimperntusche an. Dabei waren seine Augen noch vom Auftritt reichlich geschminkt. Sie hasste sein weibisches Getue, seinen selbstverliebten Blick in den Spiegel.

Er war so auf sich und sein Äußeres fixiert, dass er sie erst spät hinter sich entdeckte.

«Müde?», fragte er und blitzte sie über das Spiegelglas kühl an. «Du kannst ruhig vorgehen. Ich komme später nach.»

Das würde ihm so passen, dachte sie.

«Warum sollte ich müde sein?»

Sie trat kampfentschlossen einen Schritt an ihn heran.

Wie satt seine Augen waren. Kalt und selbstgefällig.

In Palermo bekam man Koko problemlos, wie sie schnell festgestellt hatten. Augenscheinlich hatte ihn das viele weiße Pulver bereits überheblich gemacht. Sie spielte nervös mit der schwarzen Jetperlenschnur, die ihr Cocktailkleid von den Schultern bis zur Taille zierte.

«Geh nach Hause. Ruh dich aus», sagte er jetzt mit Nachdruck, als sei es ein Befehl.

«Sorgst du dich etwa um mich?» Sie lachte kurz auf und ärgerte sich sogleich über die unverkennbare Bitterkeit in ihrem Ton. «Seit wann sagst du mir, was ich zu tun habe?», setzte sie nach.

«Du bist betrunken», antwortete er ruhig, ganz als sachliche Feststellung. Ohne ihr auch nur einen Blick zu schenken. Stattdessen pinselte er weiter konzentriert an seinem eitlen Gesicht herum.

Eine Unverschämtheit, dachte sie.

Voller Hochmut saß er da, seine Pupillen zwei riesige schwarze Löcher, nur mehr der Hauch einer Iris zu sehen. Zugekokst bis obenhin war er und wagte es dabei, ihr Vorhaltungen zu machen!

Sie schrie auf ihn ein. Ob das Koko ihm jetzt völlig den Verstand vernebelt habe, brüllte sie. Aber er ließ all ihre Wut an sich abperlen und lächelte sie überlegen an. Was sie nur noch zorniger machte.

«Mein Gott», flüsterte er, schüttelte den Kopf und strafte sie mit einem boshaft abschätzigen Blick.

«Du lallst», fuhr er fort. «Und eines sage ich dir: heute Abend habe ich keine Lust, dich wie ein geschlachtetes Schwein schultern zu müssen, weil du nicht mehr stehen kannst. Also sieh zu, wie du allein nach Hause kommst. Bevor es zu spät ist.»

Er legte die Schminkutensilien beiseite, erhob sich, griff nach seinem Jackett, dem dunkelblauen Fedorahut und einem Paar Handschuhe in selbiger Farbe und verließ ohne ein weiteres Wort das Zimmer.

★

Es war ein Fehler gewesen, sich von Fred auf einen Drink einladen zu lassen. Aber wenn man sich einsam fühlt, tut man häufig Dinge, die man später bereut. Sebastian war auch an diesem Abend allein ausgegangen, als sie mit Fred an der Bar des Excelsior Palace Hotels saß. Er sah sie an mit seinem stechenden Blick, schon fasste er sich wieder theatralisch an die Stirn.

«Ich sehe noch etwas», setzte er erneut an, «ich sehe Schmerz. Sebastian wird sich von dir trennen. Das wird wehtun, aber letztendlich ist es wohl besser für dich.»

Allmählich ging ihr die Hellseherei auf die Nerven.

«Das mag sein», erwiderte sie gelassen und riss dann ebenfalls plötzlich die Augen auf, so, als habe auch sie ein Blitz der Erkenntnis getroffen, legte die Stirn grüblerisch in Falten, sah ihm gleichfalls tief in die Augen, und erwiderte mit ihrer rauchigen Stimme:

«Auch ich habe etwas gesehen, Fred: Noch bevor sich Sebastian von mir trennt, wird Elvira dich verlassen.»

Damit erhob sie sich und ging auf ihr Zimmer.

Schneller als erwartet trat ihre Prophezeiung ein: Bereits am übernächsten Morgen reiste Elvira ab. Offenbar vertrug ein Hellseher es nicht, dass jemand anderes seine Zukunft las.

Zumindest würdigte Fred Anita von da an keines Blickes mehr. Stattdessen erklärte er einige Tage später, er werde die anschließende Tournee durch Jugoslawien alleine fortsetzen.

Als sie auseinandergingen, hielt er sie noch einmal fest.

«Eigentlich wollte ich das für mich behalten, aber nun sehe ich mich doch gezwungen», er sah sie mitfühlend an und fuhr mit schlecht gespielter Überwindung fort: «Du wirst nicht alt werden.»

Sie lachte schrill auf.

«Aber das weiß ich doch, Fred. Das ist bei meiner Lebensweise nun wirklich nicht schwer vorherzusagen.» Sie schüttelte den Kopf und zündete sich eine Zigarette an.

«Wenn man intensiv lebt, geht das Leben eben auch schneller vorbei. Alles andere wäre doch seltsam?»

Aber Fred hatte bereits seinen theatralischen Hellseherblick aufgesetzt: «Vorher wirst du noch auf einen großen Künstler treffen. Er wird ein Bild von dir malen. Ich sehe ein bedeutendes Gemälde.»

«Das glaube ich gern.» Sie blies ihm genervt den Rauch ins Gesicht. «Ich bin schon oft gemalt worden. Von Charlotte Berend, Rudolph Grossmann, von Felix Harta. Das bringt mein Beruf mit sich. Ist das alles, was du mir zu weissagen hast?»

Er sah mit seinen dunklen Augen über sie hinweg, ins Nirgendwo. Mit kalter, emotionsloser Stimme fuhr er fort:

«Es wird kein schönes Bild von dir sein. Aber es wird sehr berühmt werden, dieses Gemälde, weil», er kniff verkrampft die Augen zusammen, «weil … das weiß ich nicht genau. Aber eines kann ich mit Sicherheit sagen: Dieses Bild ist das einzige Zeugnis, mit dem du der Nachwelt in Erinnerung bleiben wirst: als hässliche, alte Frau.»

«Mein Gott, Fred», sie schüttelte den Kopf und drückte ihre Zigarette aus, «du hast doch gerade selbst gesagt, ich werde jung sterben.»

«Das wirst du auch», erwiderte er kühl und sah sie scharf an. «Aber auf dem Bild wirst du trotzdem alt aussehen. So alt, wie du nie werden wirst.»

Er schnaufte verächtlich. «Tja. So ist das Leben», sagte er und zuckte mit den Schultern.

DIE ZWEI GESICHTER
DES FRITZ LANG

E in Irrenhaus, der ganze Verein», dachte sie, während sie, auf der Galerie des nagelneuen Jofa-Ateliers stehend, das geschäftige Treiben unter sich betrachtete und noch immer auf ihren Auftritt wartete.

Dieser Ort allerdings hatte es in sich: «Das größte Filmatelier der Welt», hatte es bei der Eröffnung geheißen, und das war wohl nicht übertrieben. So gesehen, hatte der leidige Versailler Friedensvertrag, unter dem das ganze Land ächzte, zumindest einmal auch sein Gutes. Denn was der Besitzer der Albatros Flugzeugwerke, jetzt, wo Deutschland keine Flugzeuge mehr bauen durfte, hier am Flugplatz Johannisthal in kürzester Zeit hochgezogen hatte, war mehr als beeindruckend: Die ehemaligen Werkshallen der Flugwerft waren zu zwei gigantischen Aufnahmehallen umgebaut worden, verbunden durch riesige eiserne Schiebetore. Glasverdachte Decken sorgten gemeinsam mit einer Unzahl von Scheinwerfern für beste Lichtverhältnisse.

Der junge Beleuchter neben Anita wechselte jetzt die Streuscheibe an einem der Scheinwerfer, der die Szenerie zehn Meter unter ihnen in goldenes Licht tauchte: Ein komplettes Theater samt Bühne und Zuschauersaal hatte man in die Halle gebaut. Hinter einer der Sperrholzwände dort unten, gleich an seiner Stimme mit dem leicht wienerischen Akzent erkennbar, hörte man den cholerischen Fritz Lang herumbrüllen.

Der Beleuchter warf Anita einen verschwörerischen Blick zu und zuckte mit den Schultern. «Von hier oben lässt sich zum Glück ein Großteil der Scheinwerfer bedienen, ohne dass wir unten stören müssen», erklärte er leise. Er hatte muskulöse Oberarme, schien kaum zwanzig Jahre alt zu sein, sein bartloses Gesicht trug noch kindliche Züge. Seine Stimme war angenehm weich, und er roch nach Maschinenöl, was ihm eine gewisse Männlichkeit verlieh. Er griff nach der brüchigen Ledertasche, die er neben sich abgestellt hatte, und deutete hinter Anita.

«Die Arbeitsgalerie zieht sich durch die gesamte Halle. Hinter diesem Atelier gibt es noch zwei weitere von derselben Größe.» Anita warf einen Blick nach hinten, wo sich die eiserne Empore in der Tiefe des Raumes verlor.

Erstaunlich warm war es hier oben, Schweiß trat ihr in die Stirn. Staubpartikel waberten im Lichtkegel vor ihr durch die trockene, erhitzte Luft. Der Beleuchter kramte jetzt ein Stück Brot und einen Wurstzipfel aus der Ledertasche hervor, sein Klappmesser schnappte auf. Mit dem Kinn deutete er lässig nach links. «Übrigens können wir, wenn der Platz nicht reicht, die Ateliers nach der Ostseite, Richtung Flugplatz hin, öffnen. Die Schiebetore lassen sich komplett zur Seite fahren.» Mit ungelenken, kantigen Bewegungen schnitt er eine Scheibe Brot ab und säbelte dann an dem Wurstzipfel herum, dazwischen zeigte er mit dem Messer in Richtung des Lichtkegels. «Die kleinen Scheinwerfer hier oben kann ich alleine einrichten», fuhr er fort. «Unser größter Scheinwerfer allerdings, wir nennen ihn das *Auge der Hydra*, das Glas hat einen Durchmesser so groß wie ein Mensch, für den braucht es drei Mann. Er hat so viel Gewicht, dass wir ihn nur auf einem eisernen Wagen auf dem Gleis hereinfahren können.» Sein Messer deutete auf das Eisenbahngleis, das quer durch die Halle verlief. «Übrigens kann auch ein ganzer Eisenbahnzug in die Halle fahren. Letztens erst hatten wir das gesamte Atelier zum Bahnhof umgebaut.» Er legte ein paar Wurstscheiben auf sein Brot und biss hastig hinein. Dabei rutschte ein Wurstrad hinunter, sprang über die Brüstung nach unten und verschwand zwischen den Brettern des künstlichen Theaterbaus. Er tat, als habe er es nicht bemerkt, und fuhr sich mit dem Handrücken über den Mund. Seine Hände waren erstaunlich groß. Er kaute und schlang an seiner Brotzeit.

Anitas Magen knurrte, den ganzen Tag hatte sie nichts gegessen. Vor dem Dreh aß sie nie etwas. Überhaupt wurde Essen allgemein überschätzt, fand sie. Es gab genügend Dinge, die wichtiger waren.

Wenn man allerdings aß, sollte man sich Zeit und Muße dafür nehmen. Und man sollte essen können. Sie hasste es, wenn Männer keine Manieren hatten.

Der Beleuchter steckte jetzt nacheinander seine fettigen Finger in den Mund und wischte sie anschließend an seiner Hose ab. Der ganze Zauber dieses jungen Menschen war mit einem Mal verflogen. Wer solche Hände hatte und so mit dem Messer umging, wer so aß und schlang, der hatte keine Klasse und vor allem kein Feingefühl. Solche Typen kannte sie. Und sie kannte auch deren Finger. Die mochte man nicht zwischen den Beinen haben.

Ob sie hungrig sei, fragte der Beleuchter jetzt, nachdem er sich die Lippen abgeleckt hatte.

«Danke, kein Appetit», erwiderte sie.

Er starrte sie ratlos an, schließlich zündete er sich eine Zigarette an und reichte ihr das Päckchen. «Merkt hier oben niemand», erklärte er lächelnd, «das ist ein weiterer Vorteil, wenn man in der Höhe arbeitet.» Sie rauchten und sahen in

Richtung des künstlichen Theaters, in dessen Loge gerade die Filmarbeiten fortgesetzt wurden.

«Innerhalb von zwei Tagen mussten wir das ganze Theater hochziehen», erzählte er und inhalierte tief, «wir haben ja bis gerade noch diesen neuartigen Gruselfilm gedreht: *Nosferatu*. Wenn du mich fragst, so gruselig kann der nicht werden. Der Vampir sah reichlich albern aus – wie der mit seinem Sarg umherzieht.» In diesem Moment ertönte Geschrei unter ihnen.

«Kein Opernglas!», brüllte Fritz Lang. «Ein richtiges Fernglas will ich, habe ich gesagt! Ein Doktor Mabuse mit seinen hypnotischen Augen, der gibt sich mit solch einem Spielzeug doch nicht ab!»

Der junge Beleuchter schüttelte den Kopf und meinte leise zu Anita: «Das ist der Grund, warum ich lieber Flugzeuge montiere, trotz all der Eintönigkeit. Ein anständiger Motor macht keinen solchen Lärm. Die Künstler sind doch alle irre!» Er drückte seine Zigarette am Geländer aus, griff nach seiner Tasche und hob kurz die Hand zum Abschied. Dann lief er die Galerie hinunter, zum nächsten Atelier.

Fritz Lang war der Irrste von allen, das war mal sicher. Fritz Lang war ihr suspekt. Ursprünglich kam er aus Wien, genau wie Oswald. Wenngleich es bei Lang weniger deutlich zu hören war. Und anders als Oswald war Lang ein Choleriker.

Und ein Frauenmörder. Dessen war sie sich sicher.

Lang lachte auf. Er stand schräg unter ihr in der künstlichen Theaterloge des nachgebauten Folies-Bergère-Theaters in dieser gigantischen Halle, in der noch vor wenigen Monaten Flugzeuge gebaut worden waren. Lachend schlug Lang dem Schauspieler Rudolf Klein-Rogge auf die Schulter. Das sei der Blick, den er meine, rief der Regisseur euphorisch aus, der hypnotische Blick des Doktor Mabuse!

Eine weitere Einstellung wurde gedreht, und erneut hörte sie Langs donnerndes Gelächter. «Herrlich!», rief er, «die eine Augenbraue hochgezogen – das ist es, Rudolf! Herrlich diabolisch! Man bekommt direkt Gänsehaut!»

«Ein Irrenhaus», dachte sie erneut, «Klein-Rogge muss mal wieder den Schurken geben. Dabei sitzt der eigentliche Schurke hinter der Kamera im Regiestuhl, feixt und lacht.»

Ein Jahr zuvor erst hatte sie Rudolf Klein-Rogge kennengelernt, als sie für ein Treffen mit Otz Tollen an ein Filmset bestellt worden war. Später war sie Klein-Rogge hier und da begegnet, die Filmszene war ja sehr überschaubar. Er war ein überaus reizender, höflicher Kollege mit einem herrlichen Humor, eine rheinische Frohnatur. Klein-Rogge hatte in Aachen und Nürnberg Theater gespielt, dann ein Engagement am Berliner Lessing-Theater erhalten. Beim Film schließlich hatte er als Bösewicht seinen ersten nennenswerten Erfolg gehabt, seitdem wurde er ausnahmslos als Schurke besetzt. Dabei war Klein-Rogge privat ein lieber Kerl, der keiner Fliege etwas zuleide tun konnte! Nun gab er den Schurken sogar in der Titelrolle, noch dazu in einem ungewöhnlich aufwendigen und teuren Film, das war wenigstens mal was!

Fritz Lang lachte schon wieder, und Klein-Rogge lachte bemüht mit. Wie man das eben so machte vor einem aufstrebenden Regisseur. Auch, wenn einem vermutlich gar nicht nach Lachen zumute war, und das war es Klein-Rogge wohl kaum. Es war gerade einmal eineinhalb Jahre her, dass Fritz Lang ihm seine Ehefrau ausgespannt hatte, die schöne Thea. Inzwischen waren sie geschieden.

Die schöne Thea, so munkelte man, war das eigentliche Genie hinter Fritz Lang. Thea von Harbou war eine groß gewachsene, schlanke Blondine mit markanten Gesichtszügen und einer modischen Wasserwellenfrisur. Eine preußische

Offizierstochter. Sie war Schauspielerin gewesen, nun aber bereits seit Jahren erfolgreich als Schriftstellerin. Ihre schwülstigen Heimatromane waren allerdings nicht nach Anitas Geschmack. Auch mit den altbackenen Frauenfiguren in ihren Novellen – Weibern, die sich selbstlos aufopferten – konnte Anita nichts anfangen. Da kam offenbar die preußische Offizierstochter in der Autorin durch. Aber was Drehbücher betraf, besaß die schöne Thea zweifellos großes Talent. Ihr *Mabuse*-Drehbuch las sich ausgesprochen spannend. Obendrein war es perfekt ausgearbeitet mit genauen Angaben zu den Filmbauten, zur Ausstattung, ja sogar zu den Einstellungen der Kamera.

Anitas Blick fiel auf die gewaltige Atelieruhr, die gleich einer Bahnhofsuhr über dem Gleis hing, das längs durch die Halle verlief. Trotz deren Größe sah sie die Zeiger nur verschwommen. Sie setzte das Einglas auf und musste feststellen, dass es kurz vor drei war – seit sechs Stunden wartete sie bereits, kein Wunder, dass sie hungrig war! Dort hinten erkannte sie jetzt auch den blonden Kopf von Thea von Harbou, die in einem Regiestuhl thronte und das Geschehen aus der Distanz verfolgte. Neben ihr saß Aud Egede-Nissen, diese mittelmäßige norwegische Schauspielerin, mit ihrem ständigen Lächeln. So lieblich, dass man spucken mochte. Ein Jammer, dass ausgerechnet Aud die weibliche Hauptrolle spielte: Cara Carozza, eine durchtriebene Tänzerin, die mit dem diabolischen Doktor Mabuse unter einer Decke steckt. Das wäre eine Partie nach Anitas Geschmack gewesen, das hätte gepasst wie selten eine Rolle. Stattdessen durfte sie nun diese Hauptdarstellerin, die man aus seichten Unterhaltungsfilmen kennt, in einer Tanzszene doubeln. Weil Aud gar nicht tanzen konnte! Hätte er einfacher haben können. Aber das war Fritz Lang vermutlich zu heikel gewesen, schließlich hatte Anita Lisa gekannt – seine erste Ehefrau, von der inzwischen niemand mehr laut sprach. War ja auch schon ein gutes Jahr her, dass er sie erschossen hatte. Fritz Lang lachte erneut. Offenbar war er jetzt auf der Sonnenseite des Lebens angekommen.

Drei Jahre war es her, dass Anita und Lisa gemeinsam im Wintergarten getanzt hatten. Von Anfang an hatten sie sich gut verstanden, Lisa hatte eine bezaubernde, höchst charmante Art. Sie war etwas älter gewesen als Anita, jedoch recht naiv und stets von Unsicherheit geplagt. Einmal hatte Lisa ihr gestanden, dass sie ihren Mut bewundere. Dass sie Anita geradezu verehre für ihre Furchtlosigkeit, unbeirrbar ihren Weg zu gehen, ohne sich um Konventionen und um die Meinung anderer zu scheren.

«Das ist kein Mut», hatte Anita ihr damals erklärt, «das ist Unvermögen. Ich kann mich nur so ausdrücken, wie ich es empfinde. Alles andere ist mir unmöglich.»

Als die gemeinsamen Vorstellungen im Wintergarten endeten, verloren sie sich aus den Augen. Anita spielte erstmals im Film, Lisa spielte in Berlin Theater. Hier und da liefen sie sich über den Weg, trafen aufeinander im Romanischen Café, auf einer Premiere, im Verona oder in der Kakadu-Bar. Dann fielen sie einander unvermittelt in die Arme, lachten und kicherten wie beste Freundinnen. Im Kakadu war es auch gewesen, wo Lisa ihr erstmals ihren «Fritze» vorgestellt hatte. Er sei ein studierter Architekt und habe als Maler in der Pariser Bohème gelebt, hatte Lisa ihr beschwipst ins Ohr geflüstert. Er sei durch die ganze Welt gereist und habe sich schließlich der Filmkunst zugewandt, zahlreiche Filmmanuskripte habe er verfasst.

Fritz war groß und schlank und sah gut aus. Allerdings

wirkte er mit seinem gepunkteten Seidentuch um den Hals und dem Monokel im Auge, das aus Fensterglas zu sein schien, wie ein billiger Aufschneider. Steif stand er am Tresen und nickte etwas dümmlich im Takt des Swing. Die Musik war zu laut, als dass er ihr Gespräch hätte verfolgen können. Aber offenbar ahnte er, dass es um ihn ging; und sein starres, blasiertes Lächeln zeigte, dass er es genoss. Lisa warf ihrem Fritze einen verträumten Blick zu. Sie sei so glücklich, schwärmte sie Anita vor, und dass bereits die Hochzeit bevorstünde.

«Bist du schwanger?», fragte Anita überrascht. Während Fritze jetzt, zwar verspätet, aber ganz alte Schule, nach Anitas Hand griff, um sie zu küssen.

«Nein», erwiderte Lisa stolz, «aber Fritze hat mich gefragt.»

Sie gab ihm lässig einen Klaps auf die Schulter. Er nickte, obschon er sicher kein Wort verstanden hatte. Er sei ein Gentleman, fuhr Lisa fort. Und im Übrigen werde ihr Fritze, der bisher stets an den Manuskripten anderer Regisseure gearbeitet hätte, bald erstmals selbst Regie führen, *Halbblut* heiße der Film.

«Hat er dir denn wenigstens eine anständige Rolle hineingeschrieben, in das *Halbblut*?»

«Nein», hatte sie gelacht und den Kopf geschüttelt, als sei das gänzlich unvorstellbar. Ressel Orla werde die Heldin spielen: eine Frau, die ihre Männer betrüge und am Ende aus Rache erschossen würde.

Viel später, als sie auseinandergegangen waren, hatte Fritze den Arm um Lisa gelegt wie um eine sichere Beute. In der Tür hatte sie sich noch einmal zu Anita umgedreht und ihr zugelächelt.

Lisas Glück währte nicht lange. Als Anita ihr ein gutes Jahr später wieder begegnete, war sie höchst betrübt. Ihr Fritze betrüge sie, hatte sie geklagt. Er streite es zwar ab, behaupte gar das Gegenteil – dass sie ihn betrüge –, aber das sei reichlich lächerlich.

Warum es den Männern so schwerfiel, eine Affäre einzugestehen, hatte Anita sich schon oft gefragt. Sie hatte versucht, Lisa zu beruhigen. Ein kleiner Seitensprung, da sei nichts weiter dabei, da solle sie drüber hinwegsehen.

Aber Lisa hatte verzweifelt den Kopf geschüttelt. Unter Tränen hatte sie erklärt, es sei mehr als das, nicht bloß eine Affäre. Er liebe eine andere, das spüre sie ganz genau. Es handle sich um eine Kollegin, mit der er gemeinsam Filmmanuskripte schreibe.

«Und um ehrlich zu sein», hatte sie schniefend hinzugefügt, «sie schreibt besser als er.»

Auch bei seinem jüngsten Projekt, dem zweiteiligen Spielfilm *Die Spinnen*, hätte sie mitgewirkt. Hätte abgeändert, Verbesserungen gemacht, auch wenn er es stets negiere. Sie, Lisa, kenne das Manuskript von Beginn an, und nach jedem Treffen mit dieser Thea hätte es plötzlich große Fortschritte gegeben: Flach gezeichnete Figuren hätten plötzlich Gestalt angenommen, ein richtiger Spannungsbogen habe sich über die Erzählung gespannt, wo vorher nur – sie stieß die Worte verächtlich hervor – Langeweile und Eintönigkeit vorgeherrscht hätten.

Eine Woche vor der Premiere von *Der goldene See*, dem ersten Teil der *Spinnen*, war Anita über eine kurze Nachricht in der Zeitung gestolpert:

«Die Tänzerin und Schauspielerin Elisabeth Lang, geborene Rosenthal, ist durch einen tragischen Unfall ums Leben gekommen. Der genaue Hergang des Unglücks muss noch geklärt werden. Ein durch den schockierten Ehemann herbeigerufener Arzt konnte nur mehr den Tod der Künstlerin feststellen.»

An jenem tragischen Abend, erfuhr Anita, als sie später

Lisas Schwester aufsuchte, habe Lisa ihren Gatten mit der schönen Thea in flagranti ertappt. Aufgelöst sei Lisa gewesen, erzählte ihre Schwester, der sie noch am selben Abend Bericht erstattet hatte, auch wütend und verzweifelt. Aber nicht lebensmüde. Auf die Straße setzen wollte sie ihren Gatten. So hatte sie es erklärt, als sie sich wieder auf den Weg nach Hause machte. Keine zwei Stunden später hatte ein aufgeregter Fritz Lang nach dem Notarzt gerufen, auch die Polizei wurde verständigt.

Man fand Elisabeth Lang blutüberströmt auf dem Kanapee liegend, ein Loch in der Brust. Der Browning-Revolver ihres Ehemannes lag vor ihr auf dem Fußboden. Ein schrecklicher Unfall, erklärte Fritz Lang den Polizisten. Seine hysterische Frau habe gedroht, sich das Leben zu nehmen, den Revolver in der Hand. Er habe auf sie eingeredet, habe schließlich mannhaft versucht, ihr die Waffe zu entreißen. Dabei habe sich ein Schuss gelöst.

Die Polizei glaubte ihm.

Zwei Tage nach Lisas Beerdigung wurde die Premiere von *Der goldene See* gefeiert. Auf den Fotos sah man einen zufrieden lächelnden Fritz Lang, an seiner Seite die schöne Thea.

«Frau Berber?» Wie aus weiter Ferne hörte sie dort unten jemanden ihren Namen rufen. Ihr Blick fiel wieder auf Thea von Harbou, die noch immer neben Aud saß und sich gerade nachdenklich am Hinterkopf kratzte. Anita erhob sich und stieg vorsichtig mit ihren Doppelriemen-Pumps die metallenen Stufen der Galerietreppe hinab, als ein aufgeregter Regieassistent auf sie zugeschossen kam.

«Ah, da sind Sie ja! Gott sei Dank!» Nervös wischte er sich den Schweiß von der Stirn. «Bitte folgen Sie mir gleich ins hintere Atelier. Unser Regisseur wartet höchst ungern.»

«Nun, da haben wir etwas gemein», entgegnete sie gelassen, während sie sich etwas Staub vom Kostüm klopfte. Der Regieassistent lächelte verlegen.

Fritz Lang lümmelte in einem der Sessel des vorgeblichen Zuschauersaals und deutete auf die leere Bühne. Sie würde hereingestürmt kommen, erklärte er, wie ein Wirbelwind. Er hob mahnend den Zeigefinger, «aber mit tänzerischer Grazie!» Sie würde schöne, anmutige Bewegungen machen: die Beine in die Luft werfen, Pirouetten drehen, und dergleichen Dinge mehr. Anschließend würde sie in der Bühnenmitte zum Stehen kommen, beide Arme ausbreiten, und das Publikum würde begeistert applaudieren, würde ihr, also Cara Carozza, Beifall klatschen, schließlich sei sie der Star der Folies Bergère! Dann allerdings, er rollte mit den Augen wie ein Jahrmarktschausteller, dann allerdings, von ihr zunächst unbemerkt, würde am Bühnenportal, links und rechts, jeweils ein gigantischer Monsterkopf erscheinen! Phänomenal gestaltete Monster seien das, erklärte er schwärmerisch, von Erich Kettelhut gebaut, zwei Meter fünfzig hoch, mit einem beweglichen Scheinwerfer als Auge! Wie um seine Ausführung zu unterstreichen, setzte er kurz sein Monokel ab, kniff die Augen zusammen, und setzte es wieder auf.

Von beiden Seiten, fuhr er fort, würden diese Monsterköpfe jetzt die grazile Tänzerin bedrängen, würden sie mit ihren gewaltigen Zwei-Meter-Nasen quasi in die Zange nehmen. Sie gerate in höchste Not, ja Panik. Er warf Anita einen gewichtigen Blick zu. All das, die Not, die Bedrängnis, möge sie, Anita, natürlich auch tänzerisch zum Ausdruck bringen, immer schnellere Pirouetten drehen etc., etc., die Arme verzweifelt in die Luft werfen, all das aber in vollendeter, edler Form …

«Moment», unterbrach sie, «wehrt sie sich denn gar nicht?»

Er sah sie verständnislos an.

«Die grazile Tänzerin, meine ich? Wenn diese riesigen Nasen auf sie zusteuern?»

Das seien Monster, erklärte er kopfschüttelnd, furchterregend! Es brauche zwei starke Männer im Inneren eines jeden Monsterkopfes, um selbigen zu steuern, da sei jeglicher Widerstand zwecklos.

«Das ist ja dann ziemlich langweilig», entgegnete Anita.

Aber das hörte Fritz Lang nicht, er war immer noch mit der Ausführung seiner Monsterkopfchoreografie beschäftigt. Die Köpfe würden bedrohlich mit den Augen rollen, das habe Kettelhut so eingerichtet, schwärmte er. Cara gerate in eine derartige Verzweiflung, dass sie nach vorne an den Bühnenrand fliehe. Dort, in der Mitte, stehe sie hilflos und starre in die Tiefe, bereit, hinabzuspringen. Er spielte es ihr vor, was reichlich albern aussah. In größter Anspannung, fuhr er fort, halte sie sich beide Hände an den Schädel, die Augen schreckgeweitet; Anita musste auflachen und hielt sich schnell die Hand vor den Mund. Fritz Lang interpretierte diese Geste in seiner Erregung ärgerlicherweise als Spielvorschlag.

«Nein, so», widersprach er und machte nochmals das dämliche Gesicht. «Und just in diesem Moment», er sah jetzt nach links – «die Hände am Schädel sind nämlich das Zeichen für die Technik, Kettelhut» – rief er sichtlich begeistert in Richtung seines Bühnendekorateurs, «in diesem Moment schmeißt ihr das Gebläse an!» Und wieder an Anita gewandt: «Dann wird ihr das Kleidchen vom Leib geweht. Und sie steht da, verletzlich und nackt, wie Gott sie schuf. Und bedeckt sich die Brüste.»

«Aud bedeckt sich die Brüste?»

«Nein, du natürlich!», rief er ungehalten.

«Dann geht der Vorhang runter, gewaltiger Applaus. Lappen wieder hoch, Sträuße, Bouquets werden geworfen. Sie verbeugt sich – also Aud jetzt, da machen wir eine Großaufnahme –, noch mehr Blumen, Applaus, Applaus, fertig.»

Anita nickte und zündete sich eine Zigarette an.

Der Regieassistent hüstelte verlegen. «Hier im Atelier herrscht Rauchverbot. Wegen der Brandgefahr.»

«Ruhig Blut», entgegnete sie gelassen, «ich habe gehört, die Jofa-Ateliers haben sogar eine eigene Feuerwehr. Die wollen ja auch mal was zu tun haben.»

Und an Fritz Lang gewandt: «Also, dass sie sich nicht wehrt, bei den Monsterköpfen, das glaube ich nicht. Wenn ich das Drehbuch richtig gelesen habe, ist sie ja kein langweiliges Heimchen, diese Carola Corazza.»

«Cara Carozza», verbesserte Lang.

«Wie auch immer.» Sie blies einen Kringel in die Luft. «Ich denke jedenfalls, sie wehrt sich. Sie tritt den Monstern mit ihren hochhackigen Schuhen vor ihre riesigen Nasen. Ich denke, sie singt dabei sogar vor Freude.» Fritz Lang sah sie erstaunt an. «Aber die Monster bewegen sich natürlich auf sie zu, unerbittlich.» Sie zog an ihrer Zigarette. «Und in ihrer Not geht sie nicht an den Bühnenrand, sie ist ja nicht doof. Nein, sie springt mit einem Satz auf die riesige Nase von dem Kettelhut-Monster, und da guckt das zweite Monster doof, dreht seine lange Nase erstaunt in ihre Richtung und fährt noch näher auf sie zu, und zack! steht sie so – breitbeinig – auf beiden Monster-Nasen!»

Fritz Lang wollte Einspruch erheben, aber Anita war noch nicht fertig.

«Und dann ist das ein feines Zeichen für den Kettelhut und seine Leute, und meinetwegen springt jetzt das Gebläse an, und das Kleidchen hebt sich im künstlichen Wind und fliegt davon.»

Fritz Langs Kopf war rot angelaufen. Aber gerade als er den Mund aufmachte, erscholl Beifall aus der dunklen Tiefe des Saales.

«Das ist großartig, Fritz», rief Thea von Harbou, «so etwas habe ich mir vorgestellt. Das ist genau die Frechheit, die eine Cara Carozza braucht!»

Als der Drehtag spätabends beendet war und alles auseinanderströmte, nahm Fritz Lang Anita beiseite: Am Donnerstag, meinte er schmallippig, komme sie ja noch mal für die Varieté-Szene. Da sei sie einfach nur eine Tänzerin, keine Cara Carozza, nein, einfach nur irgendeine gewöhnliche Tänzerin. Und da werde sie, bitteschön, nach seiner Pfeife tanzen.

«Sonst?», fragte sie.

«Wie sonst?»

«Sonst …» Sie zögerte und sah ihm tief in die Augen. Dann richtete sie langsam ihren rechten Zeigefinger auf ihn, stellte den Daumen auf, deutete dann plötzlich gegen ihre eigene Brust und sagte: «Peng!»

Fritz Lang starrte sie an. Und schwieg.

⋆

Wie hatte er sie für ein Wiedersehen nur in diesen abartigen Laden führen können? Das Restaurant Hackepeter in der oberen Friedrichstraße war so romantisch wie sein Name: ausgelassene Biergartenstimmung, trunkenes Arbeitervolk, zahlreiche Vielfraße, die sich über die üppigen Fleischportionen hermachten, für die man diese Wirtschaft rühmte. Dazwischen versprengte Touristen und Prostituierte auf der Jagd nach Beute.

Sie hatte ja etwas übrig für Spelunken und halbseidene

Etablissements. Zu vorgerückter Stunde war sie mit Sebastian auch mal in den Blauen Strumpf gegangen oder ins Kabarett Rote Mühle. Nicht nur einmal hatten sie sich gar zum Hundejustav verirrt, unweit des Stettiner Bahnhofs. Hundejustav war der Spitzname eines ehemaligen Hundefängers, der nun eine verrufene Kellerkneipe betrieb, Gerüchten nach ernährte er sich vornehmlich von Hundefleisch. Schwere Jungs verkehrten hier, abgehalfterte Nutten und ihre Zuhälter. Sie alle trugen Spitznamen, man traf dort auf Feilen-Paule, Goldzahn-Bruno, Gurken-Jule und Lutsch-Liese. Auf die aus Russland stammende Kosaken-Mimi und auf den zwei Meter großen Knochenbrecher-Atze. Kurioserweise kamen auch Berliner Polizeikommissare und Strafverteidiger nach Feierabend dort vorbei und hielten ihren Stammtisch. In der Ecke spielte die traurigste Drei-Mann-Kapelle, die Anita jemals gesehen und gehört hatte, schrecklich schiefen Tango. Bis die Musik durch eine größere Schlägerei unterbrochen wurde, was stets nur eine Frage der Zeit war. Trotz alledem hatte der Laden etwas.

Das Hackepeter hingegen war einfach nur ordinär. In der Mitte des Saals mit seinen zahllosen Biertischgarnituren war ein großer Glaskasten aufgebaut. Darin saß Jolly, der Hungerkünstler. Während die Gäste um ihn herum schmatzend und rülpsend Eisbein, Nackensteak mit Spiegelei und riesige Portionen Hackepeter verzehrten, harrte Jolly im Schneidersitz in seinem oben offenen Terrarium aus, ein mageres Geripppe, lediglich mit einem Lendenschurz bekleidet. In der Linken hielt er ein Wasserglas, in der Rechten eine Zigarette. Er rauchte Kette, starrte wie in Trance vor sich hin und nippte dann und wann an seinem Selters. Ansonsten blieb er so bewegungslos, dass man hätte meinen können, Jolly sei ausgestopft. Zwei finstere Aufpasser lungerten rund um die Uhr um den Glaskasten herum, um zu vermeiden, dass ein mitleidiger Gast ein Hühnerbein oder sonst etwas Essbares in den Hungerkasten warf. Zu jeder vollen Stunde ertönte ein Gong, dann bahnte sich ein kleinwüchsiger Ansager in schäbiger Livree den Weg zum Glaskasten, stieg auf einen Schemel, hielt sich eine Flüstertüte, halb so groß wie er selbst, an die Lippen und verkündete mit heiserer Stimme, wie lange Jolly bereits ohne Nahrungsaufnahme ausharre.

«Fünfhundertsiebenundfünfzig Stunden», rief er nun, und erneut ertönte der Gong. Alles hielt einen Moment inne und klopfte anerkennend mit den Bierhumpen auf den Tisch, dann widmete man sich wieder seinen Fleischbergen.

Sebastian kaute ungerührt an seiner Kalbshaxe und fragte, ob sie nicht doch probieren wolle? Sie schüttelte den Kopf.

«Schmeckt wie in der Kindheit», sagte er zum wiederholten Male und lächelte verträumt. Und einen Moment lang sah sie den kleinen Sebastian vor sich sitzen, damals noch ein Willi Knobloch, wie er an seinem Fleisch herumsäbelte und vor sich hin mampfte.

Seitdem sie sich im Anschluss an die Italien-Tournee aus den Augen verloren hatten, hatte sich etwas verändert. Sebastian wirkte fragil, sein Hochmut wie weggeblasen. Er erzählte denn auch stockend, dass es ihm nicht gut ergangen sei, in den vergangenen Wochen. Er habe sich in einen jungen Mann verliebt, der auf schreckliche Weise mit seinen Gefühlen gespielt habe. Er sah sie mit feuchten Augen an. Kaum hätte er dieses Verhältnis beendet, sehr schmerzhaft, sei seine geliebte Tante Erna gestorben, der einzige Mensch in seiner Familie, der ihn jemals verstanden hätte. Zum Tanzen fehle ihm seitdem die Lust und auch die Kraft, deshalb wolle er sich künftig ganz dem Schreiben widmen. Allerdings sei das Schriftstellerdasein von jeher ein einsames Geschäft. Man müsse sich die Verse geradezu aus dem Leib herausreißen …

Er redet wie ein Wasserfall, dachte sie, und ausschließlich von sich selbst. Trotzdem rührte es sie, wie zerbrechlich er wirkte, wie mitteilungs- und liebesbedürftig.

Auch die Drogen plane er hinter sich zu lassen, erklärte er und nahm einen Schluck von seiner Weinschorle, das führe zu nichts.

Das kam ihr alles nun doch ein wenig zu fromm vor. Und tatsächlich, als sie die Rechnung bezahlt hatte und das Koko-Döschen aus ihrer Handtasche holte, um sich eine Prise zu genehmigen, bat er ungeniert um eine Nase. Heute könne man ja schließlich noch einmal feiern, meinte er.

Wiederholt machte er ihr Komplimente zu ihrem Aussehen. Sie war komplett neu eingekleidet, in den vergangenen Wochen hatte ein findiger Impresario ihr einige lukrative Auftritte verschafft. Sie trug ein Abendkleid aus silbergrauem Crêpe Romain mit einem perlgestickten Gürtel und einem plissierten Rock, das Oberteil hingegen glatt, mit einem vorn geraden und im Rücken spitzen Ausschnitt. Damit war sie an diesem Ort natürlich viel zu schick.

Sebastian meinte, so habe der arme Jolly wenigstens etwas Schönes zum Angucken. Was seinen Charme anging, lief er an jenem Abend zur Höchstform auf. Er kam auf frühere Zeiten zu sprechen, zeigte sich einsichtig und drückte sein Bedauern darüber aus, wie schlecht er sie mitunter behandelt habe. Das tat gut zu hören, aber irgendwann hatte sie genug. Als sie ihm erklärte, sie werde jetzt in die Auluka-Diele aufbrechen und wolle später noch in den Toppkeller gehen, jammerte und bettelte er, ob er nicht mitkommen dürfe.

«Du weißt, da sind fast ausschließlich Freundinnen», erklärte sie.

«Ich bin doch mindestens ein halbes Mädchen. Hast du früher selbst gesagt.»

Sie musste grinsen.

«Und der Toppkeller wirbt regelmäßig damit, dass Männer durchaus willkommen sind», fügte er hinzu, «die gelten da als Zechemacher.»

«Aber damit sind richtige Männer gemeint, mein Lieber. Welche, die sich für Frauen interessieren, die machen Zeche. Zwar kannst du saufen, aber in der Regel auf meine Kosten.»

Dem konnte er nichts entgegensetzen.

«Ich bezahle auch die Droschke in die Augsburger Straße», meinte er kleinlaut.

Sie lachte.

Die Auluka-Diele hatte etwas Exotisches, was an der Ausstattung lag. Rote Sofas und Sitzkissen reihten sich entlang der Wände, darüber hingen schwarz gerahmte Federzeichnungen, auf denen Liebespaare in den kuriosesten Stellungen miteinander Verkehr hatten. Unter der Decke waren große Kirschzweige drapiert, daran zahllose Schneebälle aus Watte; japanische Papierlaternen tauchten alles in ein fahlbuntes Licht. Vor allem aber sah man hier so viele asiatische Touristen wie nirgendwo sonst in Berlin. Sie saßen lächelnd in der Tokio-Loge, umringt von Nutten, tranken Cocktails und betrachteten das wilde Treiben auf der Tanzfläche. Am Flügel saß allabendlich ein exzentrischer Russe im Schwalbenschwanz mit hohem, steifem Kragen und einer nilgrünen Krawatte. Angeblich ein Fürst im Exil. Zumindest spielte er fürstlich, während ein Vortänzer die zahlreichen Damen zum Tanz animierte.

Nun erfreute sie sich doch an Sebastians Gesellschaft, am vertrauten gemeinsamen Tanz. Kein Mann führte so und ließ sich dann so hingebungsvoll von ihr führen, wenn sie die Rollen tauschen wollte.

Zu später Stunde machten sie sich auf in den Toppkeller. Wer im Topp nichts verloren hatte, verirrte sich wohl kaum hierher. Wenn man die belebte Bülowstraße hinter sich ließ und unterhalb des Nollendorfplatzes in die kleine Schwerinstraße bog, wo man nach wenigen Schritten in Finsternis versank, wenn man schließlich vor dem Haus Nummer dreizehn stand und in einen wenig Vertrauen erweckenden, dunklen Gang blickte, deutete nichts daraufhin, was sich drei Hinterhöfe weiter unter der Erdoberfläche abspielte.

Erst ging es ein paar Stufen hinab, dann betrat man einen Vorraum, in dem einige Männer an einem Tresen zechten. Am Empfang stand die Rheinische Käthe, eine große, dralle Brünette, die alle zu kennen schien und herzlich begrüßte. Um diese Zeit herrschte Hochbetrieb, der Saal gesteckt voll. Ein im Grunde schlichter Raum mit einer großen Tanzfläche. Rundherum ungedeckte Kneipentische, an denen vorwiegend Frauen saßen. Von der Decke hingen aus Papier gefaltete, bemalte Kraniche. Das sei der Vogel des Glücks und der Liebe, hatte die Rheinische Käthe einmal erklärt. Eine vierköpfige weibliche Blaskapelle spielte zum Tanz auf, der Saal bebte.

Sie tanzte mit Claire Waldoff, die hier Stammgast war. Dann mit Olly, wie Claire ihre Freundin Olga von Roeder nannte, und mit Lena Amsel, einer hübschen Tänzerin, die Anita noch von ihrer Zeit im Wintergarten her kannte. Sebastian saß unterdessen an einem der Tische, unterhielt sich mit der aparten Bildhauerin Renée Sintenis und sah dann und wann zu ihr herüber.

Als Anita sich erschöpft einen Drink an der Bar genehmigte, trat einer der wenigen männlichen Besucher an sie heran. Ein schlaksiger Typ mit unterwürfigem Hundeblick. In höflichem Ton fragte er, ob sie vielleicht Lust habe, ihn auszupeitschen?

Sie versetzte ihm eine schallende Ohrfeige.

«Spinnst du?», brüllte er und betastete sich erschrocken die Wange.

«Ich dachte, das wolltest du», entgegnete sie ihm, «mehr gibt's jedenfalls nicht», und verschwand wieder in Richtung Tanzfläche.

Es dämmerte bereits, als Sebastian und sie den Topp verließen. Um die Ecke zur Bülowstraße herrschte schon reges Treiben. Bettler streckten die Hände nach ihnen aus, ein Kriegsversehrter auf Krücken stürmte ihnen entgegen. Zeitungsjungen riefen die Morgenausgaben aus, Straßenkehrer fegten den Asphalt, gelbe Autobusse glitten wie Schiffe durch den morgendlichen Dunst. Sie winkte einen Taxifahrer heran, der sie ins Grand Hotel Esplanade fuhr und sich überschwänglich für das Trinkgeld bedankte, das sie ihm gab. Die ganze Fahrt über hatte Sebastian geschwiegen, auch jetzt sagte er kein Wort, sondern begleitete sie durch die Drehtür am Portier vorbei, wie früher, als sei es das Selbstverständlichste der Welt.

Der Liftboy mit dem halben Gesicht hatte Nachtdienst. Vor dem Krieg musste er ein hübscher, junger Mann gewesen sein. Er hatte große Fertigkeit darin entwickelt, einem stets nur die noch vorhandene Gesichtshälfte zuzuwenden, damit man sich nicht erschrak. Jetzt lächelte er mit seinem halben Mund und wünschte eine gute Nacht, obwohl es längst Morgen war. Sie lächelte zurück, nie gab sie ihm ein Trinkgeld. Das hätte ihr allzu leicht als Mitleidsgeste missverstanden werden können, sie belohnte ihn lieber mit selbstverständlicher Freundlichkeit, was er zu schätzen schien.

In der dritten Etage liefen sie schweigend den langen Flur

hinunter. Auf dem Teppich mit dem grünen Rankenmuster standen um diese Zeit vor fast allen Zimmertüren Schuhe. Als sie um die Ecke bogen, gähnte das Nachtstubenmädchen in seinem Office verstohlen und hielt sich rasch die Hand vor den Mund.

Sie sperrte die Tür ihrer Suite auf, zog die schwarzen Krokodillederpumps aus und warf ihre Handtasche auf das Kanapee. Dann nahm sie die Flasche Dujardin aus dem Barschrank und goss etwas bernsteinfarbene Flüssigkeit in zwei Cognacgläser.

Sebastian nippte verlegen. Schließlich sah er sie an und fragte, ob sie mit ihm schlafen würde.

Sie war müde, ihr war nicht danach, aber sein kindhaft verlorener Blick ließ sie zögern. Sie wusste, wie kalt die Einsamkeit sich anfühlte. Da konnte sie ihm ruhig etwas Wärme schenken, dachte sie, auch in dieser Hinsicht war sie großzügig. Was war schon dabei, einen verlorenen Menschen, der einem einmal nahegestanden hatte, in sich aufzunehmen? Ihm ein Zuhause zu sein, ein vorübergehendes, und sei es auch nur für eine Nacht? Sie war noch nie gut darin gewesen, jemanden von der Bettkante zu stoßen. Auch wenn es manchmal vielleicht besser gewesen wäre.

Sie sagte ihm, er solle schon einmal das Bett vorwärmen, und verschwand im Bad. Als sie wieder ins Schlafzimmer trat, stand ihr Cognacglas frisch gefüllt auf ihrem Nachttisch. Er sah sie an, sagte «Prost» und hob sein Glas, und einen kurzen Moment lang kam ihr das komisch vor. Wahrscheinlich musste er sich ein wenig Mut antrinken, und überhaupt, all die Emotionen. Sie hatte ihr Glas geleert und ihn geküsst.

Als sie spätnachmittags erwachte, fühlte sie sich völlig benommen. Das Bett neben ihr war verlassen. Sie sah sich blinzelnd um. Im Papierkorb lag ein leeres Röhrchen Veronal. Sie wunderte sich kurz, er nahm doch sonst kaum Schlafmittel. Ihr Atem ging plötzlich schneller, eine Vorahnung überkam sie. Hastig erhob sie sich, und noch in der Tür zum Salon fiel ihr Blick auf das offene Schmuckkästchen, das sie leer angähnte. Auf den Schminkspiegel, an dem keine einzige ihrer Ketten mehr hing. Auch ihre Handtasche war vom Kanapee verschwunden.

Voller Wut griff sie nach dem geschnitzten, nun leeren Kästchen, das sie so liebte, und warf es mit Wucht in den Spiegel. Das Glas zersplitterte, Scherben flogen auf das Parkett, auf das Kanapee. Sie griff nach dem eleganten Kirschbaumstuhl und zerschmetterte damit den jämmerlichen Rest des Spiegelgerippes, Holzteile flogen durch die Luft. Sie holte erneut aus und hieb auf die schellackpolierte Tischplatte nieder, der Stuhl sprang auseinander. Blut rann ihr warm den Arm herunter, sie griff nach dem Stuhlbein, schwang es wie eine Keule und versetzte der Cognacflasche einen Schlag, dass sie dahinflog, wo einst der Spiegel gewesen war, und an der Wand zerschellte. Sie schrie und tobte, bis sie jemand an der Schulter fasste. Sie drehte sich um und sah in das ganze halbe Gesicht des Liftboys. Hinter ihm das Zimmermädchen, es guckte betreten zu Boden. Erschrocken blickte er sie an, mit seinem einen Auge, das andere war nicht mehr vorhanden. Sie sah sein verformtes Fleisch, aus unzähligen Narben bestehend. Keine Ohrmuschel, nur ein trauriges, kleines, dunkles Loch, das vielleicht ein Gehörgang war. Sie sah ihn an, dann überkam es sie mit einem Mal. Sie fing an zu schluchzen und fiel ihm in die Arme.

*

Draußen im Hof fährt ein großer Lastkraftwagen vor. Die Morphiumflasche, die auf dem weißen Emailletablett im Fenster steht, zittert. Ein zartes, leises Klirren. Voll süßer Verheißung.

Sie sucht ihre Vorfreude zu überspielen. Bloß nicht die Morphinistin herauskehren, denkt sie. Nicht, dass der Arzt es sich anders überlegt.

Zugleich aber auch nicht zu unbeschwert erscheinen. Nicht den Eindruck erwecken, als sei gar kein Anlass gegeben. Ein leidendes Gesicht aufsetzen. Und sich den Anschein geben, als wolle man es verbergen. Aber – was gilt es eigentlich zu spielen? Tatsächlich fühlt sie sich hundsmiserabel.

Dr. Köstler, der junge Assistenzarzt, sitzt auf einem Stuhl neben ihrem Bett. Er leuchtet ihr blendend ins Auge, misst ihren Puls und betrachtet interessiert die Temperaturkurve, die am Kopfende des Bettes angeschlagen ist. Er begutachtet sie wie ein Stück Vieh. Ein durchaus interessantes, vielleicht gar schönes Stück Vieh. Aber eben doch ein Vieh. Er verliert kein Wort. Er meidet den Augenkontakt, beschaut einzig ihren Körper. Er untersucht ihre Hülle und notiert in einem schwarzen, ledergebundenen Notizbuch seine Erkenntnisse. Eine präzise, ungewöhnlich kleine Handschrift, bemerkt sie. Winzige, flink und doch akkurat gesetzte Schriftzeichen. Seine Feder kratzt auf dem Papier.

Nachdenklich sieht sie ihm zu.

«Schreiben Sie?», fragt sie ihn.

Er hebt den Blick. Fast, als sei er verwundert, dass das Vieh sprechen kann.

«Wie meinen?», fragt er zurück.

«Ob Sie vielleicht auch ein Schriftsteller sind?»

Er sieht sie erst entgeistert, dann fast belustigt an.

«Ich bin Arzt», erwidert er.

«Es gibt viele Ärzte, die auch Schriftsteller sind», sagt sie leise. Als sei das verboten.

«Friedrich Schiller war Arzt, Georg Büchner auch. Fontane hat einmal die Apotheke hier in Bethanien betrieben. Arthur Schnitzler ist Facharzt für Kehlkopferkrankungen. Es gibt so viele Dichterärzte. Gottfried Benn sagte einmal zu mir, er seziere tagsüber Leichen, und nachts Worte.»

Sie versucht zu lächeln. Aber Dr. Köstler verzieht keine Miene.

«Oskar Panizza war ein Arzt», ergänzt sie. «Genau genommen Psychiater, wie Alfred Döblin.»

Er schweigt. Und sieht sie an, als gehöre sie selbst in die Klapse.

«Macht nichts», flüstert sie. «Ich dachte nur, ich wollte ...»

«Kann ich Ihnen helfen?», fragt er teilnahmslos.

«Ich wollte so gerne einem Dichter lauschen.»

Der Arzt lächelt undurchsichtig.

«Wir haben alle Wünsche», sagt er. Und notiert etwas in seinem Notizbuch. Dann erhebt er sich, geht zum Fenster, nimmt die Flasche vom Emailletablett und zieht die Spritze auf. Kurz darauf wird sie von einer sanften, weichen Welle erfasst. Ein Gefühl von Wärme und Geborgenheit durchdringt sie.

Nur ihre Mundhöhle ist noch trockener als zuvor, die Zunge klebrig, das Schlucken eine Qual. Wäre sie nicht so erfahren, könnte sie in Panik geraten, zu ersticken. Eine Flasche Wasser und das Trinkglas stehen zum Greifen nah auf dem Nachttisch bereit. Aber sie lässt sich nicht verführen, auch dafür ist sie zu erfahren. Jetzt nur nicht plötzlich sich aufraffen und zur Flasche greifen, denkt sie, das würde das Morphium erschrecken und unnötig in Wallung versetzen. Es ist empfindsam wie eine zarte Pflanze. Und wenn sie behutsam ist, wird das

Gift es ihr danken, indem es sie umso höher trägt auf seinen leichten, geschmeidigen Schwingen.

Dann steigt sie aus ihrem Körper empor, alles um sie herum ist weich und weiß. Ein Gefühl des Schwebens und zugleich des Eingebettetseins, besser und schöner als alles, was sie kennt. Ein Verschmelzen mit der Unendlichkeit, ein Tanz, wie er berauschender nicht sein könnte.

EIN BILD VON
JIMMY DIX

Oh, wie sie dieses Publikum hasste! Diese verklemmten, missgünstigen Spießer, die von Kunst keine Ahnung hatten. Versteckt hinter ihren venezianischen Masken, gierten sie nach Lust und Laster. Gafften erregt, suchten sie mit ihren Blicken auszuziehen, um ihre unterdrückte Geilheit zu befriedigen.

Eigentlich war es eine Zumutung, hier auftreten zu müssen, ihrer so gar nicht würdig. Aber die Möglichkeiten waren inzwischen begrenzt. Die größeren Etablissements zeigten kein Interesse mehr an ihr, und von irgendwas muss der Mensch ja leben. Speziell in diesen Zeiten, in denen das Geld so rasch an Wert verlor, dass einem schwindelig werden konnte.

Das Kabarett Weiße Maus lag inmitten der Berliner Friedrichstadt, um die Ecke des Schwarzen Kater, was den Eigentümer Peter Sachse vermutlich auf den Namen gebracht hatte. Im Grunde war es ein hübsches Nachtlokal, luxuriös ausgestattet, die Wände tapeziert mit rotem Damast-Imitat. Daran riesige, silbern gerahmte Spiegel, die das Licht der mächtigen Kristalllüster und der kleinen, rot beschirmten Wandlampen tausendfach reflektierten. Die Gäste saßen an runden Tischchen, am Ende des Raumes stand ein Klavier, an dem ein blinder Pianist die unterschiedlichsten Stücke aus dem Gedächtnis spielte. Daneben die Bühne mit roten Samtvorhängen. Nobel und frivol, so lautete offenbar die Devise. Und die erwies sich als erstaunlich erfolgreich, die hundert Sitz-plätze in der Weißen Maus waren allabendlich ausverkauft. Betuchte Gäste aus der Provinz, bessere Handlungsreisende und Touristen aus aller Herren Länder erwarteten an diesem Ort, das sündige Berlin kennenzulernen. Darunter mischten sich neugierige Berliner und regelmäßig einige Größen der Unterwelt. Wobei Letztere sich meist am besten benahmen.

Muskel-Adolf, der Vorsitzende des Ringvereins Immertreu, hatte Anita einmal angeboten, bei «Schwierigkeiten» könne sie sich stets an ihn wenden. Was immer das hieß. Zumindest hatte seine Frau, die blonde Aktien-Mieze, bestätigend ge-nickt: Auf ihn sei zu jeder Zeit Verlass.

Und Apachen-Erich hinterließ ihr jedes Mal ein Briefkuvert mit seiner Karte und einem ordentlichen Trinkgeld.

Gut aussehende Minetten und exklusive Tischfrauen war-ben um die Gunst der Einsamen unter den Gästen. Die meisten Besucher versteckten sich hinter ihrer Anonymität, indem sie sich am Eingang eine der venezianischen Masken aushändi-gen ließen, die sie sogleich über ihr lüsternes Gesicht setzten.

Um Mitternacht betrat der Chef persönlich die Bühne. «Mesdames et Messieurs», setzte Peter Sachse weltmännisch an – womit sich seine Internationalität allerdings bereits er-schöpft hatte, und so fuhr er auf Deutsch fort: «Wir alle sind hier um der Schönheit willen versammelt. Die Zeit ist reif, den Anblick unverhüllter Vollkommenheit ohne vulgäre, sensa-tionsheischende Hintergedanken genießen zu können. Ich lade Sie heute Abend ein, entblößte Schönheit, ja, vollendete Ästhetik, auf rein geistige Weise zu erleben! Im interesselo-sen Wohlgefallen, wie der große Philosoph Immanuel Kant sagte.»

So oder so ähnlich lauteten allabendlich seine seifig-ver-logenen Sätze. Derweil stand sie hinter dem roten Vorhang und fragte sich, was sie hier eigentlich machte. Perlen vor die Säue, dachte sie. Sachse war Kabarettist und hätte es eigentlich besser wissen müssen. Aber er war auch ein Geschäftsmann, der es verstand, das zu liefern, was gerade am meisten gefragt war.

Dazu kreierte er für jede Art von Kunden das richtige Etablissement: Neben der Weißen Maus gehörten ihm noch zwei weitere Nachtlokale, das Karussell am vornehmen Kurfürstendamm, und eines in der Friedrichstraße. Wobei es kurioserweise so war, dass die einfachen Leute aus der Friedrichstadt in das Etablissement am Ku'damm pilgerten, um die vornehme Welt zu erleben; wohingegen die wohlhabenden Bürger aus dem Berliner Westen in die Friedrichstadt fuhren, um in das verruchte Berlin abzutauchen. In jedem Fall hatte Peter Sachse ein Händchen dafür, dass ihrer aller Geld in seiner Tasche landete, seine sämtlichen Nachtlokale waren Goldgruben.

Der hagere, einarmige Kellner Alfons war die einzige Person, wegen der es sich hier zu arbeiten lohnte. Er habe seinen linken Arm in Verdun vergessen, pflegte Alfons zu sagen und bediente das Publikum schneller und eleganter mit seinem einen Arm als manch anderer Kellner mit zwei. Unermüdlich trug er Kübel mit Champagner an die Tische und servierte Negronis, Mimosas, diverse Flips und andere Cocktails. Er schenkte sündhaft teuren, sauren Burgunderwein aus, der in einer Art Kinderkrippe lag, wie ein Baby. Dabei war er stets gut gelaunt und verstand Anita und ihre Nöte. Wann immer es ihm möglich war, sah Alfons ihr beim Tanzen zu und war von ihrer Darbietung ergriffen.

Nur das Publikum verstand nichts. Sie tanzte den Wahnsinn, die Krankheit und die Schwangerschaft. Sie tanzte das Morphium und das Sterben, und kein Mensch nahm es ernst.

Stattdessen glotzten sie nur auf ihre Schleier und das, was sie darunter zu entdecken hofften, diese Schweine.

Kürzlich hatte ein betrunkener Offizier dermaßen anzügliche Bemerkungen gemacht, dass sie von der Bühne gesprungen war. Sie war zu ihm gestürmt, kurzerhand auf seinen Tisch gestiegen, hatte sich zu ihm hinabgeneigt, den dünnen Seidenschleier gehoben und auf sein Gedeck gepisst. Der Saal hatte getobt, wie die Tiere hatten sie geschrien. Woraufhin Anita zwei der weiß gedeckten Tischchen umgeworfen hatte.

Hinterher hatte Peter Sachse sie gewarnt: Das sei das letzte Mal gewesen, dass sie sich etwas Derartiges erlaubt habe. Was sich indessen seine Gäste leisteten, davon wollte er nichts wissen.

Nun stand sie also wieder hinter dem roten Samtvorhang und lauschte Sachses Ankündigung. Dass sie alle hier versammelt wären, um den schönen Künsten zu huldigen. Dass es nur um Ästhetik ginge, um die Verehrung des Göttlichen. Bereits jetzt vernahm sie vereinzelt Gelächter im Publikum. Als der Chef geendigt hatte, gab es kurzen, verhaltenen Applaus.

Das Licht wurde gedämpft, der Pianist spielte Chopin, der Vorhang öffnete sich, und sie begann mit ihrem Tanz der Salomé. Aus dem Bühnendunkel trat sie ins Scheinwerferlicht, bekleidet mit einem durchsichtigen blauen Schleier, auf dem Haupt ein goldenes Schlangen-Diadem, an ihren Armen goldene Reife in Schlangenform. Wie immer in diesem Etablissement quatschten einige Zuschauer im Saal unablässig, eine Frau kicherte angetrunken. Das war sie gewohnt, sie suchte all das auszublenden, konzentrierte sich auf das Spiel des Pianisten und gab sich ganz der Salomé hin. Sie drehte sich, flog über die Bühne und tanzte jenen Tanz, der laut biblischer Sage den König Herodes einst so verzückte, dass er seiner Stieftochter schwor, er werde ihr alles geben, und sei es die Hälfte seines Reiches. Dass Salomé als Preis für ihre Darbietung den Kopf von Johannes dem Täufer verlangen würde, darauf wäre Herodes nicht gekommen. Mit einem *Grand Jeté* hielt sie am Bühnenrand inne, der blaue Schleier wirbelte über ihr durch die Luft.

«Die is ja jar nich janz nackig», merkte ein massiger Glatzkopf in der ersten Reihe an und lachte ordinär. Er musterte sie begierig durch sein Monokel. Offenbar missfiel ihm, dass sie ihre Scham wie stets mit einem fleischfarbenen Tüchlein bedeckte.

Für jenen Abend hatte sie sich vorgenommen, den Tanz der Salomé zu intensivieren. Dazu war sie nachmittags extra zum Schlachter gefahren. Jetzt trat sie zurück ins Bühnendunkel, griff nach der bereitgestellten Karaffe und goss den kalten Inhalt über ihren Leib. Als sie anschließend blutbesudelt wieder ins Licht trat, ging ein erschrockenes Raunen durch den Saal, während sie voller Hingabe den Tanz zu Ende brachte.

Metallischer Blutgeruch lag in der Luft, als sie sich verneigte. Aufgeregt wurde im Publikum diskutiert, hier und da klatschten Einzelne verhalten. Der feiste Glatzkopf am vordersten Tisch, in dessen aufgedunsenem Gesicht das Monokel schwamm wie das Fettauge auf einer Suppe, begann sich aufzuregen. Eine Unverschämtheit sei das, von Erotik keine Spur! Entblößte Schönheit sei ihm versprochen worden. Stattdessen diese Verrenkungen einer dürren Hysterikerin, die ein Problem mit ihrer Menstruation habe! Er erhob sich, offenbar wollte er sich noch mehr ereifern.

Aber da war sie bereits mit einem Satz zu ihm hinuntergesprungen, griff nach der leeren Champagnerflasche, die im Kübel vor ihm lehnte, und zog sie ihm über seinen blanken Schädel. Das Monokel sprang ihm aus dem Gesicht und klirrte zu Boden, während sich seine Augen ungläubig nach oben verdrehten. Er sackte in die Knie und fiel mit einem lauten Knall kopfüber auf die Tischplatte. Eine Besucherin am Tisch daneben kippte in Ohnmacht, hinter ihr begannen zwei männliche Gäste zu streiten, wobei der eine dem anderen die venezianische Maske vom Gesicht riss. Ein toller Tumult brach los, wie man ihn selbst in der Weißen Maus noch nicht erlebt hatte. Anita griff mit ihren blutverschmierten Fingern nach dem noch vollen Champagnerglas, das unversehrt neben dem Kopf des regungslosen Fettsacks stand, und trank es in einem Zug leer.

Sie wusste nun, dies würde ihr letzter Abend bei Peter Sachse sein, und das hatte auch sein Gutes. Nur Alfons, der noch mit dem Tablett in der Hand am Tresen stand, schenkte ihr einen wehmütigen Blick.

Als sie in ihr einfaches Hotelzimmer zurückkehrte – luxuriöse Hotels konnte sie sich längst nicht mehr leisten –, nahm sie zwei Kapseln Chloralhydrat zu sich. Um die Schlaflosigkeit zu bannen, die das weiße Pulver hervorrief, das ihr längst unentbehrlich geworden war. Allerdings führte die Wechselwirkung von Aufputschdroge und Hypnotikum regelmäßig zu einer halluzinatorischen Überreizung mit bizarren Auswirkungen. Manchmal war sie wach, meinte aber zu träumen. Oder sie schlief und träumte, sie läge wach im Bett, unfähig einzuschlafen. Traum und Wirklichkeit verschwammen zu einem undurchsichtigen Einerlei, das keinerlei Erholung mehr schenkte.

Auch jetzt lag sie wach im Bett, aber an Schlaf war nicht zu denken. Ihr Herz pochte derart laut, dass sie meinte, ihr Herzschlag halle in der Matratze wider, wie in einem Resonanzkasten.

Plötzlich spürte sie ein heftiges Ziehen an den Füßen. Das

Bett unter ihr entpuppte sich als der Korpus einer gigantischen Violine, ihr Leib darauf eine Saite, die sich über dem riesigen Instrument spannte. Dumpf vernahm sie ein vertrautes Lachen. Das war der Vater, der dort irgendwo an den Wirbeln der Violine drehte, sodass sich ihr Körper zum Zerreißen spannte.

Er würde ihr die Melodie des Lebens schon in den Leib fiedeln, hörte sie ihn schimpfen.

Schon sah sie einen dunklen Schatten über sich. Erschrocken erkannte sie den riesigen Violinbogen, der sich drohend über sie erhob. Ein Bogen, der jedoch nicht wie gewöhnlich mit Pferdehaar bespannt war. Sein Bezug glänzte metallisch. Feine Silberdrähte, die sich in ihr Fleisch sengen, die durch ihren weißen Leib schneiden würden wie durch ein weiches Stück Butter.

Als der Bogen auf ihre Haut traf, erwachte sie schreiend. Sie blickte um sich. Selbst jetzt war sie nicht ganz sicher, ob sie wirklich wach war. Sie kniff sich in den Unterarm, bis es schmerzte und ihre Fingernägel hässliche Spuren hinterließen. Das solle man in solchen Fällen tun, hatte sie einmal gehört. Aber woher sollte sie schon wissen, ob nicht auch dieser Schmerz nur geträumt war?

★

Am Abend kommt Elsa, wie jeden Abend. Auf Elsa ist Verlass. Schließlich macht sie gerade die «große Wache» durch, wie sie Anita erklärt hat: eine wochenlange, ununterbrochene Nachtwache, die jede angehende Diakonisse am Ende ihres Probejahres absolvieren muss, bevor sie in das Noviziat übertritt. Danach wird sie vier Jahre Novizin sein, ehe sie schließlich eingesegnet wird. Heute wird Elsa einmal von der Diakonisse

Auguste begleitet. Auguste sieht immer bleich und müde aus mit ihren dunklen Augenringen. Sie mag etwa fünfzig Jahre alt sein, ihr brauner Mittelscheitel wird zunehmend grau.

Eine sehr festliche Feier im Konferenzsaal sei das gestern gewesen, erzählt sie. Das seien dann eben so die Früchte, die man ernten dürfe. Elsa überprüft währenddessen die Tafeln mit den Temperaturwerten. Jeder Patient muss selbstständig morgens und abends seine Temperatur messen und sie auf einer kleinen Schiefertafel eintragen.

Leicht sei dieser Beruf weiß Gott nicht!, fährt Auguste fort. Als sie selbst noch Probeschwester gewesen sei, habe sie sich so ein silbernes Dienstjubiläum gar nicht vorstellen können, aber der Herr führe einen eben, darauf müsse man vertrauen. Und Schwester Wilhelmine habe ja gestern bereits ihr goldenes gefeiert. Ein halbes Jahrhundert! Wilhelmine ziehe jetzt rüber ins Feierabendhaus – mit ihren dreiundsiebzig Jahren werde sie sich nun zur Ruhe setzen. Ob sie selbst ein goldenes werde feiern dürfen, frage sie sich manchmal. Oder ob der Herr sie vorher heimrufen werde, so wie er in diesem Jahr bereits ungewöhnlich viele Diakonissen zu sich gerufen habe. Ob das ein Zeichen sei?

Die alte Lisbeth schreit mit einem Mal auf, wie im Traum, und unterbricht Schwester Augustes Redefluss. Lisbeth wimmert leise in sich hinein. Schwester Auguste tritt an ihr Bett, faltet die Hände über Lisbeths Haupt und betet.

«Ich bitte dich, oh Herr, sei gnädig mit dieser armen Sünderin. Ich weiß, dass mein Erlöser lebet. Und er wird mich hernach aus der Erde auferwecken.»

Unterdessen sammelt Elsa die blauen Glasflakons ein, die über Nacht im Kochraum desinfiziert werden.

Kaum hat die alte Lisbeth sich beruhigt, fährt Schwester Auguste fort. Sie bevorzuge es jedenfalls, Nachtschwester zu sein. Auch wenn die Schwere der Nacht an so manchem Krankenbett einem bleiern auf den Schultern laste, aber das sei nun eben ihre Berufung, sage sie sich immer.

Die Diakonisse Auguste sagt überhaupt viel, denkt Anita, vielleicht ist das der eigentliche Grund, warum sie so gerne nachts arbeitet. Denn dann schlafen die meisten Patienten; und Auguste kann ungestört vor sich hinreden. Diejenigen, die wach liegen, wie Anita, sind sowieso schon halb auf der anderen Seite.

Vergangene Woche sei bereits die neunte Schwester in diesem Jahr heimgegangen. Auguste schüttelt den Kopf, während sie spricht. Manche noch so jung – Florentine erst dreiunddreißig. Die Wege des Herrn sind unergründlich. Florentine habe einen Leidensweg von drei Jahren durchkämpfen und durchbeten müssen.

Trotzdem müsse man dankbar sein für all das, was man an den Heimgegangenen gehabt habe, spricht sie wie zu sich selbst. So erschütternd auch das Eingreifen Gottes mitunter sei. Stets sei es eben auch eine Mahnung an die eigene Vergänglichkeit. Und an das ewige herrliche Ziel. Der Pastor Langer habe schon recht gehabt, als er beim Jahresfest prophezeit hatte, dass ein schwieriges Jahr bevorstehe. Der Pastor habe ja manchmal eine geradezu seherische Gabe. Direkt unheimlich. Denn in der Tat – die Zahl der arbeitenden Schwestern werde durch Austritte, Krankheit und Heimgang immer kleiner, die Arbeit werde aber nicht weniger, ganz im Gegenteil. Sie atmet laut aus. Der Zuzug junger Schwestern sei schwach in diesen Zeiten, in denen die Gesellschaft sich immer weiter von der Kirche entferne. Wer wolle heute schon noch Diakonisse werden? Dienen sei eben etwas anderes als Verdienen. Die Frauen von heute hätten ganz andere Prioritäten.

Während Schwester Auguste spricht, guckt sie immer wieder prüfend zu Elsa, als suche sie nach einer Reaktion, was ihre Worte bewirken. Elsa hört aufmerksam zu, so wie sie überhaupt gut zuhören kann. Schweigend stellt sie frische Glasflakons auf den Nachttischen bereit.

Ob sie sich schon freue, will Schwester Auguste jetzt wissen und blickt Elsa an.

Worauf?

Auf das Noviziat! Darauf, dass sie bald ihr bethanisches Kleid erhalte.

Elsa hält inne, blickt an sich herunter, auf das schlichte schwarze Kleid, das sie trägt. Ja, erwidert sie. Aber das Irdische sei ihr nicht so wichtig.

★

«Guudn Morschn!»

Jimmys Stimme erkennt sie sofort. Egal, ob er zu Hause, im Rheinland oder in Berlin ist – Jimmy spricht in vertrautem Sächsisch. Wie viel Nähe so ein Heimatdialekt augenblicklich herstellen kann.

Er nimmt seinen dunklen Trilby ab, von dessen Krempe noch die Regentropfen perlen, und küsst ihr die Hand. Das lässt er sich selbst jetzt nicht nehmen.

«Da treibst du disch im fernen Orient herum und bringst derart lausiges Wetter mit!»

Er schüttelt sich mit gespielter Entrüstung. Seine Stimme verrät allerdings, dass er nicht ganz so locker ist, wie er tut. Wahrscheinlich ist er doch etwas schockiert von ihrem Anblick. Wahrscheinlich hat er nicht damit gerechnet, dass sie aussehen würde wie der Tod. Sie ist ja selber erschrocken, als sie sich das letzte Mal im Spiegel sah. Und so kraftlos wie heute hat sie sich noch nie gefühlt.

«Und», sie muss jedes Wort einzeln hervorwürgen, «und –
Martha?» Ihre Stimme klingt zerbrechlich dünn, klingt gar
nicht nach ihr.

«Martha hat dir eine Eierschecke gebacken. Aber die haben
die Betschwestern mir gleich abgenommen. Mal gucken, ob
sie die selbst verputzen, oder ob du noch was davon abbe-
kommst. Wär ja nu sonst ooch schade.»

Er lächelt und zieht sich den Schemel heran.

«Martha zumindest kommt gleich», fährt er fort und setzt
sich zu ihr ans Bett. «Sie will noch einen Blick in die Apotheke
vom ollen Theodor werfen, wo sie schon mal hier ist. Ich hab's
ja nu nicht so mit Fontane. Nur weil der hier mal n Jahr Apotheker war – aber die Betschwestern sind mächtig stolz auf
ihren Fontane. Na ja, vielleicht hätt er besser weiter Drogen
verkaufen sollen. Effi Briest und Frau Jenny Treibel fand ich
jedenfalls gähnend langweilig.»

Er greift in seine Ledertasche und zieht einen Bilderrahmen
hervor.

«Ich hab dir n paar Blümschen mitgebracht.»

Ein Aquarell mit einem herrlich leuchtenden Mohnblumen-
strauß in einem dunklen Holzrahmen – er stellt es auf den
Nachttisch, zu den vielen Marienfiguren.

«Wunderschön», flüstert sie, das Bild betrachtend.

Jimmy ist ein Charmeur. Schon immer gewesen. Sie räus-
pert sich.

«Ich bin jedes Mal aufs Neue überrascht, dass ein Tänzer so
gut malen kann!»

Er lacht.

Als sie das erste Mal mit ihm getanzt hat, hat sie gedacht, er
hätte Tänzer werden sollen. Nicht Maler. Aber da hat sie seine
Bilder noch nicht gekannt. Wenn man Jimmys Bilder kennt,
weiß man, dass es gar nicht anders sein kann, ja sein darf, als

dass er malt. Und er malt sehr erfolgreich. Schon damals vor gut drei Jahren, als sie sich kennengelernt haben. Damals besuchten Jimmy und Martha Anitas Vorstellung im Kabarett Jungmühle in Düsseldorf. Hinterher sprachen die beiden sie an der Bar an.

«Ich bin Martha Dix, und das ist mein Mann Otto», hatte Martha sie vorgestellt.

Von Otto Dix hatte Anita schon gehört. Und von seinen Skandalen. Einige Jahre zuvor hatte ein Aktgemälde ihm einen Strafantrag wegen «Verbreitung unzüchtiger Darstellungen» eingebracht. Auch über sein umstrittenes Kriegsbild «Schützengraben» hatte die Presse ausführlich berichtet. Ein Gemälde von riesigem Format, zwei Meter fünfzig lang und fast ebenso hoch, auf dem die Brutalität des Krieges mit erbarmungsloser, nie gezeigter Deutlichkeit zu sehen ist. Sebastian hatte ihr seinerzeit erschüttert von seinem Besuch im Kölner Wallraf-Richartz-Museum erzählt, wo das berüchtigte Bild hinter einem Vorhang ausgestellt war, um empfindsame Gemüter zu schützen. Da wisse jemand, wovon er male, hatte Sebastian gemeint. Da könne man den Krieg schauen, wie er gewesen sei.

«Ich habe es leider noch nicht geschafft, deinen ‹Schützengraben› anzusehen. Als Tänzerin ist man ja ständig unterwegs», hatte sie an jenem Abend zu Otto Dix gesagt, «aber übermorgen trete ich in Köln auf, da werde ich mir das gleich mal vornehmen.»

Zu spät, hatte er abgewunken, eine leidige Geschichte sei das. Nun hätten die Reaktionäre es endlich geschafft: Der Kölner Oberbürgermeister Adenauer habe persönlich dafür gesorgt, dass das Gemälde abgehängt und der Ankauf rückabgewickelt werde. Aber in Berlin werde es demnächst zu sehen sein.

«Und wir beide im Übrigen auch», fügte er grinsend hinzu, «in ein paar Wochen ziehen wir in die Hauptstadt.» Er zwinkerte Martha zu. «Aber lassen Sie uns nicht von meiner Kunst reden, wir sind wegen Ihnen hier», wandte er sich wieder an Anita.

Das seien ja heute Abend alles ganz nette Darbietungen gewesen. Ein Bauchredner, nun gut. Dann der Humorist, der allerdings diesen Titel nicht verdient hätte. Die beiden Damen hingegen, die sich als «lebendige Gummibälle» bezeichneten und auf den Knien steppten, die seien ja nun skurril gewesen! Er lachte. Auch «Heros, Meister aller Kraftjongleure», hätte Eindruck gemacht, als er dies riesige Metallgewicht auf seinen Stiernacken herunterkrachen ließ! Alles Darbietungen, wie man sie aus dem Zirkus kenne und liebe, schloss er.

«Aber dann Ihr Tanz – das ist eben etwas ganz anderes, auf einem völlig neuen künstlerischen Niveau. Nein, so was habe ich noch nicht gesehen!» Seine Augen leuchteten vor Begeisterung.

Wie in einem wohlkomponierten Gemälde verbinde Anitas Tanz das Schöne und das Schreckliche! Sie tanze mal graziös, mal derb, mal anmutig und zugleich verstörend – ein Spiel der Gegensätze! Und das sei es ja gerade, was das Leben ausmache. Dass nicht alles zuckergussfarben und wunderschön sei. Schließlich sei immer alles auf der Welt dialektisch. Ihm selbst werde häufig vorgeworfen, er stelle das Hässliche, das Verdorbene heraus, böse Zungen behaupteten gar, er berausche sich an der Hässlichkeit! Dabei habe er all die Dinge geliebt, die er gemalt habe. Auch die hässlichen. Er fände einfach die Wirklichkeit darstellenswert, ja schön, so wie sie eben sei. «Es sind nun mal gerade die Tiefen, ohne die es die Höhen nicht geben kann. Und genau das habe ich heute Abend bei Ihrer eindrucksvollen Darbietung erleben dürfen!»

«Sie müssen entschuldigen», unterbrach ihn Martha, «mein Jimmy redet sonst nie so viel. Sie haben ihn sehr beeindruckt. Wie mich auch.»

«Meine Frau bringt es auf den Punkt.» Er nickte. In diesem Moment erklang ein lauter Tusch vom Saal her. Wie nach jeder Vorstellung spielte «The Diamonds Orchestra» nun zum Tanz auf.

«Diese Gelegenheit kann ich mir nicht nehmen lassen, dafür hast du sicher Verständnis, Mutzli», meinte Jimmy zu seiner Frau, verneigte sich kurz galant und flüsterte: «Frau Berber, darf ich bitten?»

«Nur wenn du mit dem albernen Siezen aufhörst – ich bin Anita», entgegnete sie ihm, stürzte den Rest ihres Dujardins hinunter, machte vor Martha einen Knicks und ließ sich von ihm auf die spiegelglatte Tanzfläche führen.

«Dann nenn mich Jimmy», sagte er noch.

Als «The Diamonds Orchestra» richtig loslegte, erklärte sich Ottos Spitzname: Er tanzte den Shimmy wie kein anderer. Er ließ seine Hüften kreisen, schüttelte die Schultern, seine ganze Brust vibrierte – ja, Jimmy hatte den Rhythmus im Blut.

Manche meinten, der Shimmy sei den rituellen Tänzen amerikanischer Ureinwohner nachempfunden. Andere glaubten darin Bewegungen zu erkennen, wie sie auch in traditionellen Tänzen der Sinti und Roma vorkamen. Und wieder andere erklärten, der Shimmy stamme von versklavten Plantagenarbeitern in Amerika. Letztendlich war Anita das ganz gleich, aber dass sich diese Art zu tanzen irgendwo an den unscharfen Rändern der Gesellschaft herausgebildet hatte, das war nicht nur zu sehen, sondern vor allem auch zu spüren. Das Verruchte dieses neuartigen Tanzes, das Erotische, die

Begierde, das, weswegen dieser Tanz vielerorts verboten war, all das brachte Jimmy leidenschaftlich zum Ausdruck.

Bald hatte sich ein Kreis von Zuschauern um sie gebildet, die anderen Paare hatten aufgehört zu tanzen und beklatschten sie. Das schien Jimmy nicht zu irritieren, ganz im Gegenteil, es stachelte ihn an. Obwohl er klein und zierlich war, hatte er etwas erstaunlich Männliches an sich. Er roch angenehm nach Zigarrenrauch und *Poivre* von Rival – ein Duft, den sie an anderen Männern schnell als aufdringlich empfand –, ihm verlieh er eine spannende Würze.

Später hatte Martha ihr erklärt, das Tanzen sei es gewesen, womit Jimmy sie «rumgekriegt» habe. Nicht mit der Malerei. Sie war ja bereits verheiratet gewesen, mit einem Arzt: Hans Koch, einem Gynäkologen und Kunstliebhaber. Hans habe sich von Otto Dix porträtieren lassen. Und bei diesen Porträtsitzungen habe auch sie ihn kennengelernt.

«Nein, die Kunst ist es nicht gewesen. Du hast meinen Hans dermaßen hässlich gemalt, da muss er sich heute noch von erholen!» Martha lachte laut auf.

«Anita?»

Sie blickt in Marthas Gesicht. Mit einem Mal steht Martha an ihrem Bett und lächelt sie an.

Sie sieht noch immer aus wie das blühende Leben. Wie Martha das macht, fragt sie sich. Erst vor einem Monat ist sie erneut Mutter geworden, das dritte Kind bereits. Das heißt, Moment, mit Hans Koch hatte sie ja auch schon zwei Kinder, die nun bei ihrem Vater leben. Gemeinsam mit Marthas Schwester, die Hans unterdessen geehelicht hat. Ein wenig zugenommen hat Martha, was sie noch rosiger erscheinen lässt. Noch immer trägt sie ihr volles, dunkles Haar im Pagenschnitt, die Lippen knallrot geschminkt. Ihre Augenbrauen ersetzt ein zarter Brauenstrich, genau wie bei Anita selbst. Sie beide ähneln sich, denkt sie. Ja, in gewisser Weise ist Martha eine gesunde, runde Version ihrer selbst.

Den Kindern gehe es gut, erzählt Martha. Nelly sei bereits fünf und noch immer ein Wirbelwind. Sie träume davon, einmal zum Zirkus zu gehen. Der kleine Ursus müsse jetzt erst einmal verkraften, dass er nicht mehr das Nesthäkchen sei, sein Bruder Jan werde gerade vom Kindermädchen spazieren gefahren. Dies sei im Übrigen die erste Reise für sie alle, seit der Geburt.

Martha erzählt von der neuen Wohnung in der Dresdner Südvorstadt, wo es doch erheblich geruhsamer zugehe als im Trubel Berlins. Von Jimmys Professur, verrückterweise ausgerechnet in Dresden, wo man ihn da doch anfänglich gar nicht geschätzt hatte.

Anita hört ihr gerne zu, dankbar, dass sie die Konversation übernimmt und die Fragen beantwortet, die sie selbst nicht mehr zu stellen imstande ist. Martha ist eine kluge Frau. Sie weiß, dass ein Mann wie Jimmy Freiheit braucht, dass man ihn an der langen Leine lassen muss, sonst reißt er aus. Und sie hat Humor.

«Hängt», Anita gelingt es gerade noch, einen Hustenanfall zu unterdrücken, «hängt der ‹Lustmord› noch?»

«Selbstverständlich», antwortet Martha, «über dem Esstisch. Wie es sich gehört.»

Einmal hatte Jimmy seiner Mutzli ein auch für seine Verhältnisse drastisches Gemälde zum Geburtstag geschenkt: Eine nackte Frauenleiche zeigt es, die mit gespreizten Beinen blutüberströmt auf einem Bett liegt. Martha hatte es begeistert über den Esstisch gehängt und freut sich seitdem, wenn Gäste sich darüber echauffieren. Das sei doch Jimmys Geburtstagsgeschenk, erklärt sie dann nicht ohne Stolz.

«Du erinnerst dich schon», meint Jimmy jetzt zu Anita und reißt fordernd die Augen auf, «du bist mir noch was schuldig.»

«Ich weiß, Jimmy», sie schluckt mühevoll. «Da musst du Henri fragen. Vielleicht kann er dir das Geld zurückgeben. Obwohl, du kennst ja Henri ...»

«Ich meine nicht das Geld, Darling», unterbricht er ihr Gestammel. «Ich meine unseren Tanz. Du wirst mit mir bis ins völlige Vergessen hinein tanzen, hast du mir das letzte Mal versprochen.»

«Das stimmt», erwidert sie. «Das mache ich auch. Später.»

Als sie wieder zu sich kommt, dämmert es bereits. Jimmy und Martha sind verschwunden. Schwester Agnes teilt das Abendessen aus.

Sie fragt sich, ob sie das alles nur geträumt hat?

Aber dann fällt ihr Blick auf Jimmys Blumenstrauß. Leuchtend roter Mohn.

Jeder Mensch hat eine Farbe, hatte er ihr einst erklärt.

«Welche Farbe habe ich?», hatte sie ihn damals gefragt, als sie in seinem Atelier in Düsseldorf Modell stand.

«Rot», hatte er ohne Zögern geantwortet.

Bei manchen Menschen sei es nicht gleich klar. Aber bei ihr sei die Sache eindeutig:

Ein solches Rot, das habe er selten gesehen. Ihr Rot schreie geradezu zum Himmel.

★

Wären die Farbflecken nicht gewesen, hätte man Jimmy auch für einen Arzt halten können: Unter seinem weißen Kittel trug er ein perfekt sitzendes Hemd samt Krawatte, unten guckten seine Hosenbeine mit Bügelfalte hervor, dazu dunkelblaue, frisch gewichste Oxford-Schuhe, die seidig glänzten. Das Haar hatte er auch jetzt mit reichlich Pomade nach hinten gekämmt, eine Strähne fiel ihm widerspenstig ins Gesicht.

Der großzügige Raum, ein lichtdurchflutetes Meisterschüleratelier in der Düsseldorfer Kunstakademie, roch nach Farbe und Terpentin.

Er bot an, ihr aus dem Mantel zu helfen, das wusste sie gerade noch zu verhindern und behalf sich selbst – in der Sorge, ihr eleganter Abendmantel, ein leicht ausgestellter Hänger aus schwarzem Kunstseidenkrepp mit aufgesetztem Kragen aus Maulwurfsfell, könnte am Ende ähnlich bunt aussehen wie sein Kittel.

Ob er ihr etwas zu trinken anbieten dürfe, fragte er. Der Cognac war zimmerwarm, wie sie es mochte. Jimmy selbst begnügte sich mit kaltem Kaffee, er vertrug keinen Alkohol. Sie nippte an ihrem Glas und sah sich um. Auf dem Tisch standen Kästen und Schachteln mit allerlei Malutensilien – Kreiden und Grafitstifte, Pinsel, auch ein «Modellbuch für Tätowierungen» lag dort. Und stapelweise Aquarelle.

«Fühl dich wie zu Hause», meinte er, während er seine Staffelei beiseiterückte, «nu gugg dir ruhig alles an.»

Schön sahen Jimmys Menschen selten aus. Sie kannte seine hässlichen Weiber inzwischen bereits, seine alten, siechenden Kerle. Auch jetzt fiel ihr das auf: Da waren kriegsversehrte Krüppel, Aristokratenfiguren mit Glupschaugen und abgehalfterte Prostituierte mit verhärmten Gesichtern. Einzig der Meister selbst kam auf seinen Bildnissen erstaunlich gut weg, befand sie: Streng, durchaus schnittig blickte er dem Betrachter auf einem Aquarell entgegen. Auf einer Grafitzeichnung hielt er das Kinn energisch leicht in die Höhe gereckt, dazu ein kühler Blick aus konzentriert zusammengekniffenen Augen.

Auch auf einem Ölgemälde, das neben der Tür hing, erkannte sie ihn: inmitten eines Tanzcafés stehend, im taillierten Sportanzug, mit geheimnisvoll lässiger Miene, den Hörer eines Tischtelefons in der Hand. Männlich und athletisch gebaut sah er da aus, dabei war er in Wirklichkeit doch mindestens einen halben Kopf kleiner als sie und ein eher schmaler Hänfling.

Am Boden standen zwei Ölgemälde: Das Porträt eines intellektuellen Anzugträgers, grauer Teint, der Kopf saß beinahe ohne Hals zwischen den schmalen Schultern. Mit spinnenartigen Fingern zeigte der Mann irgendetwas auf. Daneben ein Familienporträt, so schien es ihr zumindest: ein gealtertes Paar, an einem winzigen Tischchen drapiert, die Figur im Hintergrund mochte ihr erwachsener Sohn sein. Grau und trübsinnig blickten die drei dem Betrachter entgegen. Fast gruselig, dachte sie.

Längst galt es als schick, sich von Jimmy porträtieren zu lassen. Ärzte, Rechtsanwälte und Industrielle bezahlten ordentliche Summen dafür. Er hatte eine spezielle Gabe, das Charakteristische im Menschen herauszuarbeiten, auch, wenn es oft überzeichnet, ja hässlich aussah.

Das seien Freunde von ihm, Kollegen, erklärte Jimmy jetzt beiläufig, ihrem Blick folgend.

Das Porträt sei eine der reizvollsten und zugleich schwersten Aufgaben für einen Maler. Dabei stelle er immer wieder fest, dass es von Vorteil sei, wenn man denjenigen, den man porträtiert, nicht allzu gut kenne. Ja, am besten kenne man die zu porträtierende Person überhaupt nicht! Der erste Eindruck zähle. Die Unbefangenheit des Blicks ginge sonst verloren.

Das klang fast wie eine Entschuldigung. So gesehen, dachte sie, hätte sie ganz gute Karten. Schließlich kannten sie sich erst kurz. Nach der ersten Begegnung in Düsseldorf waren Jimmy und Martha ihr wenige Tage später nach Wiesbaden nachgereist, wo sie gemeinsam einen Nachmittag verbrachten und die beiden anschließend wieder ihre Vorstellung besuchten.

Sie warf einen letzten Blick auf die beiden Gemälde. Auffallend war, dass Hände in seinen Porträts eine große Rolle spielten. Und Ohren. Zweifellos besaß Anita ausgesprochen hübsche Hände. Auch an ihren Ohren gab es nichts auszusetzen – ebenmäßig geformt, nicht zu klein und nicht zu groß. Allzu hässlich würde Jimmy sie schon nicht hinbekommen, folgerte sie insgeheim.

Sie nahm ihren Hut ab, ein runder, leicht schräg drapierter Topfhut aus schwarzem Strohgeflecht, mit ebenso schwarzem Crêpe überzogen, an der Seite ein Gesteck aus schwarzen Reiherfedern, das von einer Messingrosette gehalten wurde.

Jimmy musterte sie erstmals ausgiebig.

«Ein formidables Kleid!», meinte er anerkennend, «möchtest du das tragen? Oder was wirst du anziehen?»

«Na, gar nichts», gab sie zur Antwort.

Er zog kurz die Augenbrauen hoch und nickte. Das sei wunderbar, das gäbe ihm größtmögliche künstlerische Freiheit.

Nackt fühlte sie sich am sichersten, hatte sie kurzerhand entschieden. Und nackt würde sie am wenigsten Gefahr laufen, dass er sie verunstaltete. Oder war das ein Fehler?

Das Wesen jedes Menschen drücke sich in seinem Äußeren aus, erläuterte er, sah sie bereits mit seinem Adlerblick an und begann, mit Grafit auf einem Zeichenblock zu skizzieren. Das Äußere sei Ausdruck des Inneren, fuhr er fort. «Das heißt, Äußeres und Inneres sind identisch.»

Sie überlegte einen Moment, während sie den rückwärtigen Knopf ihres ärmellosen schwarzen Abendkleids aus Crêpe

Chiffon löste, das sie ursprünglich für den heutigen Anlass gewählt hatte, und zog es behutsam über den Kopf.

«Wenn ich tanze, geht es mir ganz ähnlich», erwiderte sie, «das Innere verschmilzt mit dem Äußeren.»

Sie löste die Riemchen an ihren Fesseln und streifte ihre schwarzen Ballschuhe ab, dann schlüpfte sie aus dem spitzenbesetzten Unterkleid, ehe sie sich auch des Büstenhalters entledigte, Höschen trug sie keins.

Ob es sie störe, wenn er eine Zigarre rauche, fragte Jimmy und stellte eine dünne Holzplatte auf der Staffelei bereit. Sie schüttelte den Kopf. Er zündete sich eine Schweizer Brissago mit Strohhalmmundstück an, die sogleich ihren typischen Gestank verbreitete. Dann griff er wieder nach Zeichenblock und Stift und betrachtete sie ausgiebig, ehe er mit dem Zeichnen fortfuhr.

«Du malst nicht auf Leinwand?», fragte sie mit Blick auf die Holzplatte.

«Doch, doch. Aber nicht ausschließlich.» Er zog an der Brissago und wedelte den Rauch beiseite. «Manche behaupten ja, dass Holz der beste Malgrund für Ölgemälde sei. Im Gegensatz zur Leinwand ist es steif und vermindert dadurch die Gefahr von Rissen in der Farbe. Viele der Ölgemälde der alten Meister, die heute am schönsten erhalten sind, wurden auf Holztafeln gemalt.»

Er schlug das Blatt seines Zeichenblocks um und setzte neu an.

«Holz», sprach er wie zu sich selbst, «für die Ewigkeit!»

Es war doch sehr unterschiedlich, wie Maler arbeiteten, dachte sie. Die meisten guckten ständig zwischen Modell und eigenem Werk hin und her, glichen ununterbrochen das Erschaffene mit der Realität ab. Andere taten das nur hin und wieder. Jimmy betrachtete sie ausgiebig mit diesem bohrenden Blick, der einen sich noch nackter fühlen ließ, als man ohnehin schon war. Kein bösartiger Blick, das nicht. Aber auch nicht wohlwollend. Ein Blick, vor dem man sich nicht verstecken konnte. Etwas neugierig Sezierendes meinte sie in diesen Augen auszumachen. Oder lag das nur an seinem Kittel, der sie an einen Chirurgen erinnerte? Die Farbflecken darauf gleich Blutspritzern der letzten Operation.

Jimmy sah sie jeweils lange und eindringlich an, um anschließend um so ausdauernder in seiner Zeichnung zu versinken. Seine Hand mit dem Grafitstift schien über das Papier zu tanzen. Es war eine kraftvolle Hand. Tatsächlich schienen seine Hände das Kräftigste an diesem zierlichen Körper zu sein.

Hände, die im Krieg getötet hatten, kam es ihr plötzlich in den Sinn. Der Krieg hätte sein Weltbild verändert, hatte Jimmy ihr erzählt, hätte seine Kunst verändert. Da sei der Mensch zum Vieh geworden. Das hätte man erleben müssen! Unbeschreiblich. Sie könne sich das nicht vorstellen, was das für ein Gefühl gewesen sei, wenn man dem anderen das Bajonett in den Wanst habe rammeln können. «Der Mensch nämlich ist das grausamste Tier», habe bereits Nietzsche gesagt. Verstanden hätte er selbst das erst im Krieg.

Vielleicht hätte sie doch ihr Kleid anlassen sollen? Plötzlich wurde ihr kalt, wie sie so hier stand, ganz nackt. Sie bekam eine Gänsehaut, ihre Brustwarzen standen steif in die Luft.

Ob sie noch eine Weile in dieser Position verharren könne, fragte Jimmy.

«Selbstverständlich, mein Lieber. Wenn ich eins kann, dann ist es das. In Positionen verharren.»

Er lachte. Er bewundere ihre Gelenkigkeit, meinte er dann. Das habe ihn derart fasziniert, im Theater. Wie biegsam, wie gelenkig sie sei. Er sah ihr in die Augen.

«Das ist ja wohl das Mindeste!», empörte sie sich. «Entschuldige mal, ich bin Tänzerin! Das ist, als ließe ich mich durch den Umstand beeindrucken, dass du ein scharfes Auge hast.»

«Das ist wahr. Tut mir leid, ich habe mich wohl schlecht ausgedrückt.»

Er hielt inne und überlegte.

«Dein tänzerischer Ausdruck ist es, der mich berührt. Bei irgendeiner beliebigen Exzentriktänzerin, die sich in alle möglichen Richtungen verbiegen kann, ist das noch lange nicht der Fall. Aber du tanzt Emotionen. Ja, du tanzt Bilder auf der Bühne, die auf mich als Betrachter überspringen und ein Eigenleben entwickeln. Das ist es wohl, was Kunst von Unterhaltung unterscheidet.»

Er schwieg und versank wieder in seiner Zeichnung. Nach einer Weile schlug er auch dieses Zeichenblatt nach hinten und begann erneut. Hin und wieder stand er auf, um ihr Cognac nachzuschenken oder an seinem kalten Kaffee zu schlürfen, als sei der heiß.

Nach einer gefühlten Ewigkeit, als sie des Stehens tatsächlich allmählich müde wurde, begab er sich an die Staffelei und begann, das Gezeichnete auf die Holzplatte zu übertragen. Ein eigenartiges Geräusch entstand, als er mit dem Grafit über das Holz fuhr. Nur sein Kopf tauchte in unregelmäßigen Abständen immer wieder hinter dem Rechteck auf, wenn er prüfende Blicke auf sie warf.

Später, als selbst der Cognac sie nicht mehr zu wärmen vermochte, legte er den Grafitstift beiseite und sah sie lange schweigend an, fast, als suche er nach Worten.

«Biste fertig?», fragte sie.

«Nu», er nickte.

«Gut.» Sie begann, sich anzukleiden. «Wann soll ich wiederkommen? Wann willst du weitermachen?»

Er schwieg.

«Ich meine, wann du mit der Ölmalerei anfangen willst? Dann brauchst du mich doch, nicht?»

Er schüttelte den Kopf.

«Damit leg ich jetzt gleich los. Aber isch bin ja nu keiner von der schnellen Sorte. Schnell, das is was für Farbmaler, denen die Form wurscht ist. Ich arbeite mit Öl, oder Tempera. Lasur. Die Trocknungszeiten, das dauert. Aber keine Sorge, alles Weitere mach ich allein. Das hab isch alles hier drinne.» Er pochte sich mit dem Zeigefinger an die Schläfe.

«Früher hab ich die ganze Arbeit vor dem Modell durchgeführt, von Anfang bis Ende. Da gleicht man dann ständig alles ab, da sieht man hier noch was und da etwas. Und irgendwann wundert man sich, dass das Ganze immer schlechter wird, je länger man daran arbeitet. Nee, das mach isch nisch mehr. Ich seh dich vor meinem inneren Auge, und für den Rest, hab ich dich hier nu ooch», er hielt den Zeichenblock in die Luft.

Martha schrieb ihr später, es sei eines der schönsten Gemälde geworden, das Jimmy jemals geschaffen hätte. Sie könne jederzeit vorbeikommen, in die neue Wohnung am Kaiserdamm, die sie unterdessen bezogen hätten, und es sich ansehen.

Als sich Wochen später endlich eine Gelegenheit ergab und sie vor dem Bild stand, dachte sie im ersten Moment, sie müsse laut schreien. Auf Jimmys Bildnis war sie nackter als jemals zuvor. Und das, obwohl er sie angezogen hatte: Sie trug ihr langärmeliges Satinkleid mit Rollkragen, ihr Kostüm aus «Morphium». Ein Tanz, der mehr eine Pantomime war. Und von dem Jimmy gesagt hatte: «Wie du die Visionen der Morphinistin dargestellt hast, das hat mich erschüttert. Wie sich dein Körper rückwärts aufbäumte, dein Rückgrat ein bis zum Bersten gespannter Bogen. Dazu dein starres, weißes Gesicht – wie eine japanische Maske.»

Auf seinem Bild war ihr Kleid allerdings nicht schwarz wie das Original, sondern rot. Wie überhaupt nahezu das gesamte Gemälde aus leuchtend lodernden Rottönen zu bestehen schien. Ihr Gesicht hob sich weiß und wie zur Maske erstarrt daraus hervor. Ihr linker Arm umwand fast wie eine Schlange ihren Körper, die Hand krallenartig.

Fraglos war sie auf einen Blick zu erkennen.

Wie eine Morphinistin sah sie aus. Und alt. Sehr alt.

*

Ein genialer Maler ist einmalig. Niemand wird jemals wieder malen wie er. Selbst wenn einer daherkäme und es versuchen würde – es würde niemanden interessieren. Ganz im Gegenteil: Einen billigen Kopisten würde man ihn schimpfen. Eine Tänzerin hingegen ist austauschbar. So wie eine Schauspielerin austauschbar ist. Ganz egal, für wie einmalig das Publikum sie einst gehalten haben mag. Nach ihr kommt eine andere. Und wird in den Himmel gehoben. Der ganz normale Lauf der Dinge. Natürlich hält sich jeder Künstler für einmalig. Aber sie ist klug genug, ihren eigenen Stern sinken zu sehen. Und sich nicht in die Tasche zu lügen.

Trotzdem gibt es Grenzen. Das hätte selbst Henri kapieren müssen. Gerade Henri. Sie beißt sich vor Wut auf die Fingerknöchel. Ihre Zähne hinterlassen einen schwarzblauen Abdruck im Weiß ihrer Haut. Vielleicht hätten sie die Eifersucht nicht tanzen sollen. Vielleicht wäre dann alles anders gekommen. Das hat sie bereits damals gedacht. Anfangs hatte sich Henri gegen diesen Tanz gewehrt. Dabei war er es gewesen, der «Jalousie», den frisch komponierten Tango Tzigane von

Jacob Gade, für ihre nächste Nummer gewählt hatte. Nur hatte er ihn anders interpretiert. Es gehe schließlich um Hingabe, hatte er erklärt.

Darum gehe es doch immer, hatte sie erwidert. Vielleicht spielte auch eine Rolle, dass sie vor ihrem inneren Auge stets den Vater sah, wenn die Violine dieses Stück so überaus temperamentvoll in d-Moll eröffnete. In einem Interview hatte Jacob Gade, der dänische Komponist, einmal erklärt, die Idee zu diesem Tango sei ihm gekommen, als er einen Zeitungsbericht über ein spektakuläres Verbrechen aus Leidenschaft gelesen hatte.

Leidenschaft hat sie immer mit Henri verbunden. Kennengelernt hatte sie ihn, als sie ihn im Blüthner-Saal hatte tanzen sehen. Vier Jahre war das her, dass Henri dort, kaum aus Amerika angekommen, sein Debüt gegeben hatte. Sie hatte seine Geschmeidigkeit und Eleganz bewundert und hatte augenblicklich gewusst, dass er der neue Tanzpartner an ihrer Seite sein würde. Und natürlich war er bald mehr als das – wem sie auf dem Tanzparkett erlag, der hatte schnell ihr Herz erobert, und wenige Wochen später hatten sie sich verlobt und kurz darauf geheiratet.

Später, wann immer Henri und sie «Jalousie» getanzt hatten – ganz egal, wie fern und einander entfremdet sie sich gerade auch fühlten –, flackerte die Leidenschaft zwischen ihnen wieder auf. Gleichzeitig hatte sie jedoch eine tief sitzende Wut in sich gespürt, ja manchmal sogar Hass.

Sie hustet, will nach dem Blauen Heinrich auf dem Nachttisch greifen, da rinnt ihr bereits ein feiner Faden Blut aus dem Mund. Zieht sich hinunter und macht einen roten Fleck auf dem Linoleumboden vor ihrem Bett. Direkt neben Henris Blutfleck, der noch so schön hellrot leuchtet, ganz frisch.

Vermutlich ist Henris Körper so ungewöhnlich geschmeidig, denkt sie verächtlich, weil ihm jegliches Rückgrat fehlt. Sie hustet erneut, verzieht vor Schmerz das Gesicht und öffnet den Sprungdeckel des Glasflakons, um sich des ekelhaften Schleims zu entledigen. Wenn nur der widerwärtige Blutgeschmack nicht wäre. Manchmal bekommt sie ein Aufstoßen, dann ist der metallische Geschmack derart ekelhaft, dass sie würgen muss.

Auf Henri ist kein Verlass, das hat sie schon immer gewusst. Und doch hat sie gedacht, seine ständig geheuchelte Liebe, sein ewiges Gejammer, wie unersetzbar sie ihm sei, berge zumindest einen Funken Wahrheit. Stattdessen hat Henri sie bereits beerdigt, noch bevor sie überhaupt gestorben ist.

Heute hat er sich, nach Tagen der Abwesenheit, endlich mal wieder blicken lassen. Er roch nach Alkohol und schlechtem Gewissen, das konnte auch sein Mundschutz nicht verbergen.

Am meisten hasst sie sein feiges Getue. Warum ist er nicht Manns genug, geradeheraus die Wahrheit zu sagen? Zumindest das wäre er ihr schuldig. Stattdessen ließ er sich jedes Wort einzeln aus der bornierten Nase ziehen.

Ja, er habe jemanden kennengelernt.

Ja, es sei eine Tänzerin.

Ja, er arbeite mit ihr an einem Programm.

Dann stellte sie die vielleicht schmerzhafteste Frage.

Nein, nein, hat er kopfschüttelnd entgegnet, dem sei nicht so, keineswegs!

Dabei begannen seine Ohren rot zu leuchten. Ein untrügliches Zeichen, dass er log. Sie hakte nach, in scharfem Ton, soweit ihr der möglich war.

Ja, musste er schließlich zugeben, auch einige ihrer gemeinsamen Nummern würden sie tanzen. Und leiser: Ja, fast ausschließlich ihre Nummern. Und ganz zuletzt: Ja, auch

«Jalousie», den Tango Tzigane, würden sie miteinander tanzen.

In einem Anfall von Wut entwickelte sie ungeahnte Kräfte. Sie beugte sich vor, griff nach der nächstbesten Marienfigur auf ihrem Nachttisch und warf sie mit aller Wucht nach ihm. Im Werfen war sie immer unterschätzt worden, schon in der Schule.

Henri schrie auf und fasste sich ungläubig an die Stirn. So eine Platzwunde kann ja ordentlich bluten. Er stöhnte theatralisch auf, natürlich tat er sich selbst am meisten leid. Das Blut lief ihm über die Stirn. Es sah durchaus eindrucksvoll aus. Henri hob denn auch ein übertriebenes Wehgeschrei an.

Schwester Auguste, die gerade mit dem Mittagessen den Saal betrat, erschrak bei seinem Anblick. Dabei hatte sie bestimmt schon schlimmere Platzwunden gesehen. Sie stellte das Tablett ab und eilte nach Verbandszeug, während Henri gebeugt auf Anita zukam und jammernd den Linoleumboden volltropfte.

«Hau ab!», befahl sie ihm barsch.

Das ließ er sich, trotz allem, nicht zweimal sagen. Noch bevor Schwester Auguste zurückgekehrt war, hatte er sich aus dem Staub gemacht. Vermutlich war er froh, dass sie ihn erlöste.

So eine Platzwunde, das ist doch ein vergleichsweise geringer Preis für die schwere Bürde, die sie ihm von den Schultern nimmt.

★

Selbstverständlich dringen die Lebensumstände eines Komponisten durch sein Werk hindurch. Als Tänzerin spürt man das, es juckt einen in den Fingern. Und in den Zehen.

Tschaikowski hat in seinem Leben nur ein einziges Violinkonzert komponiert, und doch gilt es als eines der schönsten überhaupt. Er schrieb es, als er sich am Genfer See von einer Depression und einem schweren Nervenzusammenbruch erholte. Zuvor hatte es Gerüchte gegeben, er sei homosexuell. Als Gegenmaßnahme hatte er kurzerhand geheiratet. Die Ehe war nach wenigen Monaten kläglich gescheitert.

In seiner Verzweiflung reiste er in die Ferne, nach Norditalien und dann in die Schweiz. In einer kleinen Pension im Kurort Clarens fand er Unterschlupf. Es war eine bescheidene Unterkunft, aber was ihm viel wichtiger war: Sie verfügte über ein ordentliches Klavier.

Manchmal, wenn man ganz unten angekommen ist, sieht man unerwartet Licht am Horizont. Tschaikowski erlebte einen Ausbruch von künstlerischer Kreativität: Innerhalb von wenigen Wochen komponierte er seine vierte Symphonie, und es gelang ihm, die Oper *Eugen Onegin* zu vollenden.

Sein geliebter Schüler Josef Kotek, ein begnadeter Violinist, kam aus Berlin zu Besuch; im Gepäck einige musikalische Neuerscheinungen. Sie musizierten gemeinsam. Sofort entstand in Tschaikowski der Wunsch, ein Violinkonzert zu schreiben, und er machte sich ans Werk. Wie im Rausch arbeitete er an diesem Stück, das pure Lebensfreude ausdrücken sollte. Eine Lebensfreude, wie er nie geglaubt hatte, sie jemals wieder spüren zu dürfen.

Ein schwüler Sommernachmittag im Juli des vergangenen Jahres war es gewesen, als Anita aus dem Münchner Hauptbahnhof trat und sich auf die Suche nach einem Hotel begeben wollte. Die für diese Stadt typische Geruchsmischung nach Hopfen und Gebirge lag in der Luft, man wunderte sich jedes Mal, dass keine Tannen am Straßenrand standen. Da fiel ihr Blick auf die Konzertankündigung an einer Litfaßsäule. «BERBER» stand dort in riesigen schwarzen Lettern auf dem Plakat, sodass selbst sie es, trotz Kurzsichtigkeit, aus der Ferne lesen konnte.

Natürlich wusste sie, dass ihr Vater seit vielen Jahren wieder in München lebte, dass er als Professor an der Musikakademie unterrichtete und hier sein berühmtes Berber-Quartett gegründet hatte. Eines seiner Konzerte zu besuchen, wäre ihr vorher nicht in den Sinn gekommen. Nun aber schien ihr dieses Plakat wie ein Wink des Schicksals: Spielte der Vater an diesem Abend doch ausgerechnet das Violinkonzert von Tschaikowski.

Sie liebte Tschaikowski. Als junges Mädchen hatte sie alles über ihn gelesen, was ihr zwischen die Finger kam. Schließlich war es Tschaikowski gewesen, der mit «Schwanensee», «Dornröschen» und «Der Nussknacker» die wunderbarsten Ballettstücke überhaupt geschrieben hatte. Später war ihr aufgefallen, dass es hier eine Verbindung zum Vater gab, der ihr ansonsten ein Phantom zu bleiben schien: Am liebsten hätte Tschaikowski das Violinkonzert seinem Freund Josef Kotek gewidmet, aber er wollte die Gerüchteküche nicht erneut anheizen. Und so suchte er einen anderen Violinvirtuosen für die Uraufführung zu gewinnen, erhielt aber mehrere Absagen. Es sei unspielbar, sagte man ihm. Schließlich widmete er es dem Geiger Adolph Brodsky. Brodsky erkannte sogleich hinter den technischen Tücken in diesem Stück – fraglos brachte es jeden Geiger an seine Grenzen – das musikalische Genie. Zwei Jahre übte er, ehe es zur Uraufführung kam.

Die Meinungen der Kritiker gingen anfangs weit auseinander, zu ungewöhnlich war dieses Werk. Es dauerte ein paar Jahre, bis Tschaikowskis Violinkonzert seinen Siegeszug antrat. Als Brodsky es mehrfach mit großem Erfolg gespielt hatte, wurde er Konzertmeister des Gewandhausorchesters in Leipzig und unterrichtete auch am Leipziger Konservatorium. Sein jüngster Schüler wurde sein Liebling, und er sollte später seine Nachfolge antreten: Felix Berber, ihr Vater.

Schrecklich aufgeregt war Anita gewesen, als sie an jenem Abend in einem der roten Samtsessel im Parkett des Cuvilliés-Theaters versank und dem Spiel des Vaters lauschte.

Wie ein musikalisches Märchen eröffnete der erste Satz. Leichtfüßig, gleich einer Balletttänzerin, hob die Solovioline an und begann ein Netz komplizierter Melodien zu spinnen, fulminant getragen vom Orchester.

Ein Gefühl der Vorfreude überkam sie. Mitunter war ihr, als zwinkere der Vater ihr zu. Zwar konnte sie weder sein Gesicht, geschweige denn seine Augen erkennen – alles versank in der unscharfen Ferne –, aber der Gesang seiner Violine drang ihr ins Herz und erfüllte sie mit Sehnsucht. Der Mittelsatz, gleich einem langsamen Walzer, begann ruhig mit einem Holzbläservorspiel. Zart hob sich die Violine daraus hervor, mit einer innigen Hauptmelodie. Von weicher Schwermut getragen, von einer Sehnsucht, dass es ihr Tränen in die Augen trieb.

Dass der strenge Vater diese Musik derartig ergreifend spielen konnte, erstaunte sie. Er spielte mit einer berauschenden Hingabe, einem warmen Vibrato, voll süßer Melancholie, ohne jemals ins Schmachtende abzugleiten. Grandios, wie er die Spannungsbögen setzte, mit kleinen Tempoverzögerungen spielte, um sogleich umso zupackender voranzuschreiten. All die Sehnsucht und innere Zerrissenheit, die diesem Werk innewohnt, machte er spürbar.

Er habe sich immer bemüht, hatte Tschaikowski einmal geschrieben, die ganze Qual und Ekstase der Liebe in seiner Musik zum Ausdruck zu bringen.

Am liebsten wäre sie aufgestanden und auf den Vater zugestürmt. Sprachen sie mit ihrer so unterschiedlichen Kunst nicht ein und dieselbe Sprache? Waren sie nicht ein Fleisch und Blut?

Wie ein Peitschenschlag sauste ein Akkord dazwischen und unterbrach plötzlich die Schwermut. Das Orchester eröffnete das Finale mit einem Thema – an ein russisches Volkslied erinnernd –, das sich im vorherigen Satz bereits angekündigt hatte. Jetzt entwickelte es sich zur Triebfeder eines mitreißenden Rondos. Frisch gefasster Lebensmut, das Aufkeimen neuer Möglichkeiten – ein Sturm der Emotionen. Mit Scherzo- und Tanzelementen, die vor überraschender Lebenslust nur so strotzten.

Eine Unruhe überkam sie. Es gelang ihr kaum, ruhig sitzen zu bleiben. Das Tänzerische schwang bei Tschaikowski immer mit; man spürte, wie sehr er Ballettkomponist war. Melodien und perlende Tonkaskaden gipfelten in einem triumphalen Schluss. Kaum hatte der Vater geendet, brandete der Applaus auf, das Publikum erhob sich sogleich und klatschte im Stehen.

Sie blickte um sich, zutiefst bewegt. Und von Stolz erfüllt. Es dauerte, bis sie sich wieder im Griff hatte. Als sie sich schließlich gleichfalls erhob und begeistert in die Hände klatschte, leerte sich der Saal bereits.

Ihre Knie waren ganz weich vor Aufregung. Wie ein kleines Mädchen fühlte sie sich, als sie aus dem Theater trat und zum Bühneneingang eilte. Der alte Portier sah sie fragend an. Aber noch bevor sie etwas sagen konnte, lächelte er breit und fragte in seinem derben bayerischen Dialekt, ob er ein Autogramm haben könne. Den Herrn Vater, den finde sie in der großen Solistengarderobe am Ende des Gangs, fügte er hinzu.

«Prof. Felix Berber» stand auf dem Messingschild, das in der Halterung der Garderobentür steckte. Das Herz schlug ihr bis zum Hals, als sie klopfte.

«Herein», hörte sie drinnen eine tiefe, durchdringende Stimme.

Mit offenem, verschwitztem Hemd saß er vor dem Garderobenspiegel. Seine Violine samt Bogen lag vor ihm auf dem Tisch. Ein erdig-holziger Duft lag in der Luft, nach Eichenmoos-Haarwasser und Bogenharz.

Selbst im Sitzen war er größer, als sie gedacht hatte, die Enden seines Querbinders baumelten ihm um den Hals. Er strich sich das noch immer volle, dunkle Haar aus der Stirn und starrte sie an, mit ungläubig aufgerissenen Augen. Als sei sie eine Erscheinung.

Sein ehemals langer, gezwirbelter Schnauzbart war zu einem kleinen, fast quadratischen Zweifingerbart zurechtgestutzt und erinnerte sie an den aus Österreich stammenden Politiker, der regelmäßig mit seinen Hasstiraden auf sich aufmerksam machte.

Sein rechtes Auge zuckte nervös.

«Ich bin es», hörte sie sich selbst jetzt die Stille durchbrechen, «Anita.»

Er starrte sie unvermindert an.

«Ich kenne Sie nicht», entgegnete er ihr schließlich. Die Kälte seiner Stimme nahm ihr fast den Atem.

«Aber, ich bin …», setzte sie an, doch weiter kam sie nicht. Er erhob sich plötzlich und zeigte mit seiner großen, grazilen Hand, die sie an ihre eigene erinnerte, zur Tür.

«Bitte gehen Sie», sagte er laut und deutlich, «gehen Sie jetzt.»

Es fühlte sich an wie ein Schlag in die Magengrube. Ihr schwindelte, sie vernahm ein Rauschen in den Ohren. Konnte das derselbe Mann sein, der soeben noch auf die ergreifendste Art und Weise musiziert hatte?

Wie benommen trat sie aus dem Zimmer und eilte den Flur

hinunter. Der alte Portier blickte überrascht auf, als sie an ihm vorbeistürmte. Irgendetwas rief er ihr hinterher, aber das hörte sie nicht mehr.

Draußen war es noch immer hell. Wie betäubt lief sie durch die Straßen. Ein Taxifahrer hupte und sah sie fragend an, eine Trambahn ratterte nahezu leer an ihr vorbei, aber sie hastete weiter. Jetzt unter Leuten zu sein, das schien ihr ein Graus. Sie fühlte sich schon so ständig beobachtet.

Die Schwüle des Sommerabends hatte sich in einem unerträglichen Maße gesteigert. Ihr schwarzes Abendkleid klebte schweißnass an ihrer Haut. Als sie über die Maximiliansbrücke lief, blieb sie in der Mitte stehen, setzte das Einglas auf und sah hinunter: Die Isar war flaschengrün, die Strömung stark, am Brückenpfeiler unter ihr eine schäumende, weiße Gischt. Für die Jahreszeit schien ihr der Fluss erstaunlich viel Wasser zu führen.

Durst überkam sie. Ein Durst, als sei jede einzelne Zelle ihres Körpers ausgetrocknet. Sie sah auf das Wasser, auf die dunkelgrünen Wirbel in der Tiefe, der unbändige Durst zog sie geradezu hinab. Schnell riss sie sich vom Brückengeländer los und hastete weiter. Die Dämmerung neigte sich bereits herab, als sie endlich den Wiener Platz erkannte. Sie bog in die kleine Querstraße und erreichte ihre Pension, ein sehr einfaches Haus.

Wie tief sie doch gesunken war.

Die Rezeptionistin hatte gleichwohl die Frechheit, sie missbilligend zu mustern, als sei sie eine abgetakelte Kokotte. Im Grunde hätte man ihr allein für diesen Blick einen Schlag ins Gesicht versetzen sollen, schoss es ihr wütend durch den Kopf. Stattdessen aber eilte sie auf wackligen Beinen rasch in ihr Zimmer. Sich nur nicht aufhalten lassen jetzt. Sonst geht gar nichts mehr, dachte sie.

Das Fenster stand weit offen, die Schwüle hatte sich auch hier breitgemacht. Kein Luftzug. Der kalte Schweiß stand ihr auf der Stirn, sie suchte fieberhaft nach dem Spritzbesteck. Ihre Finger zitterten vor Wut und Schmerz, als sie erst ihre Handtasche durchwühlte, anschließend den Koffer. Sie durchsuchte selbst den leichten Abendmantel, der noch ungetragen an der Garderobe hing. Riss die Schublade des Nachttischs auf, wohl wissend, dass die Spritze dort nicht sein konnte. Nervös griff sie nach dem Morphiumfläschchen, das auf dem Nachttisch auf sie wartete, immerhin eine dreiprozentige Lösung. Zur Not würde sie es trinken müssen. Nur war die Wirkung dann lächerlich gering, sie würde unnötig viel Stoff brauchen; und ihr Problem würde sich lediglich auf morgen verschieben, wenn das Fläschchen leer wäre.

Sie stellte es zurück, trat ans Waschbecken, trank gierig und schaufelte sich reichlich kaltes Wasser ins Gesicht. Dieser verdammte Durst. Der mit Wasser nicht zu stillen war. Als sie ihr jämmerliches Gesicht im Spiegel betrachtete, bemerkte sie den kleinen goldenen Lichtschein auf dem Sessel hinter sich. Dort lag sie, die verfluchte Spritze. Das Deckenlicht brach sich im Glas des Kolbens. Ausgerechnet auf dem Sessel hatte sie sie liegen lassen. Dessen Stoff an jenen Sessel erinnerte, wie er Teil des Bühnenbilds in «Morphium» war. Wie man so etwas vergessen konnte.

Kurz darauf hatte sie die Spritze aufgezogen und stocherte bereits mit der Nadel in ihrer Ellenbogenbeuge herum. Wenn nur das grässliche Zittern nicht wäre. Gleich würde Ruhe einkehren, gleich würde sie Linderung erfahren. Das Leben würde ihr wieder lebenswert scheinen.

Schließlich fand die Nadel ihren Weg, behutsam drückte sie den Kolben runter. Ihr Blut wallte auf, sanft und warm durchströmte es ihre Glieder. Kleine, verheißungsvolle Blitze schossen ihr durchs Hirn.

Kurz darauf war sie angekommen. Das war das Herrliche am Morphium: Ganz egal, wie mühevoll, schmerzhaft und voll von unüberwindbaren Hindernissen einem der Weg des Lebens gerade noch erschienen war, das Morphium ließ einen darüber hinwegfliegen. Ohne all die Strapazen und Schmerzen, die es auf diesem Weg für gewöhnlich zu durchstehen galt, durchleben zu müssen.

Sie schloss die Augen und spürte, dass ihr die ganze Welt offenstand. Eine tiefe Glückseligkeit machte sich breit. Sie fühlte die Liebe in sich, was brauchte sie da den Vater?

Einen Vater benötige sie nicht. Das hatte die Mutter ihr doch bereits erklärt, als sie noch ein kleines Kind war.

DER MOND
ÜBER DAMASKUS

Im Grunde war es eine einzige, rastlose Flucht gewesen. Eine Flucht vor sich selbst, denkt sie im Nachhinein. Ein ganzes Jahr war sie mit Henri unterwegs gewesen. Sie hatten in den Nachtlokalen von Tripolis, Korinth und Athen getanzt, waren von dort mit dem Schiff nach Alexandria übergesetzt, wo sie in großen, vornehmen Hotels auftraten. Sie hatten in Kairo und Bagdad getanzt und in zweifelhaften Etablissements mit Animierzwang in Beirut. Das hatte sie gehasst.

Aber der Orient hatte sie immer gereizt, und seit sie zum ersten Mal das Kostüm der Astarte getragen hatte, wollte sie an den Ursprungsort dieser Göttin reisen, die man vor Tausenden von Jahren in Syrien zu verehren begann. Die Astarte sei männlich und weiblich zugleich, hatte sie damals gelesen, und der Legende nach aus sich selbst heraus entstanden – eine Vorstellung, die sie faszinierte.

An einem Montagmorgen um sieben Uhr früh waren sie in Beirut in den Zug nach Damaskus gestiegen. Die Fahrkarten für die zweite Klasse waren geschenkt im Vergleich zur ersten, dafür war die zweite aber auch so dreckig, dass man meinte, man säße mindestens in der dritten. Die rote Samtpolsterung fleckig und verschlissen, aber in dieser Hinsicht war sie längst nicht mehr empfindlich, Hauptsache, man holte sich keine Flöhe. Die Schilder an den kleinen Waggons waren auf Deutsch, die Lokomotive der Schmalspurbahn ein Schweizer Erzeugnis, wie sie vor dem Einsteigen dem Typenschild entnommen hatte. Eigenartigerweise gab ihr das ein beruhigendes Heimatgefühl, auch wenn es albern war.

Das Zehn-Personen-Abteil war voll besetzt: eine Familie arabischer Christen, der Mann trug den typischen roten Fez, seine Frau ein ungebundenes Kopftuch aus weißer Damastspitze, das ihr langes, lockiges Haar nur wenig verdeckte; sie hatte ein vielleicht dreijähriges Mädchen neben sich und ein Baby im Arm. Dann zwei ältere Drusen, an ihren Schnauzbärten, den schwarzen Pluderhosen und der strahlend weißen Kopfbedeckung unschwer erkennbar. Sie boten Anita und Henri ihre beiden Fensterplätze an, was sie dankend annahmen. Außerdem drei Araber, in eine wilde Debatte vertieft. Alle drei trugen Vollbart, helle Gewänder und Turbane mit eingewobenen Goldfäden.

Ein lauter Pfiff ertönte, und die Lokomotive setzte sich dampfend in Bewegung. Sie fuhren erst entlang der Küste, bogen dann bald landeinwärts und ließen Beirut hinter sich. Es ging durch Orangenhaine und über eine weite, saftig grüne, baumbestandene Ebene hinweg, hier standen moderne Häuser, die Dächer mit roten Ziegeln gedeckt. Eine feuchte Schwüle lag in der Luft, Tautropfen funkelten in der Morgensonne. Anschließend stieg die Strecke an, die Landschaft wurde karger, einzelne Palmen waren zu sehen.

Als sie in Baabda hielten, hatte sich die Luft verändert, war trockener und kühler. Hinter dem Ort erstreckte sich ein Zedernwald. Auch hier gab es Ziegelhäuser, die Anita ein wenig an die kleinen Bauernhöfe im Weinviertel erinnerten, in der Wiener Zeit hatte sie manchmal Ausflüge dorthin unternommen. Immer steiler ging es nun den Berg hinauf, in engen Windungen stampfte die Lokomotive voran, und man ahnte, warum der Zug für eine Strecke von einhundertsiebenundvierzig Kilometern neun Stunden brauchen sollte.

Das Baby fing an zu schreien, einer der Drusen begann ein arabisches Lied zu singen, was zu helfen schien, jedenfalls machte das Kleine große Augen und beruhigte sich wieder. Je stärker die Steigung war, desto größer wurden die Dampfwolken, die die Lokomotive ausstieß, und desto kürzer die Abstände, in denen an den Stationen Wasser nachgetankt und Kohlen aufgefüllt werden mussten. Irgendwann stieg die junge Familie aus, und man hatte etwas mehr Platz.

Die Landschaft draußen war nun meist nebelverhangen. Kurz vor Araya lichtete sich der Dunst, und in der Ferne am Horizont tauchte das Mittelmeer auf. Dort unten sah man jetzt ein letztes Mal Beirut liegen, ein seltsam geformter Fleck am Meer, umgeben von einer spärlich bewaldeten Ebene, die sich in karger Wüstenlandschaft verlor. Im Bahnhof Araya fuhren sie in eine Spitzkehre, der Zug hielt ruckelnd und kreischend an und setzte seinen Weg anschließend in umgekehrter Fahrtrichtung fort, um der Steigung Herr zu werden. Henri wirkte nervös, schwieg, er hasste Bahnfahren. Erst, als es nach der Station Aley wieder vorwärtsging, redete er wieder.

«Endlich», meinte er, «vom Rückwärtsfahren wird mir übel.»

«Ja», sagte einer der Araber überraschend auf Deutsch, «nichts schön ist das. Besser vorwärts!», und lachte. Er erzählte, er habe im Großen Krieg für die Türken gekämpft, im Infanterie-Bataillon 702 des Asienkorps des Deutschen Heeres. Gar nicht weit von hier seien sie in einen Hinterhalt der Engländer geraten.

«Nichts schön», meinte er noch einmal, kramte zum Beweis ein kleines Schächtelchen hervor und präsentierte stolz sein Eisernes Kreuz II. Klasse.

Nirgends kommt man den Kriegsgeschichten aus, dachte Anita. Aber Henri hatte für die kommenden Stunden einen Gesprächspartner gefunden. In diesem Punkt schlug seine amerikanische Herkunft durch, alles Militärische fand er höchst spannend. Als sie Bhamdoun erreichten, wo es einige große Häuser und Villen gab, erklärte der Araber, dies sei ein beliebter Urlaubsort. Die wohlhabenden Beiruter würden im Sommer vor der Hitze hier hoch in die Berge fliehen.

Die Fahrt ging weiter durch offenes Gelände. Bunte Blumenwiesen erstreckten sich entlang der Gleise, dahinter Kiefernwälder. Ein harziger Duft wehte durchs offene Abteilfenster herein. Anita stand auf und streckte ihren Kopf hinaus, der Fahrtwind zauste an ihrem Haar. Die Strecke stieg nun wieder erheblich an, und zum ersten Mal erkannte sie die rostigen Stahlzähne in der Mitte der Gleise, die der Lokomotive beim Aufstieg Halt gaben. Immer steiler ging es bergauf, auch immer langsamer, der Zug knarzte und ächzte, während sie den Rand einer mächtigen Schlucht entlangkletterten. Henri wich erschrocken zurück, als er sich einmal zum Fenster drehte und sein Blick in den jäh abfallenden Felsgrund fiel. Kurz darauf fuhren sie in eine Wolkenwand hinein und waren wie in leuchtend weiße Watte gehüllt. Dann war es mit einem Mal stockdunkel. Alles schwieg, Anita hielt den Atem an, nur das dröhnende Stampfen der Lokomotive war zu vernehmen.

«Tunnel», erklärte der Araber. Anita und Henri lachten erleichtert auf. Der Mann schloss das Fenster, was den Lärm ein wenig dämpfte. Eine Weile fuhren sie schweigend durch die Finsternis, nur das Dröhnen der Dampfmaschine hallte durch das Innere des Berges, und Anita dachte, wie seltsam das doch sei, mitten durch einen riesigen Fels zu brausen. Plötzlich trat der Zug aus dem Tunnel, Dampfwolken rissen am Fenster vorbei und gaben mit einem Mal den Blick frei auf den schneebedeckten Hermon. Zum Greifen nah hob sich der Gipfel so gleißend weiß gegen das Blau des Himmels ab, dass Anita für einen Moment der Atem stockte und sie geblendet die Augen zusammenkniff.

«Allahu akbar», rief der Araber, und die beiden Drusen lächelten. Die Bremsen kreischten in den zahlreichen Windungen, als es von nun an wieder bergab ging, bis sie das gewaltige Bekaa-Tal erreichten, das das Libanongebirge vom Antilibanon trennt. Hier sah man wieder Wiesen und Felder, auch die Ruinen antiker Tempelanlagen. Henri war längst erschöpft eingeschlafen, auch die drei Araber schnarchten laut. Die beiden Drusen hatten Proviant ausgepackt, kauten Nüsse und seltsam bräunliche, gedörrte Stücke und unterhielten sich gedämpft. Ihr selbst war weder nach Schlaf noch Essen, sie dachte an die Astarte und war aufgeregt.

Wenig später kam der Zug in einem Dorf zum Halten. Hier endete die Schmalspurstrecke, und alle packten ihre Sachen zusammen. Am Nachbargleis wartete der Zug für die Weiterfahrt. Inzwischen stand die Sonne hoch am Himmel, gegen Mittag mochte es sein. Ein Wasserträger reichte Erfrischungen, der Araber bot ihnen eine Zigarette an. Aus Höflichkeit griffen sie zu, obwohl es eine Qualität Nr. 3 war, die, wie erwartet, abscheulich schmeckte. Sie boten ihm ihrerseits ihre Extra-Qualität an, die er dankend entgegennahm. Der Mann deutete auf ein großes Gebäude und erklärte, das sei das ehemalige deutsche Soldatenheim, außerdem gäbe es ein empfehlenswertes Restaurant, dafür reiche die Zeit allerdings nicht. Tatsächlich läutete kurz darauf der Bahnwärter die Glocke, sie stiegen in den bereitgestellten Zug, die Reise ging weiter.

Sie fuhren an einem wild schäumenden Fluss entlang, anschließend ging es durch eine Felslandschaft mit zahlreichen,

offenbar bewohnten Höhlen und wenigen versprengt liegen-
den Dörfern aus Lehmhütten und Feldsteinhäusern, die mit
ihrer Umgebung verschmolzen. Weiter bergab wurde das
Land nach und nach grüner, die kleinen Ortschaften zahlrei-
cher, mit zierlichen Marmormoscheen, die von Rosenbüschen
und weiß blühenden Myrtensträuchern umgeben waren.
Knorrige Olivenbäume sah sie und in der Ferne breite Alleen,
gesäumt von Walnussbäumen. Sie alle verliefen in eine Richtung: auf Damaskus zu.

*

Nordwestlich hinter der Stadt erhob sich der Qasyun, ein
gut elfhundert Meter hoher Berg, von dem die Damaszener
sagten, er sei als Erstes aus den Wassermassen aufgetaucht,
als Gott die Erde erschaffen hat. So sah er auch aus: ein lang
gestreckter, roher Fels, nirgends ein Baum oder Strauch, eine
Landschaft wie auf dem Mond. Sein Name bedeute übersetzt
«hart und trocken», hatte man ihr gesagt. Um den Qasyun
rankten sich unzählige Legenden. In einer seiner Höhlen habe
einst Adam gewohnt, hieß es. Auch, dass Abraham auf dem
Qasyun geboren und Moses hier begraben sei. Und was Anita
besonders bewegte, war, dass die heilige Maria auf diesem
Felsrücken einst Zuflucht gefunden haben solle.

Wenn Henri und Anita nachts, nach ihrem Auftritt in einer der
Bars der Altstadt, zu ihrem Hotel zurückkehrten, wölbte sich
der Berg wie ein dunkler Schatten über der Stadt.

«Kann man auf den Qasyun hinaufsteigen?», fragte Anita
den Rezeptionisten eines Abends.

Er guckte erstaunt und meinte, dort oben gäbe es nichts zu
sehen. Ob sie nicht lieber den Azim-Palast besichtigen wolle

oder die Umayyaden-Moschee? Sie schüttelte den Kopf und sah ihn unverwandt fordernd an.

«Auf den Qasyun geht man nicht hinauf», erklärte er dann, «dort oben hat das Böse seinen Ursprung, dort ist der erste Mord der Menschheit passiert. Kain hat seinen Bruder Abel erschlagen. In der Höhle des Bluts.» Er erzählte, dass es auch noch die «Höhle der Hungrigen» gäbe, einst seien dort vierzig Propheten verhungert. Nein, resümierte er, auf den Qasyun würden *ihn* keine zehn Pferde hinaufbringen.

Der alte Beduine, der die Flure des Hotels fegte und ihr Gespräch mitbekommen hatte, fragte sie tags darauf in gebrochenem Französisch, was sie auf dem Qasyun wolle?

«Ich möchte von dort oben das Sternenzelt sehen», gab sie ihm zur Antwort, «und meinen inneren Frieden finden.»

Er sah sie an. Seine Augen waren von einer Klarheit und Tiefe, wie sie es selten gesehen hatte. Schließlich nickte er.

«Gibt es einen Weg hinauf?», fragte sie.

«In jedem Dorf gibt es einen Weg zur Mühle», erwiderte er und schenkte ihr ein zahnloses Lächeln.

Henri war von ihrer Idee alles andere als begeistert. Ihn würde weder Kain noch Abel interessieren, meinte er, die hungernden Propheten könnten ihm gestohlen bleiben, und die Sterne sehen von hier unten genauso aus. Er hatte für derlei Dinge keinen Sinn. Henri pfiff prinzipiell auf alles Religiöse. Sein Vater war ein angesehener Pfarrer der evangelisch-lutherischen Zions-Gemeinde in Baltimore und hatte sich, wie Henri meinte, nach der Geburt dreier Töchter derartig verbissen auf die religiöse Erziehung seines langersehnten einzigen Sohnes konzentriert, dass er ihm den Glauben eher ausgetrieben habe, anstatt ihn dafür zu öffnen.

Dennoch, Anfang Juli, nach einigen Tagen des Bittens und

Bettelns, hatte sie Henri so weit. Er konnte ihr selten eine Bitte abschlagen. Spätnachmittags an ihrem freien Tag machten sie sich mit dem alten Beduinen und zwei Maultieren, die Proviant und etwas Gepäck trugen, auf den Weg. Es sei nicht weit, hatte der Mann gemeint, höchstens zwei Stunden. «Ein Spaziergang», er hatte gelacht. Die Sonne brannte nicht mehr ganz so vom Himmel, als sie loszogen, heiß war es noch immer. Anita trug ein leichtes Leinenkleid, auf dem Kopf einen Strohhut, unter den sie ein weißes Musselintuch geklemmt hatte, um den Nacken vor der Sonne zu schützen. Henri sah hingegen aus wie ein Araber in seinem langen, hellen Gewand samt Kefije auf dem Kopf. Dazu die Sonnenbrille, die er seit Wochen kaum mehr ablegte. Für sie kam das leider nicht infrage, weil ihr Monokel nicht unter die Sonnengläser passte. Wegen des Monokels wurde sie oft verwundert angesehen, aber viele glotzten sowieso, als wäre sie eine Erscheinung.

In der Tat war der Aufstieg, abgesehen von der Hitze, nicht sonderlich anstrengend. Man musste lediglich aufpassen, dass man sich auf dem steinigen Pfad nicht die Füße vertrat. Henri in seinem orientalischen Gewand sah hinreißend aus, nur jammerte er unentwegt. Wenn er sich hier den Knöchel verstauche, könne er wochenlang nicht tanzen, von einem Sonnenstich wolle er gar nicht reden, und bestimmt gäbe es hier Giftschlangen. Erst nachdem sie sich umgedreht und ihn freundlich gebeten hatte, er möge doch bitte umkehren, gab er Frieden.

Als sie den lang gestreckten Gipfel erreicht hatten, war selbst Henri beeindruckt von dem ungeheuren Ausblick über die Stadt und noch viel weiter, tief in das Land. Der Beduine machte mit Feuersteinen und trockenem Dung ein Feuer, legte mitgebrachtes Brennholz darauf und erhitzte einige flache Steine. Während es knisterte, baute er ein kleines, schwarzes Zelt aus Ziegenhaar auf. Dann grub er ein Loch, legte die heißen Steine hinein und stellte einen großen Blechtopf mit Gemüse, Huhn und allerlei orientalischen Gewürzen darauf.

Sie setzte sich unterdessen etwas abseits auf einen Felsen und betrachtete den Sonnenuntergang. Eine leichte, angenehme Brise wehte hier oben. Die tiefen Sonnenstrahlen ließen die Farben der Wüste intensiver leuchten als zuvor, auch die Konturen der Felslandschaft zeichneten sich schärfer ab. Eine ungeahnte Stille umgab sie.

Die Farben der Umgebung wechselten ständig. Der Vollmond ging nun auf und tauchte alles in ein kühles, silbriges Licht. Sie hatte sicherheitshalber Magnesiumband mitgenommen, um in der Dunkelheit leuchten zu können, aber der Mond schien so hell, als der Beduine zum Essen rief, dass sie darauf verzichten konnte, es zu entzünden. Zarb nannte er das Gericht. Es schmeckte köstlich, nach Zaatar und dezent nach Rauch. Als Henri sich zum Schlafen in das Zelt zurückzog und der Beduine sein Lager bei den Maultieren aufschlug, bereitete sie sich hinter dem Felsen einen Schlafplatz. Sie schüttelte die Strohmatte und die beiden Wolldecken, die der Alte ihr gegeben hatte, gründlich aus, entzündete ihr Feuerzeug und suchte alles nach Wanzen und Flöhen ab. Dann breitete sie eine der Decken auf der Matte aus, die andere über sich, und sah in den Sternenhimmel. Ungewöhnlich viele Sternschnuppen zählte sie.

Mit Sonnenuntergang hatte es sich schlagartig abgekühlt, und nun legte sich die Kälte wie ein eisiger Mantel über sie. Nie hätte sie gedacht, dass man hier derartig frieren könnte. Sie zog die Decke bis unter die Nasenspitze. Kurz überlegte sie, ob sie nicht doch zu Henri ins Zelt kriechen sollte. Etwas hielt sie davon ab.

Henri hatte nach dem Essen Weinbrand aus seiner kleinen

Feldflasche getrunken, «zur Verdauung». Gründe, Alkohol zu trinken, fand man immer, das wusste sie selbst am besten. Aber sie war standhaft geblieben. Sie wollte ihren klaren Kopf behalten.

Seit dem Beginn ihrer Orientreise hatte sie sich von Kokain und Morphium ferngehalten. Zu Hause wäre ihr das nie gelungen. Hier waren derlei Drogen strengstens verboten, obendrein war es schwierig, überhaupt an Stoff zu gelangen. So war ihr der Entzug irgendwie möglich gewesen. Allerdings hatte sie weiterhin reichlich Alkohol getrunken. Nun wollte sie sich auch davon verabschieden. Obwohl die Kälte ihr in die Glieder kroch, überkam sie große Müdigkeit. Sie legte das Monokel ab, in der Angst, es könne zerbrechen. Auch wenn der schöne Sternenhimmel sich dadurch augenblicklich in der Unschärfe verlor.

Als sie morgens erwachte, fühlte sich ihre Nase so kalt an, dass sie sich ungläubig ins Gesicht fasste. Mit den ersten Sonnenstrahlen kehrte die Wärme zurück, und auch die Farben. Was in der Dunkelheit gerade noch fahl und grau erschienen war, begann nun zu leuchten. Die fernen Berge in einem unwirklichen Rot, der Sand zu ihren Füßen funkelte golden. Mit geschlossenen Augen sah sie in die aufgehende Sonne, und ihr war, als würde sich das orangerote Licht wie ein heller Strahl in ihr Innerstes ergießen. Eine tiefe Dankbarkeit erfüllte sie. Als sie ihr Monokel aufsetzte, sah sie in der Ferne eine Höhle im Felsen. Sie dachte an Adam. So musste er sich gefühlt haben, der erste Mensch auf Erden.

★

Als sie an jenem Freitag in ihrem Hotelzimmer in Damaskus erwachte, empfand sie ein Unwohlsein, das ihr fremd war. Freitag, der 13., dachte sie. Und das bereits zum dritten Mal in diesem verfluchten Jahr 28. Bereits der 13. Januar war ein Freitag gewesen, der 13. April ebenfalls, und nun auch der Juli – mehr Unglückstage kann ein Jahr nicht haben. Sie hasste dieses Datum, und daran war Richard Oswald schuld. Als Mädchen hatte sie seinen Film mit dem gleichnamigen Titel gesehen. Es ging um eine adlige Familie, die von einem unheimlichen Schicksal heimgesucht wird: An jedem Freitag, dem 13., stirbt jemand. Der Sohn des zuletzt verblichenen Schlossherrn beauftragt einen Detektiv, um dem Rätsel auf die Spur zu kommen. Die Rolle des Detektivs wird von Reinhold Schünzel gespielt; es war das erste Mal, dass Anita ihn auf der Leinwand sah. Der Film ist durchaus humoristisch, und am Ende gibt es eine Erklärung für das Mysteriöse, sprich, Reinhold findet den Täter: Ein entfernter Verwandter ist es gewesen, der an das Erbe der Familie kommen wollte.

Trotzdem hatte sich Anita dieser Aberglaube eingebrannt. Dieses Datum war ihr nicht geheuer.

An jenem Morgen in Damaskus hatte sie zum ersten Mal seit langer Zeit Heimweh. Sie wünschte sich, in Berlin zu sein, bei der Mutter. Am liebsten bei der Großmutter, aber Lu war vor einem halben Jahr gestorben. Sie hatten in Alexandria getanzt, als die Todesnachricht eintraf. Es sei eine Erlösung für die Großmutter gewesen, hatte die Mutter geschrieben. Schließlich war sie nach einem Hirnschlag mehrere Monate bettlägerig gewesen.

Das änderte nichts daran, dass Anita sie jetzt vermisste. Mit einem Mal fühlte sie sich so fremd hier. Weiter weg von zu Hause konnte man nicht sein, schien es ihr. Alles war in seiner Art so anders, die Gerüche, die Sprache, die Menschen.

Sie fühlte sich fremd, obwohl sie sich diese Reise so sehr gewünscht hatte. Gerade dieser Ort war das eigentliche Hauptziel ihrer bereits ein Jahr währenden Tournee gewesen: Damaskus, die Mutter aller Städte. Der Ursprung von allem, so hatte sie es sich vorgestellt, wo die Göttin Astarte vor Tausenden von Jahren das Licht der Welt erblickt hatte. Hierher hatte sie reisen wollen.

Die Syrer behaupteten, sie sei die schönste aller Städte. Das vermochte sie nicht zu beurteilen, doch zweifellos war Damaskus überwältigend. Trotzdem wünschte sie in diesem Moment, sie wäre nicht hier.

Henri war in eines der Kaffeehäuser gegangen, die sich entlang des Barada reihten. Geschmackvolle Häuser, die größten und schönsten, die sie im Orient gesehen hatte. Prachtvolle Hallen, darin Holztischchen, die mit Einlagen aus Perlmutt und Elfenbein in den schönsten Formen und Farben verziert waren.

Vielleicht war Henri auch die alte Stadtmauer entlanggegangen, zwischen Gärten, in denen die Aprikosen an den Bäumen leuchteten, weiter zum Thomastor. Vielleicht war er von dort die Karawanenstraße Richtung Palmyra entlanggelaufen, wie sie es schon gemeinsam getan hatten. An den Hängen neben der Straße rankten Kapernsträucher, die Rosenbüsche sättigten die Luft mit ihrem schweren Duft. Verstreut an den vielen Flussarmen, in die sich der Barada hier teilte, lagen auch Kaffeehäuser, in denen Christen verkehrten. Hier wurde man als Frau nicht so angestarrt wie in den anderen.

Dort würde Henri jetzt sitzen, würde in die Hände klatschen und «Ja weled!» rufen, was so viel wie «Oh Knabe!» heißt. Der Kellner würde ihm daraufhin Kaffee in einem kleinen Schälchen servieren, der hervorragend schmeckt, wenn er nicht zu süß ist. Henri würde ein Nargile, eine Wasserpfeife, rauchen und vermutlich von dem Rosinenbranntwein trinken, der hier ausgeschenkt wird. Er hatte sie gefragt, ob sie ihn nicht begleiten wolle. Sie hatte dankend abgelehnt, wollte nicht wieder die einzige Frau in einem Kaffeehaus sein, und außerdem hatte sie sich entkräftet gefühlt.

«Ich werde auf den Basar gehen. Ich brauche noch ein Seidentuch für meinen ‹Tanz in Weiß›», hatte sie geantwortet, Henri verabschiedete sich und wollte unten dem Hotelier Bescheid geben, dass er nach dem Dragoman schicke.

«Niemand entgeht seinem Schicksal», hatte die Großmutter zu sagen gepflegt, und deshalb erhob sie sich nun, machte sich frisch, schminkte sich und ging zur Rezeption, wo Selim, der Dragoman, sie schon erwartete. Draußen war es unerträglich heiß, obwohl es höchstens zehn Uhr sein mochte. Im Orient hatten sie ihre Schlafgewohnheiten umstellen müssen. Zwar gingen sie auch hier erst spät zu Bett, standen aber trotzdem in den kühlen Morgenstunden auf und schliefen dafür am heißen Nachmittag noch mal. Der liebliche Duft der Granatapfelbäume lag in der Luft, deren mächtige Blüten überall in den Gärten orange und rot leuchteten, manchmal gar in Rosa. Sie liefen, den Straßenbahnschienen folgend, den Barada entlang, der in der Sonne funkelte. Über den Seraiplatz hinweg, vorbei an den Konditoreien und einem kleinen Café, in dem sie manchmal mit Henri saß. Weiter über den Kamelmarkt, an dem gerade eine Karawane zum Halten kam. Wie immer lief der Esel der Karawane voran. Das war so, weil ein Esel im felsigen Terrain stets den sichersten Weg zu finden imstande war. Das mochte sie, dass der kleine Esel die großen Kamele führte.

Sie gingen an der mächtigen Platane vorbei, ein Baum von knapp zehn Metern Umfang. Der Legende nach war er bei der Geburt Mohammeds angepflanzt worden. In einer Barbierbude war der Meister damit beschäftigt, Männerköpfe kahl zu rasieren. Anita wandte sich schnell ab, als sie sah, dass sein Kollege gerade eine ältere Frau zur Ader ließ. Ein Vorgang, bei dessen Anblick ihr noch immer übel wurde.

Kurz bevor sie den Griechenbasar erreichten, wurde das Geschrei der Ausrufer, die ihre Waren anpriesen, immer lauter. Ein Beduine bot Früchte und in Essig eingelegtes Gemüse an, und ein Blumenverkäufer schrie sich zur Freude der Umstehenden die Seele aus dem Leib. Plötzlich sah sie einen alten Mann aus der Gasse biegen, barfuß und fast nackt kam er ihnen entgegen. Er trug einen wilden, zauseligen Vollbart, sein Blick flackerte unruhig. Er lief hin und her, griff sich das ein oder andere von den Verkaufsständen, hier ein Gebäck, dort eine Frucht. An einem Erfrischungsstand nahm er sich ein Glas Limonade und trank gierig in vollen Zügen. Nirgends bezahlte er, die Verkäufer nickten freundlich und ließen ihn gewähren.

«Wer ist das?», fragte sie.

«Ein Madschnun», antwortete Selim.

Sie sah ihn verständnislos an.

«Nun, er ist von einem Dschinn besessen.»

«Und er darf sich alles nehmen?»

«Wer einen Madschnun abweist, tut schweres Unrecht. Es bringt Unglück. Aber der Laden, den der Madschnun beehrt, gilt als gesegnet.»

Am liebsten hätte auch sie sich von dem nackten Madschnun segnen lassen, aber er lief, ohne von Anita Notiz zu nehmen, vorbei und war kurz darauf in der Menge verschwunden.

In der Halle des Griechenbasars konnte man alles finden. Es gab Teppiche und Möbel, alte Münzen, Waffen, Wasserpfeifen und reich verzierte Tabakbeutel in sämtlichen Farben, und natürlich wertvolle Messer aus dem berühmten Damaszenerstahl. Wenn man jedoch nicht aufpasste, jubelten sie einem billige Kopien aus Österreich oder Solingen unter. Auch Kleidungsstücke jeglicher Art gab es zu kaufen. Sie erstand drei mit Silberfaden bestickte Tücher und einen sehr langen, breiten Seidenschal in Weiß. Selim führte, wie üblich, die Preisverhandlungen. Allein dafür war ein Dragoman sein Geld wert, denn das ewige Feilschen um alles und jedes fand sie ermüdend.

Auf dem Rückweg zum Hotel mussten sie einige Male innehalten, weil ihr schwindelig wurde. Endlich angekommen, war sie völlig erschöpft. Was nicht nur an der Hitze liegen konnte, dachte sie. Sie bezahlte Selim und begab sich auf das Hotelzimmer. Henri war noch fort. Sie wünschte, er wäre hier. Trotz ihrer Appetitlosigkeit hatte sie sich auf dem Basar dazu gezwungen, ein wenig Lammfleisch zu essen. Aber das Schwächegefühl war geblieben, und sie fragte sich, ob sie am Abend überhaupt auftreten könne. Sie legte sich aufs Bett und fiel augenblicklich in einen tiefen Schlaf.

Im Traum begegnete ihr die Astarte. Die Göttin hielt einen silbern glänzenden Stab in der Hand, der sich zu bewegen begann und dann als Schlange entpuppte. Trotzdem blieb Anita ruhig, sie empfand ein unerklärliches Gefühl des Geborgenseins. Astartes Kopf glich jetzt ebenfalls dem einer Schlange, sie zischte, «ich bin das Verderben» – ihre gespaltene Zunge schoss kurz aus dem riesigen Schlangenkopf hervor – «und die Auferstehung.»

Plötzlich war Anita, als würde sich ihr drittes Auge öffnen, sie fasste sich an die Stirn und erwachte. Erschrocken sah sie in Henris Gesicht, der ihr soeben die Stirn geküsst hatte. Er lächelte, sein Atem roch nach Rauch und Branntwein.

Ob sie nicht doch einen Cognac trinken wolle. Henri sah sie aufmunternd an. Das helfe vielleicht, fügte er hinzu.

Sie atmete tief durch. Noch immer fühlte sie sich schwach. Sie fragte sich, ob sie sich bei der Wanderung vor ein paar Tagen verkühlt hatte. Henris Vorschlag machte sie wütend. Schließlich wusste er, dass sie ein Gelübde abgelegt hatte, oben auf dem Qasyun. Seitdem hatte sie keinen Tropfen Alkohol mehr getrunken, und dabei würde es bleiben.

Alles würde sie geben, nur um nicht auftreten zu müssen, dachte sie am Abend. Sie hasste dieses Publikum, das dort erwartungsvoll hinter dem Vorhang lauerte. Sie war es unendlich leid, begafft zu werden. Beklatscht und bewundert von einer Horde angetrunkener Idioten. Hatte irgendwer in dieser dummdreisten Menge auch nur die leiseste Ahnung, was ihr der Tanz bedeutete? Wütend stand sie hinter dem geschlossenen Vorhang und überlegte, ob sie einfach gehen solle. Henri konzentriert neben ihr, den Blick nach vorne gerichtet. So nah und zugleich unendlich fern.

Als die Musik erklang, begannen sich ihre Arme und Beine wie von alleine zu bewegen. Da kann man sich gar nicht gegen wehren, dachte sie noch. Der Vorhang öffnete sich, und all die schlechten Gedanken waren mit einem Male fort. Sie warf den Schleier in die Luft, drehte sich um ihre eigene Achse, dann breitete sie die Arme aus und flog.

Sie vernahm ein eigenartiges Klappern und Stampfen, wie aus weiter Ferne. Erst als Henri sie an den Schultern fasste und schüttelte, kam sie wieder zu sich. Der Applaus verebbte. Sie sah in Henris erschrocken aufgerissene Augen. Er sprach aufgeregt auf sie ein, dann wurde es wieder schwarz.

★

Das Erste, woran sie sich danach erinnern kann, ist der Deutsch sprechende Arzt. Sie hat sich noch gewundert, dass er nahezu akzentfrei sprach. In gedämpftem Ton hörte sie die Worte «galoppierende Lungenschwindsucht».

Es riecht streng nach Essigwasser. Genau wie damals im Krankenhaus in Damaskus. Schwester Margret hat gerade die Fenster geputzt und mit Zeitungspapier trocken gerieben. Sie ächzt und schnauft, während sie nun die Nachttischchen der Krankenbetten abwischt, dann den blechernen Rollschrank und sogar den Bilderrahmen an der Wand. Ein altes, vergilbtes Foto des Bethanien-Krankenhauses steckt darin. Das Gebäude erinnert Anita immer an den Orient. Im Rundbogenstil aus gelben Ziegeln erbaut, in der Farbe der Wüste. Der Haupttrakt von einem Mittelrisalit überragt, mit zwei sehr schlanken Spitztürmen, fast wie Minarette einer Moschee.

«Ich war in Bethanien», sagt Anita.

Schwester Margret hält inne und guckt begriffsstutzig.

«Sie *sind* in Bethanien», betont sie.

«Ich meine, im echten Bethanien.»

«Was soll denn hier nicht echt sein?», erwidert sie ungehalten.

«Ich meine das Bethanien, von dem die Bibel spricht. Bei Jerusalem. Dort bin ich gewesen, an der Ostseite des Ölbergs. Jesus soll in Bethanien übernachtet haben.»

«Ach so», sagt Schwester Margret und nickt, «jaja.»

Eine kleine Pause entsteht.

«Und – hat der Herr dort zu Ihnen gesprochen?», fragt die Schwester dann.

Anita nickt zögernd. «Ich denke schon», entgegnet sie leise.

Schwester Margret sieht sie zweifelnd an.

«Aha», meint sie schließlich und putzt weiter.

Anita denkt nach.

«Ich glaube, der Esel, mit dem Jesus einst nach Jerusalem einzog, stammte aus Bethanien», sagt sie zögernd, «aber ich weiß nicht, ob dieses Haus deshalb den Namen trägt.»

Schwester Margret starrt sie grimmig an. Scheinbar nimmt sie ihr diese Ausführungen übel.

«Der Esel», versucht Anita zu erklären, «ist im Orient ein sehr geachtetes Tier.»

Die Schwester schüttelt stumm den Kopf, greift nach dem Putzeimer und geht aus dem Zimmer.

⋆

Ist sie also doch noch erhört worden. In der Nacht hat es einen Wetterwechsel gegeben, wie man ihn sonst häufig nach einem Vollmond erlebt. Die Welt vor dem Barackenfenster ist heute Morgen aufs Schönste verschneit; dicke weiße Flocken tanzen durch den Berliner Himmel, vereinzelt brechen Sonnenstrahlen durch das dunstige Grau. Die Luft von einer wunderbar reinen Kühle; fast, dass es nach Gebirge riecht. Wenn man sich den Kohlengeruch wegdenkt.

Eine friedvolle Stille ist eingekehrt. Kaum Verkehrslärm zu hören, der Schnee hat das Leben da draußen zum Stillstand gebracht. Bolles Milchwagen immerhin hat es trotzdem hierhergeschafft: Fast lautlos rollt das Pferdefuhrwerk in den Innenhof, das Geklapper der Hufe durch die Schneedecke gedämpft. Zwei Diakonissen stapfen dem Milchmann entgegen, um Quark und Butter in Empfang zu nehmen.

Als sie klein war, war sie überzeugt, dass dem Schnee ein Zauber innewohne, der Reinheit, Ruhe und Frieden brächte. Sie war überzeugt, der Zauber sei in der Farbe des Schnees begründet, die alle Welt mit einem reinen Weiß überzog. Manchmal hatte sie sich gefragt, wie das wohl wäre, wenn der Schnee rot wäre? Oder gar schwarz? Wenn Wiesen, Wald und die Dächer der Häuser unter einer schwarzen Decke verschwänden? Es wäre unerträglich.

Sie beugt sich zum Nachtkasten an ihrer Seite, zieht unter Mühen die Schublade auf und greift nach dem Schminkkasten, der darin liegt. Früher ist sie niemals ungeschminkt aus dem Haus gegangen, selbst privat legte sie immer ihr helles Make-up auf, das ihr die gewünschte Blässe verlieh. Bleich ist sie auch jetzt, ganz ohne Make-up. Und doch vermisst sie die Schminke, die ihr all die Jahre Schutz bot, ihr Kraft gab. Mit ihren schwachen, zittrigen Fingern gelingt es ihr ja nicht einmal mehr, ordentlich Lippenstift aufzutragen.

Die Maske sollte man nie unterschätzen, hat sie bereits bei ihrer Mutter gelernt. Als Kind hat sie es geliebt, bei ihren Besuchen der Mutter beim Schminken in der Garderobe zusehen zu dürfen. Wenn sie Zeuge jener Verwandlung sein durfte, die sich da vollzog. Auch später war ihr die Maskenzeit vor dem Auftritt ein wichtiges Ritual. Sie half, in ein anderes Selbst zu schlüpfen. Dabei waren auch hier die Unterschiede zwischen Bühne und Film enorm.

Für die Bühne schminkte sie Gesicht und Körper sehr hell, fast weiß, noch heller, als sie es privat tat. Wobei die Beleuchtung hier eine große Rolle spielte. Vor einem ersten Auftritt in einem neuen Etablissement unterzog sie die Spielstätte einer gewissenhaften Überprüfung. Man konnte ja nie sicher sein, dass die vereinbarten Bedingungen auch eingehalten wurden. Beispielsweise akzeptierte sie ausschließlich rote Vorhänge, das war vertraglich mit den Impresarios so vereinbart. Schließlich mussten die Farben aufeinander abgestimmt sein, für ein perfektes Zusammenspiel. Das Rot der Vorhänge passt zur Farbe ihrer Lippen, es bildet den richtigen Kontrast zum

Weiß ihres Körpers, zur Dunkelheit des Bühnenbildes sowie des Zuschauerraumes. Stets ließ sie einen Bühnentechniker die für den Abend eingerichteten Scheinwerfer zünden, häufig musste man noch den ein oder anderen Strahler korrigieren. Auch die Maske galt es auf die Beleuchtung abzustimmen. Manch ein ungehobelter Techniker, gerade in den einfacheren Etablissements, verstand das nicht und machte dumme Bemerkungen. «Willst *du* gleich hier tanzen oder ich?», fragte sie dann, und der Kerl hielt sein doofes Maul. Zuletzt überprüfte sie, ob die vertraglich vereinbarte Flasche Cognac bereitstand.

Sooft sie ansonsten auch unpünktlich war: Wenn sie Vorstellung hatte, war sie spätestens eine Stunde vorher in ihrer Garderobe. Dann setzte sie sich vor den Schminkspiegel und öffnete die Cognacflasche. Sie hielt sie unter ihre Nase, sog das Aroma in sich hinein – holzig, zugleich fruchtig, mit einer feinen Würze. Und wurde augenblicklich in Auftrittsstimmung versetzt. Dann goss sie ein klein wenig der goldenen Flüssigkeit ins Glas, ihr Körper lechzte bereits danach. Sie nippte daran, um die Vorfreude zu steigern. Karamellig-weich, der Dujardin, und brennend im Abgang, wie sie es liebte. Sofort schenkte sie sich nach, diesmal bis zum Rand, und trank ein paar ordentliche Schlucke. Der Cognac nahm ihr einen Großteil der Anspannung. Ein weiches, angenehm aufwallendes Gefühl machte sich in ihrem Bauch breit.

Sie schaltete das Licht des Schminkspiegels ein. Der Alkohol entspannte ihr Gesicht, so schien es ihr. Er bügelte die ersten Fältchen glatt, die sich zeigten. Brachte ihr die Jugend zurück. Selbstverständlich würde das nur von kurzer Dauer sein. Es war ein Geschäft mit dem Teufel, wie es nun einmal jede Droge ist. Aber diese Geschäfte machen eben auch teuflisch viel Spaß.

Sie genoss das Alleinsein in diesen Momenten, die Ruhe,

die doch stets eine Ruhe vor dem Sturm war. Langsam entkleidete sie sich und öffnete ihren hölzernen Schminkkasten. Der typische Geruch der Bühnenschminke, selbstverständlich aus dem Hause Leichner, versetzte sie in Vorfreude. Sie rieb sich das Gesicht, den ganzen Körper mit Crême Celeste ein. Dabei schenkte sie ihrem Körper jegliche Aufmerksamkeit, die vonnöten war. Konzentriert spürte sie nach, wo sich kleine Verspannungen eingenistet hatten, massierte sich, lockerte ihr Fleisch, dehnte ihre Muskeln. Zwischendurch trank sie einen Schluck Cognac. Dann nahm sie eine Schminkstange, den hellsten Ton, den Leichner produzierte, wickelte das Stanniolpapier ab und fuhr damit sanft über die Haut; legte den Teint auf, wie man zu sagen pflegt, indem sie die Schminke mit den Fingern gleichmäßig verteilte. Sobald sie Arme, Beine, die Vorderseite ihres Oberkörpers und das Gesicht auf diese Weise aufgehellt hatte, kam der Rücken an die Reihe. Das bedurfte einer gewissen Gelenkigkeit, über die sie ja verfügte. Nur für andere war es ein bizarrer Anblick, wenn sie in verrenkter Haltung ihren eigenen Rücken schminkte. Denn die Garderobentür ließ sie dabei stets offen stehen, schließlich hatte sie nichts zu verbergen. Eine offene Tür vermittelt das Gefühl von Freiheit.

Als Nächstes nahm sie ein dunkles Grau zur Hand, um sich die Lider zu schminken, nach außen hin sanft verrieben. Darüber, ein Stück oberhalb der abrasierten Augenbrauen, setzte sie den Brauenstrich an. Um den Fettglanz zu nehmen, griff sie nun zu der Puderquaste mit dem langen grünen Galalithstiel, ein englisches Erzeugnis, und puderte sich Gesicht und Körper mit reichlich hellem Leichner-Bühnenpuder ab.

Anschließend nahm sie den Block schwarze Wimperntusche, feuchtete das Bürstchen an und trug die angeriebene Tusche auf. Sie genehmigte sich einen großen Schluck, griff nach einer beinernen Stricknadel, kratzte vorsichtig ein klein wenig von der schwarzen Schminkstange ab, ging mit dem Gesicht ganz nah an den hell erleuchteten Spiegel und zog einen kräftigen Lidstrich.

Zuletzt nahm sie den granatroten Lippenstift und malte sich einen Bienenstich-Mund, wie ihn andere Frauen nur mit Schablone zustande brachten. Das Lippenherz extrem geschwungen, wobei der Schwung genau sitzen musste. So was hatte sie im Blut. Abschließend begutachtete sie sich im Spiegel: ihre Haut mondsilbern, die Lippen rot wie Blut, ihre Augen schwarz wie die Nacht. Zufrieden kippte sie das restliche Glas Cognac hinunter. Im weißblauen Licht der Bühnenscheinwerfer würde ihr Körper so am besten zur Geltung kommen.

Beim Film hingegen musste man ganz andere Herausforderungen bewältigen. Rot geschminkte Lippen wären da ein Fauxpas, wie er nur einer blutigen Anfängerin passieren könnte. Schließlich reagiert das orthochromatische Filmmaterial ganz anders auf Farben als das menschliche Auge. Gut reagiert es auf Blau und Grün, auch die helleren Gelbtöne werden zu interessantem Grau. Sobald es jedoch ins Orange übergeht, belichtet der Film nicht mehr, ein Rot wird komplett schwarz. Geübte Schauspieler wissen, welche Farben sich ins schwarz-weiße Zelluloid übersetzen lassen, und wie.

In ihrem Schminkkasten liegt noch immer ein blaues Glas, das sie sich extra einmal von einem Optiker hat anfertigen lassen. Das hielt sie sich früher vors Auge, wenn sie sich für Filmarbeiten schminkte. So konnte man einen Eindruck bekommen, wie man auf der Kinoleinwand später aussehen würde.

Jede Filmschauspielerin hatte für das Schminken ihr eigenes Konzept entwickelt. Die meisten schminkten ihr Gesicht gelb, Leichners «Chinesisch Nr. 5» erfreute sich besonderer

Beliebtheit. Andere, wie beispielsweise Connie, schworen auf grüne Gesichtsschminke. Da fällt ihr auf, dass noch immer die angebrochene Leichner Schminkstange Nr. 338 in ihrem Kasten liegt. Ein sattes Grün, bekannt dafür, ein Gesicht schlanker erscheinen zu lassen. Sie trug es in *Unheimliche Geschichten*, erinnert sie sich. Dazu wählte sie für Lippen und Augenpartie einen Mauve-Ton, der optimal rot geschminkte Lippen vortäuschte; Connie hingegen hatte seine Lippen hellbraun angemalt. Als die Mutter einmal während der Dreharbeiten zu Besuch kam, brach sie in schallendes Gelächter aus, als sie ihre bunten Gesichter sah.

Dabei bot die Kinoschminke einen weiteren Vorteil: Sie schützte die Haut vor dem sengenden Licht der Kohlebogenscheinwerfer, das schon so mancher Schauspielerin das Gesicht verbrannt hatte. Einzig die Augen waren diesem heißen Licht schutzlos ausgeliefert und bereiteten oft schon am Nachmittag derartige Probleme, dass in der Pause ein Arzt ins Atelier kommen musste, um den Akteuren Augentropfen einzuträufeln. Bei einer ihrer Kolleginnen war es einmal zu spät gewesen, der Scheinwerfer hatte ihr bereits ein Loch in die Netzhaut gebrannt.

Vom Flur her hört sie jetzt Henris Stimme. Seinen Akzent, der seine amerikanische Herkunft noch immer sofort verrät. Er spricht mit Schwester Margret. Schon sieht sie seinen Schatten sich nähern, er klopft sich etwas Schnee von den Schultern und tritt an ihr Bett.

«Hallo, mein Darling», sagt er und nimmt den Hut ab. Auf seiner Stirn klebt ein großes Heftpflaster. Er lächelt unsicher, das kann sie trotz seiner Gesichtsmaske erahnen. Seine Augen sind dunkel umrandet, Schminkreste von der gestrigen Vorstellung. Dass Männer sich nicht richtig abschminken können, hat sie immer verwundert. Sie riecht den Alkohol, trotz seiner Maske und des Abstands.

Vielleicht ist sie einfach nur empfindlich geworden. Wenn er sie jetzt küssen würde, denkt sie, würde er schmecken wie eine Schnapspraline. Der Gedanke ekelt sie an. Früher mochte sie das.

Sein Blick fällt auf den Schminkkasten, der vor ihr auf dem Bett liegt. Er guckt verständnislos. Offenbar ist das alles für ihn schon in weiter Ferne, denkt sie. Natürlich ist es das. Sie sieht in seine dunklen Augen.

Mit einem Mal fängt das Meer in ihr wieder zu wogen an. Sie ist so voller Gefühle, dass sie gar nicht weiß, wohin mit sich. Und doch möchte sie Henri verzeihen, möchte ihm ihre Liebe schenken. Wenn er die denn überhaupt noch will. Vielleicht will er auch nur noch die andere, die neue. Mit der er jetzt über den Tanzboden fliegt. Egal. Soll er sie eben haben.

«Was ist eine Tänzerin ohne Bewegung, Henri?», flüstert sie.

Er schweigt. Seine Augen glänzen.

«Eigentlich wollte ich mich immer verschenken.»

«Ja.»

«Das habe ich auch getan, Henri.»

«Ja, das hast du.»

Er senkt den Blick. Es fällt ihm schwer, sie anzusehen, das kann er nicht verbergen. Wie er noch nie etwas verbergen konnte.

Plötzlich fühlt sie sich unglaublich nackt. Und ausgeliefert. Wenn er sie doch wenigstens ansehen wollte. Sie fasst mit ihrer dürren Hand nach ihm. Fast scheint er zu erschrecken, als sie ihn berührt. Ihre Hand ist aber auch kalt wie der Tod. Trotz der Hitze in ihr.

«Ich möchte, dass du mich schminkst», sagt sie.

Henri schüttelt stumm den Kopf.

«So tritt man weder auf noch ab», sagt sie. «Der Kerl soll mich schön haben.»

Henris Berührung tut gut.

Seine Hand fährt über ihren Körper, der Duft der Crême Celeste steigt ihr in die Nase. Plötzlich lässt sich auch der Alkoholgeruch viel besser ertragen. Manche Dinge gehören eben einfach zusammen. Als Henri mit der Schminkstange über ihre Haut fährt, schmerzt es etwas – zu abgemagert, ihr Leib. Henris Tränen tropfen auf ihren weißen Körper. Auch das tut gut.

*

Vergangene Nacht hat die alte Lisbeth ganz erbärmlich angefangen zu husten, hat Blut erbrochen und irgendetwas fantasiert. Von ihrer Tochter hat sie gesprochen. Von der niemand wusste, dass es sie überhaupt gibt. Wenn es sie denn gibt.

Anita hat geläutet, Elsa ist auch bald gekommen und hat gebetet für die alte Lisbeth. Vom Erlöser hat Elsa gesprochen. Aber als Lisbeth ihren letzten Atemzug getan hat, da sah ihr Gesicht vor Schmerz verkrampft aus und gar nicht erlöst. Später kam Schwester Dorothee und hat Lisbeth gemeinsam mit Elsa fortgebracht.

Ob sie letzte Nacht dem Pfleger Wickersheimer begegnet sei, will Schwester Auguste jetzt von Elsa wissen. Elsa nickt, und Augustes Miene verfinstert sich. Wenn gestorben werde, dann sei der Wickersheimer immer zugegen. Das ginge doch mit dem Teufel zu.

«Na ja, er arbeitet eben auch drüben, im Kellergeschoss»,

294

versucht Elsa es sachlich, «da, wo ja die Verstorbenen aufbewahrt werden, bis …»

«Das weiß ich!», zischt Auguste. «Aber der Wickersheimer hat einen Achtstundentag, wie all die weltlichen Angestellten. Nur sind ausgerechnet seine acht Stunden immer die, in denen die Kranken zum Herrgott gerufen werden. Das kann ja nun auf die Dauer kein Zufall sein.»

«Also, getan hat er der Lisbeth nichts, der Pfleger Wickersheimer. Dafür kann ich mich verbürgen, ich bin ja die ganze Zeit hier gewesen», meint Elsa.

«Das sag ich auch nicht», entgegnet Auguste und senkt die Stimme, sie flüstert fast: «Wenn man mich fragt, steht er mit bösen Kräften im Bunde. Schon familiär bedingt. Er ist der Sohn vom alten Wickersheimer.»

Elsa sieht sie fragend an. Der alte Wickersheimer bereits sei hier Pfleger gewesen. Und Erfinder. An den Leichen habe er rumgefuhrwerkt – sie schüttelt verständnislos den Kopf.

«Was hat er denn erfunden?»

«Die ‹Wickersheimer'sche Konservierungsflüssigkeit›.» Im Keller von Bethanien hätte er seine Experimente gemacht, an Tierkadavern. Und auch an menschlichen Leichen. Flüssigkeiten hätte er gebraut, und irgendwann eine Lösung erfunden, aus Alkohol und Glyzerin, aus Salpeter, Alaun und weiß Gott was noch allem. Die habe er den Toten injiziert, und die hätten dann ausgesehen wie schlafend. Noch Tage später. Auch der Leib, die Glieder wären beweglich geblieben. Sei das nicht ein Frevel – dem menschlichen Körper seine Vergänglichkeit zu nehmen? Die damalige Oberin hätte den Pfleger jedenfalls entlassen. Ans Anatomische Museum sei er daraufhin gegangen und habe mit seinem Leichenwasser viel Geld verdient; vom Preußischen Ministerium habe er den Titel «Präparator» verliehen bekommen, als erster überhaupt.

«Aber unter uns: Für mich ist das alles reine Perversion. Nimmt man den Toten nicht ihre Würde? Warum lässt man die Heimgegangenen nicht in Frieden ruhen? Davon ganz abgesehen – der menschliche Körper, in all seiner Nacktheit, ist nicht für jedermanns Auge bestimmt. In diesen sogenannten Anatomischen Kabinetten geht es dem Volk doch nur darum, unter dem Deckmäntelchen der Bildung seine perversen Gelüste zu befriedigen!» Sie schüttelt sich.

*

Der Vater, der lebenslang ersehnte, steht plötzlich in der Tür.

Damit hat sie nicht gerechnet.

Der Vater sieht sie an, ein seltsam freudiges Lächeln im Gesicht.

Ihre Mundhöhle ist wie ausgetrocknet, kein Wort bringt sie heraus.

Auch der Vater schweigt.

Unter dem linken Arm klemmt seine Geige, seine ewige Stimme. Schon zieht er den Bogen hervor und beginnt ihn zu spannen, mit kurzen, rhythmischen Drehbewegungen.

In der Ferne vernimmt sie die dumpfen Schläge einer Turmuhr. Als der Vater die Geige ans Kinn setzt, noch bevor der erste Ton erklingt, versteht sie, warum er gekommen ist. Schrill erklingt die Eröffnung des *Danse Macabre*, des Totentanzes. Der Ton der Violine ist so schön schaurig, weil – das hat der Vater ihr als Kind erklärt – weil er für dieses Stück die E-Saite einen Halbton tiefer gestimmt hat.

Warum, hat sie damals den Vater gefragt.

Weil der Tod eine schrille Stimme habe, hat er geantwortet. Etwas beleidigt hat er hinzugefügt, dass das Publikum das damals bei der Uraufführung auch nicht verstanden hätte. Dass man Camille Saint-Saëns ausgezischt hätte für die schiefe Musik. Dabei habe man den Tod noch niemals begreifen können. Die Kunst sei dem Empfinden der Leute nun eben voraus, das sei das Tragische für den Künstler.

Das hatte sie sofort verstanden.

Der Vater spielt so herzzerreißend, dass es ihr einen Stich gibt. Die Musik durchdringt ihren Körper, lässt sie diesen Körper auf einmal wieder spüren.

Das Xylophon ertönt, seine Schläge bringen selbst in ihre müden Knochen noch einmal Bewegung. Unter Aufbietung all ihrer Kräfte erhebt sie sich und beginnt zu tanzen. Sie möchte dem Vater gehorchen, ihm gefallen, ein einziges Mal zumindest.

Der Vater spielt mit höchster Ungeduld und derartig kraftvoll, dass sie fürchtet, die Saite könne reißen, bevor der Tanz vollendet ist.

Hingabe, hört sie die Großmutter sagen.

Sie versucht, sich dem Klang zu ergeben, allein ihr Körper gehorcht ihr nicht recht, ihre Bewegungen sind steif und träge. Wenn der Vater sich nur beruhigen wollte, wenn er ihre Anstrengung, ihr verzweifeltes Mühen doch nur sehen wollte!

Das Xylophon ertönt erneut. Dieses unterschätzte Instrument, das hier erstmals in ein Symphonieorchester aufgenommen wurde, ein Unbekannter sozusagen, dessen Klänge die Knochen der Toten so unerwartet bildhaft tanzen lässt. Es gibt auch ihr letzte Kraft, es lässt ihre Gliedmaßen, die doch nur noch mit Haut überzogene Knochen sind, tanzen.

Der Vater fiedelt ihr dazu den Tod, wie nur der Vater es kann.

All die Angst, die sie in den letzten Tagen immer wieder sprunghaft überkam, ist mit einem Male verschwunden. Ein Lächeln geht über ihr Gesicht.

Sie dreht sich, sie greift nach den Sternen.

Der Mond scheint durchs Fenster, kalt und klar, und von einer Schönheit, wie es sie auf Erden nie wird geben können.

Alle alle starben an meinen roten Lippen
An meinen Händen
An meiner Geschlechtslosigkeit
Die doch alle Geschlechter in sich hat
Ich bin blass wie Mondsilber

Anita Berber

DANK

Für zahlreiche Hinweise und Gespräche danke ich Jochen Hergersberg und Rolf Aurich von der Stiftung Deutsche Kinemathek, Guido Altendorf vom Filmmuseum Potsdam und Donatella Cacciola vom Deutschen Tanzarchiv Köln, dem Autor Lothar Fischer und der Matriarchatsforscherin Heide Göttner-Abendroth, Rudolf Mast vom Archiv Darstellende Kunst der Akademie der Künste Berlin, Claudia Kögler von der Bibliothek für Diakonie und Entwicklung, Silke Köser von der Diakonie Stiftung Salem, Norbert Friedrich von der Fliedner-Kulturstiftung Kaiserswerth, der Magnus-Hirschfeld-Gesellschaft sowie dem Institut für Geschichte der Medizin und Ethik in der Medizin an der Charité Berlin und ganz besonders Magdalena Vuković vom Photoinstitut Bonartes, Wien.

Ich danke Burk, Astrid Braun, Johannes Michels und Christof Hamann.

Besonderer Dank gilt der Künstler- und Schriftstellerhilfe (Trustee Programm EHF 2010) der Konrad-Adenauer-Stiftung.

Inspiration und Muße zum Schreiben fand ich während meiner Aufenthaltsstipendien. Dafür danke ich dem Schriftstellerhaus Stuttgart, dem Spreewald-Literatur-Stipendium sowie der internationalen Schreibresidenz Château de Lavigny der Fondation Heinrich Maria et Jane Ledig-Rowohlt.

Ich danke dem Rowohlt Berlin Verlag, allen voran meinem Lektor Wilhelm Trapp und meinem Verleger Gunnar Schmidt.

Von Herzen danke ich meiner Frau Ute. Was für eine Reise!

Gewidmet ist dieser Roman meiner Mutter, die mir die Liebe zur Literatur gegeben hat.